PRINCIPES

et

JURISPRUDENCE

DU CODE CIVIL.

PAR M. LAURENS,

PROFESSEUR A LA FACULTÉ DE DROIT DE TOULOUSE.

TOME PREMIER.

PARIS.

VIDECOQ, PLACE DU PANTHÉON, 6.

TOULOUSE, MARTÉGOUTE ET COMPᵉ, RUE SAINT-ROME, 46.

1837.

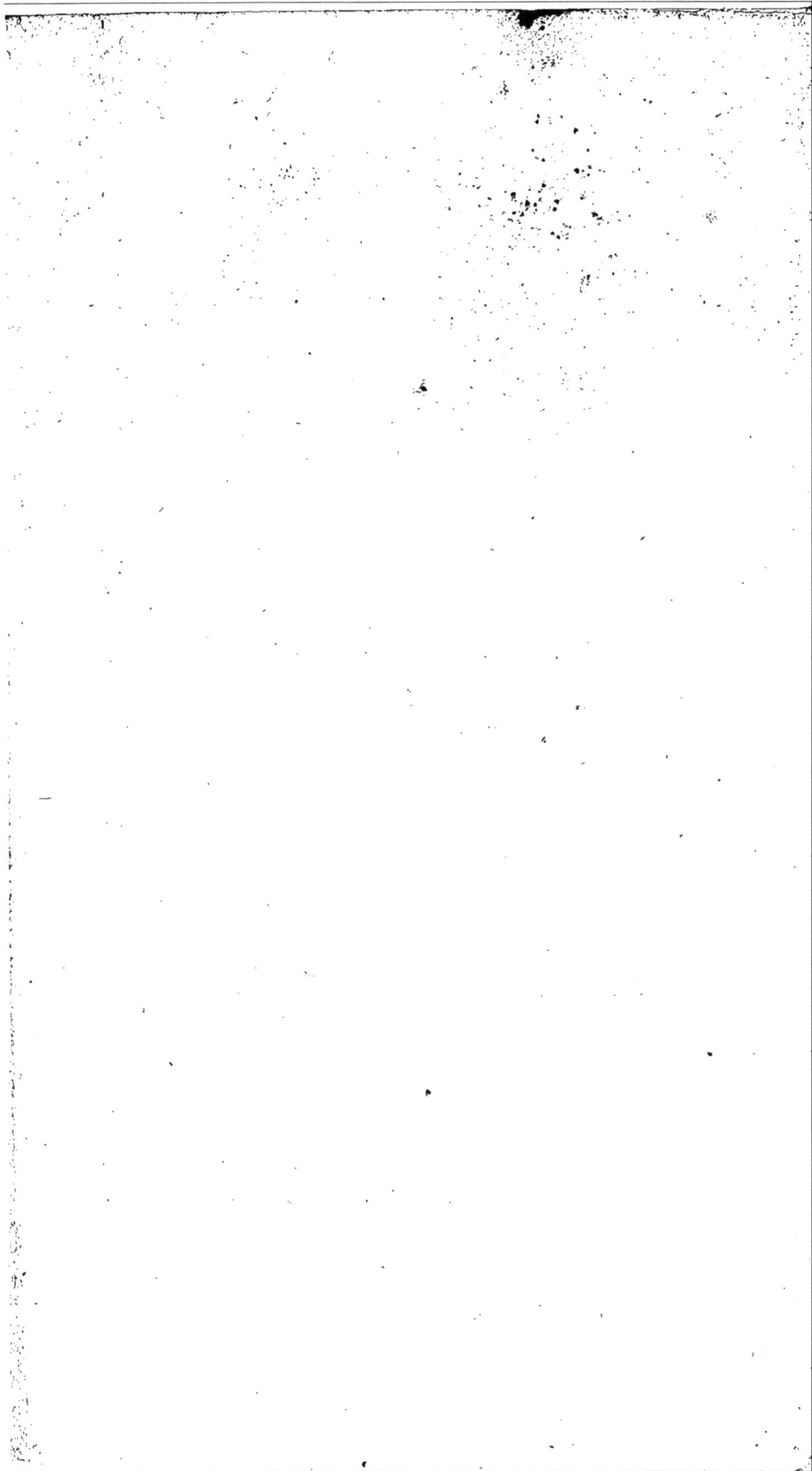

38274

PRINCIPES

ET

JURISPRUDENCE

DU CODE CIVIL.

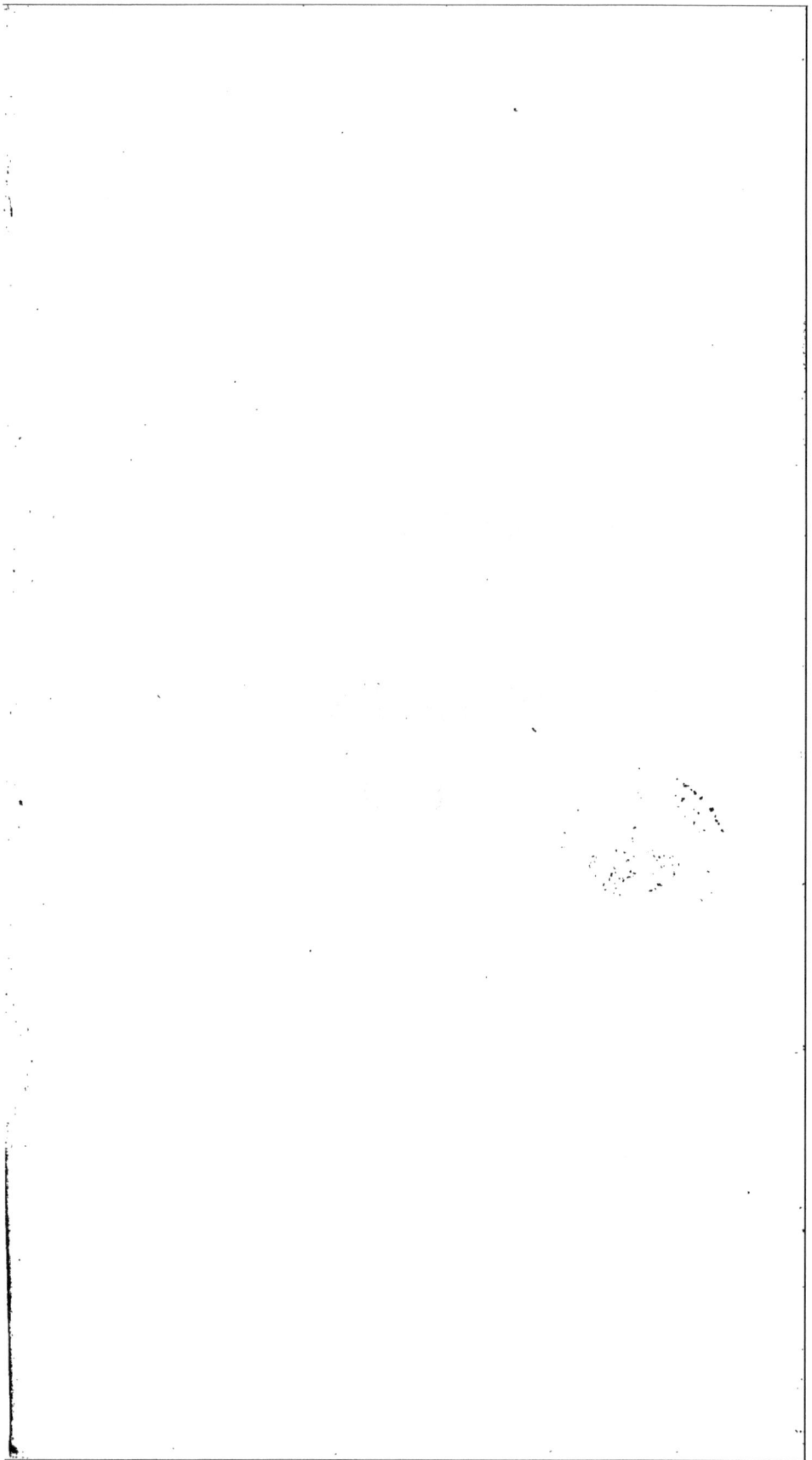

PRINCIPES

ET

JURISPRUDENCE

DU CODE CIVIL.

PAR M. **LAURENS**,

PROFESSEUR A LA FACULTÉ DE DROIT DE TOULOUSE.

TOME PREMIER.

PARIS.

VIDECOQ, PLACE DU PANTHÉON, 6.

TOULOUSE, MARTÉGOUTE ET COMPᵉ, RUE SAINT-ROME, 46.

1837.

A une époque où l'impulsion donnée à l'étude de la science du Droit semble diriger les esprits, par une prédilection presque exclusive, vers les recherches historiques et philosophiques, il faut peut-être quelque courage pour entreprendre une œuvre d'une actualité pratique. Je n'ignore pas que c'est sacrifier à l'utilité du lecteur l'attrait qu'un autre système présente à l'imagination de l'écrivain. Voilà pourtant ce que j'ai fait, sans avoir d'ailleurs la pensée de me constituer arbitre entre les deux méthodes, destiné peut-être à payer plus tard mon tribut à celle que je n'emploie pas aujourd'hui.

Lorsque le Code civil a fait naître un si grand nombre de traités et de commentaires généraux et spéciaux, je n'ai pas la prétention de faire mieux que mes devanciers ; mais j'ai cru qu'en faisant autrement, on pourrait encore servir la science, et je l'ai tenté.

Les épreuves qu'a subies le Droit civil, depuis la publication du Code, m'ont permis de dire en peu de mots ce qu'à une autre époque on n'exprimait que par des volumes. Si le laconisme de mon livre est donc, pour certains, un mérite, il appartiendra moins à son auteur qu'au temps où il est écrit.

Dans l'ordre de mon travail, j'ai suivi celui du Code, au moins pour les divisions principales en titres, chapitres et sections. Ici encore j'ai eu à résister à ce qu'offre de plus séduisant la méthode dogmatique qui justifie parfois l'expression de hautes pensées générales, même en dehors du sujet, et peut donner plus de satisfaction à l'amour propre de celui qui l'adopte. On a déjà vu pourquoi j'ai dû préférer la méthode analytique qui, d'ailleurs, me paraît plus convenable à un enseignement positif, comme doit l'être celui de notre Code civil.

Les bornes dans lesquelles je me circonscris ne m'ont pas permis de traiter à fond toutes les questions auxquelles a donné lieu le premier de nos Codes ; mais je crois qu'il en est peu, de quelque importance, dont je ne rappelle la controverse, et dont je ne donne la solution, avec ses motifs déterminans.

J'écris, autant par devoir que par affection, pour les jeunes gens, auxquels surtout mon temps et mes leçons appartiennent désormais. Puissé-je leur rendre faciles les abords de la science. Encore sous l'influence du souvenir des plus belles années de ma vie vouées au barreau, j'écris aussi pour ceux qui, dans des positions diverses, concourent plus ou moins directement à l'administration de la justice, à l'application des lois; pour tous ceux, en un mot, à qui la science du Droit ne doit pas être étrangère. J'essaie de leur présenter un traité succinct et substantiel dont souvent, au milieu de pénibles travaux, j'ai regretté l'absence.

Si j'ai pu réussir à épargner à mes lecteurs des recherches trop fatigantes et des sacrifices pécuniaires qui ne sont pas à la portée du plus grand nombre, j'aurai atteint le but de cet ouvrage.

PRINCIPES

ET

JURISPRUDENCE

DU CODE CIVIL.

INTRODUCTION.

SOMMAIRE.

1. Quoique le plan de travail que j'ai annoncé et le but que je me propose, en publiant cet ouvrage, doivent m'interdire les disgressions, il est quelques notions élémentaires qu'il ne m'est pas permis de passer sous silence, et dont je dois offrir au moins la simple expression à mes lecteurs. Ceux pour qui elle sera superflue m'excuseront en reconnaissant qu'il en est d'autres à qui je vais parler une langue nouvelle et dont la première nécessité est de posséder le vrai sens de plusieurs mots fort usités , sans qu'on se mette trop en peine de fixer leur véritable acception.

Il n'est personne qui n'ait souvent employé , même dans le langage ordinaire , les mots : *loi* , *droit* , *jurisprudence.* Je dois , avant tout , en exprimer le sens légal.

2. Je définis la *loi* , dans le sens le plus étendu de ce mot, comme bien d'autres l'ont fait avant moi : *une règle de conduite imposée par une autorité à laquelle on est tenu d'obéir.*

Il n'entre pas dans mon sujet de rappeler , à l'exemple de plusieurs estimables jurisconsultes, les diverses définitions qu'on a données de ce mot , et les controverses qu'elles ont fait naître. Ceux de mes lecteurs qui , en remontant à la source de tout , aimeront de savoir tout ce qui a pu se dire plus ou moins utilement sur un sujet quelconque , trouveront ailleurs de profondes dissertations sur tout ce que peut rappeler le mot *loi* ou qui s'y rattache , ainsi que les nombreuses qualifications qui peuvent lui être données , suivant ses divers objets.

3. Le mot *droit* , qui se confond avec l'idée de la justice, du mot latin *directum* , exprime dans les diverses acceptions qu'il peut avoir , et dont je vais parler , l'ensemble des principes ou des lois qui

composent chacune de ses espèces ou de ses divisions
principales qui sont formées par le droit naturel , le
droit des gens , le droit public ou politique , le droit
civil ou privé.

4. Le droit naturel est la réunion des principes
que tous les hommes , à leur naissance , trouvent
gravés dans leurs cœurs. Faire tout ce qui n'est pas
défendu par la loi ou par la morale , sa propre
défense contre toute injuste agression , faire à autrui
ce que l'on voudrait que les autres fissent pour soi ,
ne pas faire aux autres ce qu'on ne voudrait pas que
l'on fît à soi-même , tels sont les principaux caractères ou les maximes qui résument cette première
espèce de droit. La définition qu'en donne Justinien , *jus quod natura omnia animalia docuit* , ne
saurait être appliquée au droit naturel tel qu'on doit
l'entendre ; c'est , en effet , l'instinct plutôt que le
droit naturel qu'elle exprime.

5. Le droit des gens ou des nations , *jus gentium* ,
se divise en droit des gens primitif , et en droit des
gens secondaire ou positif. Le premier , qui est une
émanation du droit naturel et qui , à cause de cette
origine , est souvent confondu avec lui , se compose
des règles généralement observées , dans les conventions particulières , chez toutes les nations policées ,
et il est moralement obligatoire pour elles , même
sans qu'il y ait eu aucun accord spécial. Le second
est fondé sur des traités ou sur des usages. La foi

due à ces traités , l'inviolabilité des ambassadeurs en sont des exemples.

6. On appelle droit public la réunion des lois qui établissent les rapports politiques entre une nation et son gouvernement , en déterminant les droits et les devoirs respectifs des uns et des autres. Il est aussi bien désigné sous le nom de droit politique. On n'en doit pas séparer l'idée d'un peuple ou d'un état isolément considéré ; car chaque pays a son droit public. En France , la charte constitutionnelle est le fondement des lois qui forment notre droit public , comme elle en est la principale. On peut citer encore , parmi les plus importantes , les lois électorales et du jury.

7. Le droit civil ou privé est l'ensemble des lois qui règlent les intérêts particuliers d'état ou de fortune des citoyens entr'eux. Celles qui sont relatives à l'état des personnes , aux contrats , aux divers modes de transmission et d'acquisition de la propriété constituent donc cette espèce de droit dont les principes font l'objet de notre Code civil.

8. Justinien (Inst. liv. 1 , tit. 1 , § 1) , a défini la jurisprudence : *Divinarum atque humanarum rerum notitia , justi atque injusti scientia.* Avec les idées de nos temps , cette définition peut paraître trop générale et trop ambitieuse. Je trouve plus d'exactitude dans celle qu'en donne *Heïneccius* , qui est

ainsi conçue : L'habitude pratique de bien interprê-
ter les lois et de les appliquer à propos aux différens
cas qui se présentent. (1) Toutefois cette définition
doctrinale ne rend pas , dans son entier , le sens
qu'on peut donner au mot jurisprudence ; car on
désigne aussi , sous ce nom , l'autorité qu'établit
sur des points de doctrine que la loi n'a pas suffisamment fixés , une réunion imposante de décisions
émanées des tribunaux ou d'auteurs recommandables.

TITRE PRÉLIMINAIRE.

De la publication, des effets et de l'appli-cation des Lois en général.

SOMMAIRE.

9. *Des Lois en France avant* 1789.
10. *Pays de Droit écrit et pays coutumiers.*
11. *Droit intermédiaire.*
12. *Code Civil.*
13. *Confection des Lois sous l'Empire, Décrets, Sénatus-Consultes, Avis du Conseil-d'état.*
14. *Sous la Charte de* 1814.
15. *Sous la Charte de* 1830.

---

(1) *Habitus practicus leges rectè interpretandi adplicandique
ritè quibus vis speciebus obvenientibus.*

9. Il est bon de remarquer , avant d'entrer en matière, que , quoique ce titre fasse partie du Code civil , ses dispositions consacrent des règles et des principes généraux qui s'appliquent à tous nos autres codes et à toutes nos autres lois.

Après avoir dit ce qu'on doit entendre par le mot *loi* en général et dans tout pays (n⁰ 2), je dois plus particulièrement insister sur la nature et l'origine des lois qui ont régi ou qui régissent aujourd'hui la France.

Avant la révolution commencée en 1789, la France était une monarchie absolue. Le prince seul y faisait les lois, au gré de sa volonté, et sans le concours d'aucun autre pouvoir. Elles étaient indifféremment appelées ordonnances, édits, déclarations, lettres-patentes. Mais ce n'est qu'après avoir été enregîtrées par les parlemens qu'elles étaient exécutoires dans leurs ressorts.

10. Cependant le plus grand nombre des contestations qui divisaient les habitans du royaume avaient d'autres bases de décision. Le droit romain était encore réputé loi vivante dans plusieurs provinces, et notamment dans les méridionales qui, à cause de cette législation, depuis long-temps recueillie et conservée, étaient appelées *Pays de droit écrit*. Les autres provinces étaient régies par des coutumes à peu près innombrables. Elles étaient désignées sous le nom de *Pays coutumiers*. Le droit romain n'y était consulté que comme raison écrite, dans le silence des coutumes.

11. Depuis 1789 jusqu'au Code civil, les lois ont été rendues, suivant les formes des constitutions alors en vigueur, par les assemblées qui ont successivement gouverné la France. Décrétées par l'assemblée constituante, par l'assemblée législative, par la

convention , ou par les conseils sous le directoire , elles forment le corps de lois qu'on est convenu d'appeler *Droit intermédiaire* , parce qu'il sépare l'ancienne législation de celle qui nous régit aujourd'hui.

12. L'assemblée constituante avait depuis long-temps reconnu la nécessité de soumettre tous les français à une législation uniforme et de réunir , en un seul code , les lois destinées à régler leurs intérêts civils. Plusieurs projets avaient été présentés en conséquence , lorsque , au mois d'août 1800 , sous le consulat , des commissaires furent nommés pour présenter un projet définitif. Leur travail fut envoyé au tribunal de cassation et aux tribunaux d'appel qui firent à ce sujet les observations qui leur parurent convenables. Il fut ensuite discuté au conseil-d'état et au tribunat , et enfin constitution-nellement décrété par le corps législatif. La loi du 30 ventôse an 12 (21 mars 1804) réunit en un seul corps les lois qui composent aujourd'hui le Code civil , et prononça l'abrogation des lois anciennes sur les objets réglés par ce Code.

13. La confection des lois eut aussi ses formes particulières sous l'empire. Les projets de loi étaient présentés par le gouvernement au corps législatif qui les renvoyait d'abord au tribunat et devait ensuite les adopter ou rejeter , après avoir entendu les orateurs du conseil d'état et du tribunat. Les lois ainsi adoptées devaient être promulguées par l'empereur. [1] Le tribunat ayant été supprimé par le senatus-consulte du 19 août 1807, ses attributions, dans la confection des lois, furent confiées à trois commissions du corps législatif.

On appelait *décrets*, sous l'empire, les décisions émanées de l'empereur seul, pour l'exécution des lois ou sur des affaires particulières. Ils étaient obligatoires, comme les lois, lorsqu'ils n'avaient pas été attaqués pour cause d'insconstitutionnalité, conformément aux lois constitutionnelles ; attaques au surplus dont il n'existe pas d'exemple.

Les *senatus-consultes* étaient des décisions émanées du sénat, et qui différaient des lois, non seulement par leur origine, mais encore par leur objet. Ils ne statuaient en effet que sur des matières qui tenaient à l'organisation du corps politique. Ils étaient obligatoires comme les lois.

On désignait enfin sous le nom d'*avis du conseil d'état*, les décisions de ce conseil interprétatives des lois. L'approbation donnée à ces avis, par l'empereur, leur attribuait force de loi et les transformait en décrets impériaux.

14. Suivant la charte de 1814, la proposition de la loi appelée initiative appartenait au roi seul.

_____

(1) Sénatus-consulte du 28 floréal an XII. — Constitution de l'an VIII.

Elle était portée indifféremment, à son gré, à la chambre des pairs ou à celle des députés, sauf la loi de l'impôt qui devait être d'abord adressée à la chambre des députés. Du reste les formes de sa discussion et toutes les circonstances qui la complétaient étaient conformes à ce qui se pratique actuellement.

15. La charte de 1830, aujourd'hui en vigueur, a apporté un notable changement au mode de confection de la loi, en attribuant son initiative indistinctement au roi ou à l'une des deux chambres. Le projet, d'où qu'il émane, est discuté une première fois devant la chambre des pairs ou devant celle des députés, excepté les lois d'impôt qui, comme je l'ai déjà dit, doivent être d'abord portées devant cette dernière chambre. Après son adoption par celle qui en a été nantie la première, il est soumis à l'autre devant laquelle il est de nouveau discuté. Toute discussion et tout vote de loi doivent être faits librement par la majorité de chacune des deux chambres, et le mode de discussion est fixé par des réglemens spéciaux. Mais quoique adopté par les deux chambres, le projet ne devient définitivement loi que lorsqu'il a été *sanctionné* par le roi, nécessité qui s'applique aussi bien aux projets présentés par lui qu'à ceux dont l'initiative est l'œuvre de l'une des deux chambres.

Il résulte donc de ce qui précède qu'aujourd'hui

quatre choses concourent en France à la formation de la loi; savoir : 1° la proposition qui en est faite par le roi ou par l'une des deux chambres ; 2° son adoption par une chambre; 3° son adoption par l'autre; 4° la sanction royale.

16. D'après toutes ces garanties offertes aux intérêts généraux de la nation, la loi peut donc être définie aujourd'hui en France : *l'expression des droits, des devoirs, des besoins ou des intérêts de la nation, que sa volonté, régulièrement manifestée par les pouvoirs constitués, ses organes légitimes, rend également obligatoire pour tous.*

17. Les ordonnances offrent bien quelques rapports avec les lois, mais il ne faut pas confondre ces deux actes essentiellement distincts. On appelle, en effet, ordonnances, les décisions émanées du roi, sous la responsabilité ministérielle, sans le concours des chambres, qui sont nécessaires pour l'exécution des lois. Lorsqu'elles ont cet objet elles sont obligatoires comme les lois elles-mêmes; elles ne le seraient pas si elles changeaient ou modifiaient les lois ; car aucune loi ne peut être changée, modifiée ou suspendue par une ordonnance, et cet acte ne peut dispenser qui que ce soit de l'exécution d'une loi quelconque; ainsi le roi, qui ne peut ni changer ni abroger la loi, peut changer, révoquer ou modifier à son gré les ordonnances.

On désigne aussi sous le nom d'ordonnances, les

décisions du roi sur des objets d'intérêt privé , dans des matières spéciales déterminées par les lois.

18. Mais le vote des chambres et la sanction royale qui suffisent bien pour donner existence à la loi ne suffisent pas pour la rendre exécutoire par les habitans du territoire français pour qui elle est faite. Elle ne peut l'être que lorsqu'il a été pris un moyen de la faire parvenir à la connaissance de ceux qu'elle oblige. Ce moyen est la promulgation (art. 1er).

Suivant l'article 18 de la charte , c'est au roi qu'il appartient non-seulement de sanctionner, mais encore de promulguer la loi, et cette dernière disposition se retrouve à l'article 1er du Code civil , qui détermine aussi l'époque où la loi peut être exécutoire après sa promulgation.

19. Ce code a été rédigé sous l'empire de la constitution de l'an 8, dont l'article 37 imposait au pouvoir exécutif l'obligation de promulguer la loi le dixième jour après l'émission du décret qui la créait ; et ce décret inséré , dès son existence , dans les feuilles officielles, était parvenu à l'extrémité des départemens les plus éloignés, bien avant que la promulgation n'eût lieu. Ainsi le délai après lequel les lois sont exécutoires, aux termes du Code civil dont la disposition est complétée par un arrêté du 25 thermidor an 11, contenant le tableau des distances entre Paris et le chef-lieu de chaque département, qui sert encore de régulateur , ce délai était bien suffisant pour que chacun pût réellement connaître la loi nouvelle.

Mais la charte n'a pas renouvelé cette disposition de la constitution de l'an 8, qui voulait un intervalle de dix jours entre l'émission de la loi et sa promulgation. Aujourd'hui la loi peut être adoptée, sanctionnée et promulguée le même jour.

Une ordonnance du 27 novembre 1816 fait résulter la promulgation de la loi de son insertion au bulletin officiel, et déclare qu'elle est censée connue conformément à l'article 1er du Code civil, un jour après que le bulletin des lois a été reçu de l'imprimerie royale par le chancelier ministre de la justice, lequel constate sur un regître l'époque de cette réception. Il est sensible que les dispositions de cette ordonnance ne remédient pas à l'inconvénient qui résulte de la suppression d'un délai moral entre l'émission et la promulgation de la loi, et que des citoyens, ceux, par exemple, qui sont le plus éloignés du chef-lieu de leur département, peuvent être obligés par une loi qu'ils n'ont pas encore pu connaître.

D'après l'article 4 de la même ordonnance, dans les cas et les lieux où le roi jugeait convenable de hâter l'exécution, les lois et ordonnances étaient exécutoires du jour qu'elles étaient parvenues au préfet, qui en constatait la réception sur un regître.

Mais cette note prise par un préfet ne prouvait pas mieux que celle que prend le ministre de la justice que les citoyens avaient connaissance de la loi à laquelle ils étaient soumis. On ne tarda pas à le reconnaître, et cet article 4 fut réformé par une seconde ordonnance du 18 janvier 1817, suivant laquelle, dans le cas qu'avait prévu cet article, les lois et ordonnances ne sont exécutoires qu'après avoir été affichées *partout où besoin sera.*

Il y a donc plus de garanties de la connaissance des lois urgentes, et pour l'exécution desquelles les délais légaux n'ont pas besoin d'être observés, que de celle des lois promulguées en la forme ordinaire. Il est à désirer qu'une mesure analogue à celle que prescrit l'ordonnance du 18 janvier 1817 soit prise constitutionnellement pour la promulgation de toutes les lois.

20. C'est, comme je l'ai déjà dit, la promulgation seule qui rend les lois exécutoires. Ainsi, même après les avoir sanctionnées, le roi peut les rendre inefficaces en ne les promulguant pas ; et les transactions faites entre l'époque de la sanction, même connue et exprimée par ceux qui traitent, et celle de la promulgation ne seraient pas régies par la loi nouvelle, mais bien par la loi antérieure.

21. Le principe de non retroactivité des lois a été reconnu par tous les législateurs; il est fondé sur la raison et sur l'équité; il est érigé en loi par le Code (art. 2). Ainsi la loi n'étend son empire que sur l'avenir. Les faits et les conventions antérieurs à la

loi nouvelle sont régis par la loi précédente, nonobstant toute dérogation.

22. Mais les lois interprétatives d'une loi précédente remontent, pour leurs effets, à la loi interprê-
tée, et ce n'est pas là une violation du principe de
non-rétroactivité, ni même une exception à ce
principe. Car, en expliquant le sens obscur et sujet à
contestation d'une loi précédente, elles s'identifient
avec celle-ci. Cependant, si avant la loi interprétative
il avait été rendu des jugemens ou fait des traités sur
une fausse interprétation de la loi complétée plus
tard, ces jugemens, ces traités conserveraient toute
leur force. Faire enlever des droits acquis par la loi
d'interprétation serait lui donner un effet rétroactif
et violer le principe.

23. Il ne s'applique pas aux lois qui déterminent
la capacité des personnes, parce que l'état civil étant
une des bases de l'intérêt public ou général, la loi
peut le changer ou le modifier selon les besoins de
la société. Il en résulte qu'une personne, de capable
qu'elle était pour tel ou tel acte, peut devenir incapable, ou d'incapable être rendue capable.

24. Le principe de non-rétroactivité n'est pas non
plus applicable aux lois qui règlent le mode d'instruction des affaires, ou la forme de procéder. C'est la
loi en vigueur lorsque l'affaire s'instruit ou se juge
qui doit être suivie. Il n'y a là aucune atteinte à des

droits acquis, et il importe peu que la forme des actes judiciaires soit telle ou telle autre, pourvu que le fonds du droit reste soumis à la loi sous laquelle il est né. On sent facilement combien seraient compliquées l'instruction et la marche des affaires, si, devant le même tribunal et en même temps, il fallait varier les procédures.

25. Après avoir dit sur quel temps la loi exerce son empire, le code fait connaître les personnes et les objets qui sont soumis à ses dispositions (art. 3). Ici, une distinction est nécessaire entre les lois personnelles qui sont celles qui règlent l'état et la capacité des personnes, et les lois réelles qui sont relatives aux biens.

Les premières, qui constituent ce qu'on appelle *le statut personnel*, obligent les Français partout où ils se trouvent, même en pays étranger. De ce nombre sont celles qui fixent l'époque de la majorité, l'âge requis pour le mariage, les puissances paternelle ou maritale, etc.

Les secondes constituent ce qu'on appelle *le statut réel*. Elles s'appliquent aux meubles ou aux immeubles.

26. Les meubles pouvant être déplacés aussi bien que la personne, n'ayant pas de situation fixe et nécessaire, sont régis, quant à la disposition qui peut en être faite, par la loi du domicile de leur propriétaire. Mais la saisie n'en peut avoir lieu en

France que conformément à la loi française, qui décide aussi si tel meuble est sujet ou non à revendication, et si celui qui le possède a pu en prescrire la propriété.

27. Mais les immeubles situés en France, qu'ils soient possédés par des français ou par des étrangers, sont sujets à la loi française sous tous les rapports.

28. La forme des actes faits en France, même par les étrangers, est réglée par la loi française. C'est en ce sens qu'il faut entendre la maxime : *locus regit actum*, qui ne s'applique pas au fond du droit.

29. Les lois de police et de sûreté sont celles qui ont pour objet de prévenir et de punir toute atteinte à 'ordre public, à la sûreté générale ou à celle des citoyens en particulier, soit crime, soit délit, soit contravention. Leur but ne serait pas rempli si elles ne régissaient pas les étrangers qui se trouvent en France, n'y fussent-ils qu'accidentellement, comme elles régissent les français eux-mêmes. Aussi le Code contient-il une disposition formelle à ce sujet (*id.*).

30. Le pouvoir judiciaire, indépendant dans son exercice du pouvoir législatif et exécutif, est attribué aux tribunaux. Nous avons pour la juridiction

2

ordinaire les tribunaux de première instance et les tribunaux d'appel appelés cours royales. La juridiction spéciale ou exceptionnelle appartient aux juges de paix, aux tribunaux de commerce, aux cours d'assises, aux conseils de guerre, aux tribunaux maritimes. Il n'entre pas dans mon sujet d'insister sur ces diverses institutions, et d'en retracer les diverses attributions qui sont fixées par des lois particulières. Au-dessus des tribunaux en qui réside le pouvoir judiciaire, est la cour de cassation, instituée non pour juger le fond des contestations qui divisent les justiciables, mais pour veiller au maintien des lois, en cassant les jugemens qui ont contrevenu à leurs dispositions par leur refus de les appliquer, ou par la fausse application qu'ils en ont faite. Après cassation, le fond de l'affaire est renvoyé par cette cour à une autre cour qu'elle désigne. C'est donc un droit de censure et non le droit judiciaire qu'elle exerce.

31. Mais si la cour nantie de l'affaire par ce renvoi juge comme l'avait fait celle dont la décision a été cassée, comment sera-t-il définitivement statué? Il existait à cet égard une loi du 16 septembre 1807 qui, ayant donné lieu à de justes réclamations, à cause de son incompatibilité avec nos institutions, fut remplacée par une autre loi du 30 juillet 1828. D'après cette loi, le pourvoi contre la décision nouvelle était encore porté devant la cour de cassation, dont le second arrêt était rendu par toutes les sec-

tions réunies. S'il intervenait une seconde fois cassation, l'affaire était renvoyée devant une troisième cour royale qui devait prononcer, toutes les chambres assemblées, dont l'arrêt ne pouvait pas être attaqué par les motifs qui avaient entraîné la cassation des deux précédens, et devait recevoir son exécution. Cette contrariété entre la cour de cassation et trois cours royales amenait pour résultat qu'il en était référé au roi, afin que dans la session législative suivante, une loi interprétative fût proposée aux chambres.

Mais ce système a été changé par une loi toute récente du 1er avril 1837. Il en résulte que lorsque après cassation d'un premier arrêt ou jugement en dernier ressort, la cour royale à laquelle la connaissance de l'affaire a été renvoyée, rend une décision conforme à celle qui a été cassée, la cour de cassation prononce, toutes les chambres réunies; et si son second arrêt est conforme au premier, c'est-à-dire si elle casse encore, pour les mêmes motifs, la troisième cour royale à laquelle le jugement sera soumis, devra se conformer à la décision de la cour de cassation, sur le point de droit jugé par cette cour.

Il y a donc ces différences notables entre les systèmes de la loi abrogée du 30 juillet 1828 et de la loi en vigueur du 1er avril 1837, que, tandis que la première laissait toute indépendance sur le point de droit à la troisième cour royale, la seconde l'enchaîne à cet égard à l'autorité de la cour de cassation, et qu'aujourd'hui le conflit ne rend pas nécessaire la proposition d'une loi interprétative.

On conçoit qu'en pure théorie le système de la loi abrogée peut encore avoir de nombreux partisans.

32. Les tribunaux étant établis pour mettre fin aux différens qui existent entre les justiciables, doivent statuer sur tous les cas de leur compétence qui se présentent devant eux. Les juges qui s'abstiendraient de prononcer sous prétexte du silence, de l'obscurité ou de l'insuffisance de la loi, pourraient être poursuivis comme coupables de déni de justice (art. 4 du Code civ., 506 du code de proc., 185 du code pénal).

La première obligation des juges est d'appliquer la loi si elle est claire, lors même qu'elle leur paraîtrait contraire à l'équité naturelle. Ils empiéteraient autrement sur le pouvoir législatif, et les plus graves inconvéniens résulteraient de cette confusion de pouvoirs.

Si la loi est muette, obscure ou insuffisante, les juges n'en doivent pas moins décider les cas portés devant eux. Ils doivent alors prendre pour bases de leurs décisions ou l'équité naturelle, ou l'usage, ou les dispositions de lois dont les espèces offrent des analogies avec celles qui leur sont soumises. Remarquons toutefois que ce n'est qu'aux matières civiles que cette manière de juger peut s'appliquer, et non aux matières criminelles : car, suivant un principe toujours respecté, nul ne peut être puni qu'en vertu d'une loi établie et promulguée antérieurement au délit.

33. Le pouvoir des juges se borne à statuer sur les contestations qui leur sont soumises, et leurs décisions ne sont obligatoires que pour ceux qui ont été parties devant eux. Il n'en était pas toujours de même autrefois. Avant la révolution, les parlemens rendaient quelquefois des arrêts appelés de réglement, contenant des dispositions générales qui avaient force de loi dans leur ressort, pourvu qu'ils ne fussent pas cassés par le roi en son conseil. Cet abus, dont la contrariété des lois entre les divers ressorts n'était pas le plus grand inconvénient, a disparu devant le principe fondamental de la division des pouvoirs, et l'article 5 du Code, qui n'en est que la conséquence, interdit aux juges ces dispositions générales et réglementaires.

34. L'abrogation des lois peut être expresse ou tacite. L'article 7 de la loi du 30 ventôse an XII, qui ordonne la réunion des lois civiles en un seul code, offre un exemple de la première, en enlevant toute force de loi aux lois romaines, ordonnances, coutumes, statuts ou réglemens antérieurs au Code, dans les matières qu'il règle. Ce mode d'abrogation ne peut pas donner lieu à des difficultés. L'abrogation tacite résulte de l'incompatibilité de la loi ancienne avec la nouvelle, ou de la désuétude générale dans laquelle est tombée la loi ancienne, ou bien encore

de ce que l'ordre de choses qui avait vu naître une
loi n'existe plus, suivant la maxime : *ratione legis
omninò cessante, cessat lex.*

35. Parmi les lois, les unes intéressent l'ordre
public ou les bonnes mœurs, les autres ne règlent
que les intérêts privés. Le Code ne désigne pas les
caractères auxquels on peut reconnaître les premières, quoiqu'il défende d'y déroger par des conventions particulières (art. 6); mais on doit ranger
dans cette classe les lois qui concernent l'ordre politique, celui des juridictions, l'état des personnes,
tout en reconnaissant qu'il serait fort difficile de
signaler toutes ces lois par des précisions absolues
ou restrictives. Des motifs d'un haut intérêt les
mettent en dehors des traités particuliers. Il en fut
toujours de même. *Privatorum conventio juri pu-
blico non derogat*, disait la loi 45 ff. *de reg. jur.*

Mais cette prohibition ne s'applique pas aux lois
qui sont de pur intérêt privé. Chacun est libre
de renoncer aux avantages qu'elles lui présentent,
sans danger pour l'ordre social : *est regula juris
antiqui omnes licentiam habere his quæ pro se
introducta sunt renuntiare* (l. 29 cod. *de pactis*).

LIVRE PREMIER.

DES PERSONNES.

SOMMAIRE.

36. Le Code civil se compose de trois livres. Le premier traite des personnes; le second et le troisième, des choses. Les personnes et les choses sont les principaux objets du droit. Les actions, qui en forment aussi une branche importante, sont réglées principalement par le code de procédure civile.

37. Sans chercher à remonter à l'origine du mot *personne*, je dirai que, quoique, dans le langage habituel, les mots *homme* et *personne* semblent synonimes, il n'en est pas de même dans la langue du droit où le mot *homme* désigne l'être humain considéré isolément, et le mot *personne*, l'homme considéré dans ses rapports sociaux. C'est en les prenant sous ce point de vue que le Code s'occupe des personnes.

Puisque c'est dans l'intérêt des personnes que les

choses existent et que les lois règlent les dispositions qui peuvent en être faites, il était naturel que le législateur fixât d'abord, comme il l'a fait, les principes qui les concernent et qui constituent leur état et par suite leur capacité.

38. Par le mot *état* (du mot latin *stare*), on entend la condition d'une personne qui lui donne des droits à exercer ou des devoirs à remplir.

On distingue l'état particulier dont il sera seulement question dans cet ouvrage, de l'état public dont je n'aurai pas à m'occuper ici. — Daguesseau a ainsi défini l'un et l'autre :

« L'état particulier est une qualité que la conven-
» tion seule ne peut établir, mais qui est imprimée
» par le droit naturel, ou par le droit civil, ou par
» tous les deux et qui rend ceux qui en sont re-
» vêtus capables ou incapables de tous les engage-
» mens d'une certaine espèce, ou même de toute
» sorte d'engagemens, ou qui les rend capables ou
» incapables de recueillir certaines successions ou
» même toutes sortes de successions.

» L'état public consiste dans une capacité fondée
» sur la nature ou sur la loi, ou sur toutes les deux,
» de participer aux charges, aux honneurs et aux
» autres prérogatives qui sont accordées à ceux
» que l'on considère comme membres de la répu-
» blique ».

39. La *capacité* est l'expression des facultés civiles dont chaque personne peut user activement ou passivement, absolument ou relativement.

TITRE PREMIER.

De la jouissance et de la privation des droits civils.

SOMMAIRE.

40. *Ce qu'on entend par Droits civils.*
41. *Par droits politiques.*

40. On appelle *droits civils* l'ensemble des facultés et avantages que la loi *civile* attribue aux personnes. La différence de ces lois dans les divers pays peut en établir aussi dans les droits qui en dérivent. En France, on peut citer, parmi les plus importans, la puissance paternelle ou maritale, la tutelle, le droit de succéder, de disposer de ses biens, etc.

41. *Les droits civils* ne doivent pas être confondus avec les *droits politiques.* On désigne sous ce nom ceux qui, dérivant de la constitution de l'état, s'exercent sous certaines conditions dont la première est la qualité de citoyen. On peut les définir : « La » part attribuée aux membres d'un état dans l'exer- » cice de la puissance publique ». Les principaux de ces droits sont le droit de suffrage dans les as-

semblées électorales , l'éligibilité aux fonctions publiques, etc. Je n'insisterai pas sur cette espèce de
droits dont l'explication serait étrangère à l'objet de
ce traité. Je ferai remarquer seulement que leur
jouissance suppose nécessairement celle des droits
civils, tandis que la jouissance de ces derniers ne
suppose pas celle des droits politiques (art. 7).

Quant à la qualité de citoyen, elle résultait,
d'après la constitution de l'an VIII, de l'inscription
sur le regître civique. Ce regître n'existant plus
aujourd'hui, cette qualité ne peut plus être établie
que par la réunion des conditions exigées par les
lois politiques.

Parmi les personnes, les unes ont la jouissance
des droits civils, les autres en sont privées. Je vais
m'occuper successivement des unes et des autres.

CHAPITRE PREMIER.

SOMMAIRE.

42. La jouissance des droits civils appartient toujours aux français (art. 8), en certains cas aux étrangers. Tantôt elle est attribuée à la faveur du sang, tantôt à la faveur du lieu.

43. Tout individu né d'un français qui n'a pas perdu cette qualité, est français, soit que la naissance ait lieu en France, soit qu'elle ait lieu en pays étranger.

44. En est-il de même de l'enfant d'une française qui serait reconnu par un père étranger ? M. Duranton résout la question affirmativement, tom. 1er no 124. Suivant cet auteur il ne peut pas dépendre d'un étranger en reconnaissant l'enfant naturel d'une française, de lui ravir la qualité de français. On peut encore se prévaloir, à l'appui de ce système, de la règle qu'on applique aux enfans naturels : *partus ventrem sequitur.*

Cette opinion me paraît néanmoins beaucoup trop absolue. Car s'il est vrai, comme cela est incontestable, que l'esprit et les termes de la loi s'accordent à établir que l'enfant suit surtout la condition de son père, elle amènerait à cette conséquence, que la reconnaissance par un étranger d'un enfant né d'une française est nulle et ne peut produire aucun effet. Une équitable réciprocité devrait bien faire admettre, que si l'enfant peut, dans son intérêt, écarter cette reconnaissance, elle peut l'être aussi par d'autres contre l'intérêt de l'enfant. Je pense donc que, dans l'hypothèse, l'enfant sera réputé étranger tant que la reconnaissance subsistera. Mais il pourra la désavouer si elle est frauduleuse, et son maintien ou son annulation dépendront des circonstances que les tribunaux apprécieront. [1]

45. La faveur du sang a fait permettre à l'enfant né en pays étranger, d'un français qui a perdu cette qualité, de la recouvrer en remplissant les formalités imposées à l'enfant né en France d'un étranger qui veut devenir français, et dont il sera question au n° suivant.

Quoique l'article 10 ne parle que de l'enfant né en pays étranger, il faut reconnaître, à plus forte

---

[1] Proudhon, 1. 68. — Delvincourt, p. 14, not. 2, 2ᵉ édition.

raison, qu'il peut être invoque par l'enfant qui serait né en France d'un français qui aurait perdu cette qualité, pourvu qu'il remplisse les mêmes conditions.

46. L'enfant né en France d'un étranger qui veut obtenir la qualité de français est traité plus favorablement que celui qui est né hors de France, dont je m'occuperai incessamment. Le lieu de sa naissance lui procure l'avantage d'être reconnu français, pourvu que dans l'année qui suit l'époque de sa *majorité* il réclame cette qualité en déclarant, s'il réside en France, que son intention est d'y fixer son domicile, et en faisant sa soumission s'il réside en pays étranger, de fixer en France son domicile, ce qu'il doit faire dans l'année, à compter de l'acte de soumission (art. 9).

Mais quelle est la majorité dont parle cet article? Est-ce la majorité de la loi française ou bien celle du pays de cet étranger? On a dit que la loi qui détermine la majorité tient au statut personnel qui accompagne la personne en tout lieu et que dès lors c'est la loi étrangère qui doit être consultée. Cependant je ne le pense pas ainsi; et lorsque la constitution de l'an VIII avait fixé l'âge de vingt et un ans, pour l'étranger qui veut devenir citoyen français, il me paraît évident que le législateur, par le mot *majorité* de l'article 9, n'a entendu parler, conséquent avec lui-même, que de la majorité française. Cette opinion au surplus est généralement admise.

47. L'étranger né hors de France peut aussi devenir français, moyennant certaines formalités dont le Code ne parle pas, mais qui sont réglées par d'autres lois. L'article 3 de la constitution de l'an **VIII** dispose *qu'un étranger devient citoyen français lorsqu'après avoir atteint l'âge de vingt et un ans accomplis et avoir déclaré l'intention de se fixer en France, il y a résidé pendant dix années consécutives.* Suivant deux sénatus-consultes, l'un du 26 vendemiaire an XII, l'autre du 17 février 1808, le gouvernement peut accorder la qualité de citoyen français à l'étranger qui aurait rendu des services importans ou qui aurait été utile par des talens, des inventions, une industrie ou de grands établissemens formés en France. Un avis du conseil d'état du 7 juin 1803 exige en outre que l'étranger ait obtenu la permission de s'établir en France, et un décret du 17 mars 1809 veut encore que sa naturalisation ait été prononcée par le chef de l'état.

Ainsi l'étranger peut devenir français et avoir non seulement la jouissance des droits civils mais encore celle des droits politiques attachés à la qualité de citoyen. Toutefois l'importance des fonctions de pair et de député a motivé une ordonnance du 4 juin 1814, suivant laquelle nul ne peut être élevé à ces fonctions, s'il n'a obtenu de nouvelles lettres de naturalisation vérifiées par la chambre des pairs et par celle des députés. On les appelle grandes lettres de naturalisation.

48. L'étrangère qui épouse un français devient française par le fait seul de son mariage (art. 12). C'est une conséquence du principe qui soumet la femme à suivre la condition de son mari. Il en est par la même raison de même de la française qui épouse un étranger et qui devient ainsi étrangère.

49. Il est enfin un autre mode de naturalisation sur lequel le code est muet. C'est la réunion définitivement reconnue d'un pays à la France ; les habitans de ce pays deviennent français et ont , en cette qualité , la jouissance des droits civils.

50. Mais la qualité de français n'est pas toujours indispensable pour la jouissance des droits civils. L'étranger qui conserve cette qualité peut aussi l'avoir en tout ou en partie sous certaines conditions que je vais examiner. Ou bien il a été admis par l'autorisation du roi à établir son domicile en France ; dans ce cas , il y jouit de tous les droits civils tant qu'il continue d'y résider (art. 13), ou bien il n'a pas obtenu cette autorisation , et l'article 11 lui donne seulement la jouissance des mêmes droits civils que ceux qui sont accordés aux français par les traités de la nation à laquelle cet étranger appartient.

La jouissance qu'obtient l'étranger dans le premier cas est expliquée par la constitution de l'an VIII qui le soumet à faire un stage de dix années avant d'acquérir la qualité de français. Il était juste qu'en attendant, la loi lui accordât la jouissance des droits que le seul fait de sa résidence en France lui aurait peut-être ravis dans son pays. Au reste sa résidence continuelle en France n'est pas rigoureusement exigée; Elle peut être interrompue sans que cette jouissance le soit. L'autorisation de résider en France peut lui être retirée , et alors il perd avec elle la jouissance qui n'en était que l'effet. Observons d'ailleurs que pendant qu'il la conserve , il demeure soumis aux lois personnelles de son pays.

51. La réciprocité absolue admise par le Code , dans le second cas , avait rétabli, à l'égard des habitans de certains pays, les droits d'*aubaine* et de *détraction* qui avaient été abolis par l'assemblée constituante. [1] Mais la loi du 14 juillet 1819 consacrant des principes plus généreux , permet aux étrangers de succéder , disposer et recevoir en France , de la même manière que les français , quelles que soient les lois de leur pays. Cette loi laisse subsister, pour le surplus , les dispositions de l'article 11 du Code civil.

52. Après avoir accordé à l'étranger les avantages

---

(1) *Aubaine d'alibi natus.* — On appelait ainsi le droit qui attribuait à l'état ou au seigneur les biens de l'étranger qui décédait en France. — *Détraction.* — En vertu de ce droit le souverain distraisait à son profit une partie des successions qu'il permettait à l'étranger de recueillir dans ses états.

qui viennent d'être rappelés , le Code s'occuppe du jugement des contestations qui peuvent s'élever entre un français et lui , et il établit entr'eux une juste réciprocité , en attribuant juridiction aux tribunaux français. L'étranger peut être défendeur ou demandeur. Au premier cas et par dérogation au principe qui rend chacun justiciable du tribunal de son domicile , il peut être traduit devant les tribunaux français , soit qu'il s'agisse d'obligations qu'il a contractées en France , soit qu'il les ait contractées en pays étranger. Si le français ne veut pas user de cette faculté que la loi lui offre , il peut , s'il l'aime mieux , actionner l'étranger devant le juge de son domicile. Le jugement qu'obtient le français des tribunaux de France est exécutoire sur tous les biens que l'étranger possède en France. Une loi du 10 septembre 1807 soumet aussi ce dernier à la contrainte par corps pour toutes les condamnations prononcées contre lui en faveur d'un français , et autorise même son arrestation provisoire après la seule échéance de la dette. Sans ces garanties , l'étranger aurait eu trop de facilités pour se soustraire à l'exécution de ses engagemens. Ces dispositions générales ont reçu des modifications par des traités particuliers avec certains états.

Les jugemens des tribunaux français contre les étrangers ne sont exécutoires sur les biens que ceux-ci possèdent hors de France que conformément aux règles des lois étrangères. La souveraineté de laquelle ils émanent ne s'exerce pas en effet hors de

3

notre territoire. Ce principe est consacré , pour le
cas où il s'agit de jugemens ou d'actes rendus ou
passés en pays étranger , par les articles 2123 et
2128 du Code civil , et par l'art. 546 du code de
procédure. Cette réciprocité , déjà signalée , autorise l'étranger à traduire le français devant un tribunal de France , pour les obligations contractées
par ce dernier en pays étranger. (art. 14 et 15).

33. Je viens , dans ce qui précède , de considérer l'étranger comme défendeur. Lorsqu'il est demandeur , la crainte qu'il ne compromît les intérêts
du français par une action téméraire dans laquelle
il succomberait , a motivé l'art. 16 qui le soumet à
donner caution , sauf les exceptions exprimées dans
le même article , et qui se justifient assez d'elles-mêmes. Au reste , il suffit à l'étranger de prouver qu'il
possède des immeubles en France et il n'a pas
besoin de les hypothéquer. Cette caution est appelée
judicatum solvi ; et c'est parce que la défense est de
droit naturel et ne doit pas être entravée , qu'elle
n'est pas exigée de l'étranger défendeur. Elle peut
être remplacée par un gage (art. 2104) , ou par la
consignation d'une somme suffisante. (art. 166 et
167 du code de procédure).

Ce n'est donc que lorsque l'étranger est demandeur ou intervenant dans une instance que la caution est exigée de lui. Mais il en est autrement s'il
est porteur d'un titre exécutoire ou paré. Alors il n'y
a rien à juger au fond et les mêmes motifs n'exis-

tent pas. La dispense de la caution peut être aussi la conséquence des traités. Elle n'est pas non plus exigible de celui qui a été admis à jouir des droits civils.

Je ferai remarquer ici que le code de procédure, postérieur au Code civil, aggrave encore la condition de l'étranger, en lui refusant, par l'art. 905[1], l'admission au bénéfice de cession de biens.

54. Les mêmes règles ne s'appliquent pas aux contestations entre étrangers. S'il s'agit d'obligations civiles, les différens auxquels elles donnent lieu sont du ressort des juges étrangers, quel que soit le lieu où elles ont pris naissance. Ce principe néanmoins ne concerne pas les actions réelles, puisque le Code (art. 3) soumet à la loi française les immeubles possédés par les étrangers, ni aux actions mixtes qui permettent l'option au demandeur. Mais il produit ses conséquences lors même que des étrangers consentiraient à se faire juger par les tribunaux français, pour lesquels un tel consentement n'aurait rien d'obligatoire.

Cependant la faveur due au commerce, la bonne foi sur laquelle il repose, la célérité qu'il exige dans le jugement des affaires ont fait reconnaître, dans les anciens comme dans les nouveaux principes, que les marchés que font entr'eux des étrangers aux foires de France sont de la juridiction des tribunaux français. Tel était le vœu de l'art. 17 du tit. 12 de l'ordonnance de 1673, et il a été reconnu au conseil d'état , lors de la discussion du Code civil , que cette règle doit être encore en vigueur. Des auteurs recommandables , MM. Merlin , rép. vᵒ étranger , § 2 , Toullier , tom. 1 , nᵒ 265 et Pardessus *Droit commercial*, nᵒ 1353, l'étendent à toutes les matiè- res commerciales , d'après l'art. 420 du code de procédure , qui leur paraît pouvoir être invoqué par les étrangers entr'eux. Cette opinion toute rai- sonnable ne me paraît contrarier aucun principe.

Il est hors de doute qu'en vertu de l'art. 3 , les étrangers , dans tous les cas , sont justiciables des tribunaux français , à raison des crimes ou délits commis en France.

CHAPITRE II.

De la privation des droits civils.

SOMMAIRE.

55. *Division de la matière.*

55. La jouissance des droits civils étant attachée, comme nous venons de le voir, à la qualité de fran- çais, cesse de plein droit par la perte de cette qua- lité. Elle peut cesser aussi par suite de certaines condamnations judiciaires. C'est ce que vont nous apprendre les deux sections qui composent ce chapitre.

SECTION PREMIÈRE.

De la privation des droits civils par la perte de la qualité
de français.

SOMMAIRE.

56. La qualité de français se perd de cinq manières : 1° par la naturalisation acquise en pays étranger, 2° par l'acceptation, non autorisée par le roi, de
fonctions publiques conférées par un gouvernement
étranger , 3° par tout établissement fait en pays

étranger sans esprit de retour , 4º par le mariage
d'une femme française avec un étranger , 5º enfin
par l'acceptation du service militaire chez l'étranger,
ou par l'affiliation à une corporation militaire étrangère (art. 17 , 19 et 21.)

57. On ne peut pas avoir deux patries. Ainsi le
français qui , abdiquant son pays , acquiert la naturalisation en pays étranger , perd sa qualité de français et la jouissance des droits civils qui en sont la
conséquence.

On a écrit [1] que l'abdication de la patrie est expresse ou tacite. Je ne pense pas que celui qui se
bornerait à déclarer , en quelque forme que ce fût ,
qu'il abdique sa patrie , perdît sa qualité de français ,
et je crois qu'il faudrait en outre quelqu'une des
circonstances énumérées dans les articles précités.
Je fonde cette opinion d'abord sur le silence de la
loi qui ne met pas l'abdication expresse , isolée de
tout autre fait , au nombre des moyens qui font
perdre la qualité de français ; ensuite sur l'abus qui
pourrait résulter de la facilité qu'aurait un français
de se soustraire aux charges publiques , en se con-
tentant de déclarer qu'il abdique sa patrie sans en
acquérir réellement une autre.

Ainsi je n'admets que l'abdication tacite qui est
celle qui résulte d'une des circonstances que la loi

_____

[1] Toullier , tome 1er , nº 267.

exprime, et dont la première est la naturalisation en pays étranger. Tous les publicistes se sont accordés à reconnaître à l'homme le droit d'adopter une nouvelle patrie, et le Code consacre ici un principe de liberté naturelle.

58. Mais cette disposition du Code n'a-t-elle pas été modifiée par le décret du 26 août 1811, dont l'article premier porte qu'aucun français ne peut se faire naturaliser en pays étranger sans l'autorisation du chef de l'état? Plusieurs auteurs [1] ont pensé que ce décret, contrariant l'esprit de la charte, devait être censé abrogé. D'autres [2] dont, quoique à regret, je crois devoir embrasser l'opinion, regardent ce décret comme étant encore en vigueur, parce qu'il n'a pas été attaqué pour cause d'inconstitutionnalité, comme l'exigeait la constitution de l'an VIII. J'ajouterai que telle est la jurisprudence de la cour de cassation.

Il faut cependant observer que la disposition de ce décret qui déclarait acquise à l'état la succession du français naturalisé à l'étranger sans autorisation, est abrogée par la charte (art. 57), qui a aboli à jamais la confiscation des biens. Il en conserve donc la propriété ; car je ne partage pas l'opinion de ceux

---

[1] Proudhon, *de l'usufruit*, tom. 4, n° 1986. — Guichard, *Traité des Droits civils*, n° 507.

[2] Notamment M. Duranton, tom. 1, n° 175.

qui le réputent mort civilement et qui adjugent ses biens à ses héritiers. [1]

Un avis du conseil d'état, du 12 mai 1812, décide que ce décret n'est pas applicable aux femmes.

59. L'acceptation , *non autorisée par le roi* , de fonctions publiques conférées par un gouvernement étranger fait aussi perdre la qualité de français. Elle peut soumettre en effet celui qui les accepte à des obligations incompatibles avec ce que tout citoyen doit à son pays. Le décret du 6 avril 1809 prononce en outre , comme peine principale , la mort civile contre celui qui méconnaîtrait cette prohibition. Il ne s'applique pas , pour des raisons sensibles , à celui qui serait autorisé par le roi à accepter des fonctions de cette nature; mais le service public autorisé d'un français à l'étranger doit cesser en cas de guerre ou de rappel , aux termes des décrets du 6 avril 1809 et du 26 août 1811.

Les fonctions ecclésiastiques en pays étranger sont régies par notre disposition , si celui qui les y exerce a prêté serment de fidélité à un autre souverain ou s'il y reçoit un traitement. Telle est l'opinion de plusieurs auteurs , consacrée par un arrêt de la cour de cassation du 17 novembre 1818.

---

(1) M. Duranton, tom. 1 , nos 178 , 179 , 182 , 197 , 200. — M. Delvincourt, tom. 1 , p. 205 , not. 4 , 2e édit. — Contrà, Merlin, rép., vo français, § 1 , no 4.

60. La perte de la qualité de français résulte, en troisième lieu, de tout établissement fait en pays étranger sans esprit de retour. Car cette détermination rompt tous les liens qui attachaient le français à sa patrie. Il était de la nature des établissemens de commerce de n'être pas compris dans cette disposition. Les circonstances qui excluent l'esprit de retour ne peuvent être jamais que des points de fait laissés à l'appréciation souveraine des tribunaux.

61. Quatrièmement, le mariage d'une femme française avec un étranger lui fait perdre la qualité de française, ainsi que je l'ai dit plus haut. Elle suit, dit la loi, la condition de son mari, et il importe peu qu'elle soit majeure ou mineure, pourvu que le mariage soit régulier. Elle redevient française si, à la mort de son mari, elle réside en France, ou si, postérieurement elle y rentre avec l'autorisation du roi, en déclarant qu'elle veut s'y fixer.

62. Mais il n'en serait pas de même de la femme française qui a épousé un français qui perd cette qualité. Vainement objecterait-on que la femme suit la condition de son mari. Cela doit s'entendre de celle qui, libre dans son choix, pouvait ne pas épouser un étranger. Mais il serait souverainement injuste de punir la femme mariée d'un fait qui n'est pas le sien. Cependant, dans ce dernier cas, la femme pourrait cesser d'être française si, d'après les circon-

stances, il était jugé qu'elle a fait un établissement
en pays étranger sans esprit de retour.

63. Cinquièmement enfin, la qualité de français est perdue pour le français qui, sans autorisation du roi, prendrait du service militaire, ou s'af-
filierait à une corporation militaire étrangère. Il
s'expose à porter les armes contre son pays, et, de
tous les modes d'abdication, celui-ci est sans contre-
dit le plus blâmable. Le décret précité du 26 août
1811 contient plusieurs dispositions applicables à ce
cas.

64. Mais la qualité de français n'est pas irrévocablement perdue, dans les diverses hypothèses que
je viens de parcourir. Dans les quatre premières, il
suffira, pour la faire recouvrer, du retour en
France avec l'autorisation du roi et de la déclaration
qu'on veut s'y fixer. (art. 18). Mais dans la cinquième où les torts sont bien autrement graves, il
faudra davantage. Le français qui, dans ce cas, aura
perdu cette qualité, devra remplir les conditions imposées à l'étranger pour devenir citoyen, et pourra
être passible de peines prononcées par nos lois criminelles contre les français qui ont porté les armes
contre leur patrie (art. 21). Ce ne sera donc qu'a-
près une résidence de dix années consécutives en
France qu'il redeviendra français et qu'il jouira des
droits civils.

On a élevé la question de savoir s'il recueillerait

une succession ouverte en France pendant le cours de ces dix années , et M. Duranton l'a résolue négativement , tom. 1er , n° 105. Cette opinion , quoique fondée sur des argumens spécieux , me paraît trop rigoureuse. Celui qui est dans une telle position ne peut être considéré , quoiqu'on en dise , que comme français ou comme étranger et , depuis la loi du 14 juillet 1819 , il est habile à succéder à l'un ou à l'autre de ces titres.

65. Ceux qui auront recouvré , moyennant l'accomplissement des conditions que je viens d'indiquer , la qualité de français , ne pourront s'en prévaloir que pour l'avenir (art. 20). Les droit antérieurement ouverts et auxquels ils auraient été appelés sont définitivement perdus pour eux. C'est une conséquence du principe de non-rétroactivité dont au surplus l'application est singulièrement restreinte par la loi du 14 juillet 1819.

SECTION II.

De la privation des droits civils par suite de condamnations
judiciaires.

SOMMAIRE.

66. *Division de la matière.*
67. *Définition de la mort civile. Ses causes.*
68. *A dater de quelle époque la mort civile est encourue.*
69. *Lorsque la condamnation est contradictoire.*

66. Parmi les condamnations judiciaires, les unes peuvent n'enlever au condamné qu'une partie de ses droits civils, les autres les lui enlèvent en entier par suite de la mort civile qu'elles entraînent (art. 22). Je m'occuperai d'abord de ces dernières.

67. La mort civile peut être définie : *l'état d'un individu privé, par l'effet d'une condamnation, de ses biens et de ses droits civils et politiques.* Sauf le cas du décret du 6 avril 1809, la mort civile n'est pas prononcée comme peine principale ; elle est seulement la conséquence d'une peine, et cette conséquence n'a pas besoin d'être exprimée dans le jugement. Elle est légale et a lieu de plein droit.

Les condamnations qui entraînent la mort civile sont : 1° la condamnation à la mort naturelle (art. 23) ; cette disposition peut paraître superflue et même étrange, à un premier aperçu ; mais elle s'explique par celle qui prononce la nullité du testament du condamné et par la possibilité qu'il s'échappe après la condamnation ; 2° La condamnation aux travaux forcés à perpétuité (art 18 cod. pén.); 3° la condamnation à la déportation. Néanmoins le roi peut accorder au déporté , dans le lieu de la déportation , l'exercice des droits civils en tout ou en partie. (*id.*).

Il n'y a aucune différence à établir entre les condamnations à l'une de ces peines prononcées par les tribunaux militaires ou maritimes et les autres tribunaux , malgré une ancienne controverse qu'un auteur moderne [1] a vainement tenté de faire renaître.

68. Pour fixer l'époque à dater de laquelle la mort civile est encourue , il faut distinguer selon que la condamnation est contradictoire ou par contumace. Elle est contradictoire lorsque le condamné est en présence ou sous la main de la justice au moment où elle prononce. Elle est par contumace si le condamné n'a pas comparu ou s'est évadé.

69. D'après le Code (art. 26), les condamnations contradictoires n'emportent la mort civile qu'à compter du *jour* de leur exécution. On peut se demander, malgré ce texte , si c'est bien à dater *du jour* , ou seulement *du moment* de l'exécution que la mort

---

(1) Delvincourt, tom. 1 , pag. 22 , not. 2 , 2ᵉ édit.

civile est encourue. Cette question a divisé les auteurs. Les uns [1] décident que c'est à dater du premier moment du jour. Ils se fondent sur la lettre de
la loi et sur un argument puisé dans l'art. 2260, suivant lequel la prescription se compte par jours et
non par heures. Les autres [2] veulent que ce ne
soit qu'au moment même de l'exécution. Cette opinion me paraît préférable. L'esprit de la loi, l'intention présumée du législateur doivent l'emporter sur
une rédaction d'ailleurs sujette à controverse, puisqu'on pourrait soutenir que les mots *à compter du
jour* sont exclusifs de ce jour, et je ne sais voir
aucun rapport entre l'art. 2260 et la question que
j'examine. La mort civile est un effet qui ne peut pas
précéder la cause, et cette cause est l'exécution. Dans
le système contraire, l'application des art. 720 et autres du Code relatifs aux présomptions de survie
serait, dans certains cas, impossible. Enfin, une loi
spéciale, du 20 prairial an IV, donne un argument à
cette opinion que d'ailleurs, dans le doute, l'humanité devrait faire préférer.

L'exécution commence, pour les travaux forcés à
perpétuité, par l'exposition au carcan (art. 22 cod.
pén.) et, pour les condamnations à la déportation,

---

[1] MM. Merlin, rép., v° mort civile, § 1, art. 5, n° 4. Proudhon, tom. 1, n° 74. Toullier, tom. 1, n° 274.
[2] MM. Delvincourt, tom. 1, pag. 209 notes. Duranton, tom. 1,
n° 221.

par l'affiche de l'arrêt (art. 36 *id.*). C'est donc alors
que , dans les deux cas , la mort civile commence à
produire ses effets.

70. Quant aux condamnations par contumace ,
il peut se présenter diverses hypothèses.

La loi se montre indulgente pour le condamné
auquel son absence n'a pas permis de se défendre. Une
disposition qui concilie l'intérêt de sa position avec
celui de la société n'attribue les effets de la mort
civile au jugement de condamnation qu'après les
cinq ans qui suivent son exécution par effigie (art.
27). S'il se représente ou s'il est arrêté dans ce
délai , le jugement est anéanti de plein droit ; un
nouveau jugement a lieu , et si la mort civile en est
la conséquence , ce n'est qu'à dater de l'exécution de
ce second jugement qu'elle produit ses effets (art.
29). Enfin , si un laps de temps quelconque s'est
écoulé entre les cinq ans qui constituent ce qu'on
appelle le délai de grâce et la représentation volontaire ou forcée du condamné devant la justice , les
effets de la mort civile , dans cet intervalle , continuent de subsister , lors même que celui qui avait
été condamné est absous par le nouveau jugement.

71. Mais une peine est toujours encourue par
l'accusé qui , appelé devant la justice et ayant refusé
de comparaître , a désobéi à la loi et encourt une
condamnation dont la mort civile est la conséquence.
Pendant les cinq ans de grâce ou jusqu'à sa com-

parution en justice , si elle a lieu avant leur expiration ; il est privé de *l'exercice* des droits civils (art.
28); mais il ne faut pas confondre *l'exercice* avec
la *jouissance* de ces droits. Le condamné ne peut pas
agir pour en réclamer les avantages qui n'en résident
pas moins sur sa tête. Ainsi , par exemple , il recueil-
lera un legs , une succession , mais il ne pourra pas
en demander la délivrance , en provoquer le partage.
La loi qui , en lui refusant l'exercice de ses droits ,
ne peut pas vouloir qu'ils soient laissés à l'abandon ,
dispose qu'ils seront exercés , et que ses biens seront
administrés de même que ceux des absens. Nous
verrons plus tard les règles de cet exercice , de cette
administration qui doivent se combiner avec l'article
471 du code d'instruction criminelle et un avis du
conseil d'état approuvé le 20 septembre 1809. [1]

La mort du condamné pendant le délai de grâce ,
le fait réputer mort dans l'intégrité de ses droits et
anéantit , relativement à la partie publique , tous
les effets du jugement. La loi , dans ce cas , le présume innocent de cela seul qu'il ne s'est pas défendu.
Mais les intérêts privés que le fait imputé au défunt
ont lésés peuvent obtenir réparation contre ses héritiers devant les tribunaux civils (art. 31).

72. Le condamné par contumace , comme tout
autre condamné , est affranchi de la peine prononcée

---

(1) Sircy , 10-2 9.

contre lui par la prescription qui lui est acquise vingt ans après le jugement (art. 635 , cod. d'inst. crim.). Dix ans même écoulés sans poursuites depuis le crime éteignent à la fois l'action publique et l'action civile (art. 637 *id.*); mais la prescription de la peine ne réintègre jamais le condamné dans ses droits civils pour l'avenir (art. 32), et il ne pourrait pas les recouvrer en se présentant devant la justice après la prescription (art. 641, cod. d'inst. crim.).

73. J'aurais maintenant à parler des effets de la mort civile , dont les principaux sont énumérés dans l'article 25. Ce n'est pas encore le moment de donner les explications convenables sur chacun de ces effets ; car ils consistent dans la privation de certains droits dont je n'ai pas pu faire connaître encore les modes et conditions de jouissance ou d'exercice ; et il me serait difficile d'être bien intelligible sans anticiper sur les sujets à venir , ce que ne comporte pas mon plan de travail. Je dirai seulement que les dispositions de l'art. 25 sont énonciatives et non limitatives : qu'ainsi le mort civilement perd l'usufruit (art. 617), l'habitation (art. 625), que la société dans laquelle il est intéressé est dissoute (art. 1865), que le mandat qu'il a donné ou reçu est fini (art. 2003), qu'il ne peut pas être admis au bénéfice de cession (art. 905 cod. de pr.), qu'en un mot la mort civile le prive de tous droits civils énumérés ou non dans l'art. 25.

Malgré le silence du Code , il est hors de doute

4

qu'elle le prive également des droits politiques.

74. La mort civile peut cesser de deux manières :
1º par un jugement d'absolution ou dont elle n'est
pas la conséquence légale , lorsque celui qui l'avait
encourue se présente avant que la condamnation soit
devenue définitive ; 2º par la grâce ou la commuta-
tion de peine accordée par le roi , conformément à
l'art. 58 de la charte constitutionnelle. Dans ce cas ,
la mort civile , effacée pour l'avenir , continue de
produire tous ses effets pour le passé , et les droits
ou avantages qu'elle a procurés à des tiers leur demeurent irrévocablement acquis.

75. La faculté d'acquérir étant de droit naturel
et non de droit civil , et n'étant pas comprise par
conséquent au nombre des droits dont la mort civile
entraîne la perte , il s'ensuit que le mort civilement
peut acquérir des biens. Mais la transmission des
biens étant de droit civil , il est privé de la faculté
de les transmettre ou d'en disposer d'une manière
quelconque. Ces biens sont donc acquis à l'état par
droit de deshérence (art. 33), expression qui signi-
fie qu'il ne laisse pas d'héritiers légitimes. La loi
attribue néanmoins au roi la faculté d'en disposer
comme bon lui semble en faveur de la veuve , des
enfans ou des parens du condamné.

Ici je ne crois pas avoir besoin d'insister beaucoup
pour réfuter une opinion qui a été émise, et suivant
laquelle les droits que l'article 33 attribue à l'état

n'existent plus depuis que la charte a aboli la confiscation des biens, par son art. 57. Il est assez évident que cette propriété de l'état est fondée sur d'autres principes que celui de la confiscation.

76. Il est, outre les dispositions du décret du 6 avril 1809 déjà cité, des condamnations qui n'emportent pas la mort civile, mais qui privent ceux qui en sont atteints de leurs droits politiques, ou de la jouissance et de l'exercice de leurs droits civils en tout ou en partie. On peut consulter à cet égard les articles 28, 29, 30, 31, 34 et 42 du code pénal, ainsi que les art. 221 et 443 du Code civil.

TITRE II.

Des actes de l'Etat-civil.

SOMMAIRE.

77. *Idée de la matière.*

77. Ces actes, destinés à constater l'état des personnes dans la famille ou dans la société, à leur procurer et garantir les plus précieux des droits dont il est question dans le titre précédent, sont de la plus haute importance. Aussi la loi a-t-elle pris tous les moyens, toutes les précautions pour les rendre l'expression de la vérité.

Les actes dont ce titre contient les règles se ratta-

chent aux trois grandes époques de la vie : la naissance, le mariage, le décès. Il est cependant d'autres actes de l'état civil sur lesquels notre titre garde
le silence, ceux qui constituent l'adoption ou la
reconnaissance d'enfans naturels, dont nous retrouverons les formes lorsque nous traiterons de ces
matières.

CHAPITRE PREMIER.

Dispositions générales.

SOMMAIRE.

78. Les règles exprimées dans ce chapitre s'appliquent aux trois sortes d'actes qui sont l'objet du titre. J'examinerai quels sont les fonctionnaires que la loi charge de les recevoir, rédiger et vérifier ; quelles sont les formes qui leur sont communes, et quelles sont les suites de la violation ou méconnaissance de ces formes.

79. Les actes de l'état civil doivent être authentiques, c'est-à-dire reçus par des fonctionnaires publics. Ils ne produiraient pas les effets que la loi leur attache, s'ils étaient sous seing privé, c'est-à dire émanés de personnes non revêtues du caractère officiel spécialement exigé par la loi.

A Rome, il n'existait pas de regîtres de l'état civil. Ceux que tenait le père de famille faisaient foi de l'état des enfans ; et même, à leur défaut, la preuve testimoniale, généralement admise chez les romains, était suffisante.

En France, avant la révolution de 1789, la tenue des regîtres était confiée aux curés des paroisses. Il en a été autrement depuis que le principe de la liberté des cultes a été proclamé par l'assemblée constituante. La loi du 20 septembre 1792 qui est encore en vigueur, a donné attribution pour ces actes à des officiers publics qui furent d'abord nommés par les conseils généraux des communes, mais qui, après plusieurs modifications législatives, ne peuvent être aujourd'hui que les maires et adjoints, en vertu de la loi du 28 pluviôse an VIII.

Non contente de ces premières garanties, la loi

exige encore l'intervention du procureur du roi
qu'elle charge de vérifier l'état des regîtres , de
dresser procès verbal de sa vérification , et de dénoncer les délits et contraventions qu'ont pu commettre les officiers de l'état civil (art. 53).

80. De simples feuilles volantes seraient inefficaces pour constater l'état civil des personnes : l'article 192 du code pénal punit les officiers de l'état civil
qui ont inscrit les actes sur de simples feuilles
volantes, d'un emprisonnement d'un mois au moins,
et de trois mois au plus, et d'une amende de seize
fr. à deux cents fr. Les actes doivent être inscrits
dans chaque commune sur un ou plusieurs regîtres
tenus doubles (art. 40). Il suit de là qu'un seul
regître, pourvu qu'il soit tenu double, peut servir
à constater à la fois les naissances, mariages et décès.
Ces regîtres offrent en effet bien plus de garanties
de conservation et de durée qu'une feuille séparée
que le moindre accident peut égarer ou détruire.

81. Les actes de l'état civil doivent énoncer l'année , le jour et l'heure où ils sont reçus , les noms,
prénoms , âge , profession et domicile de ceux qui y
sont dénommés (art. 34). Les parties intéressées
peuvent s'y faire représenter par un fondé de procuration spéciale et authentique, lorsqu'elles ne sont
pas obligées de comparaître en personne, comme
pour le mariage (art. 36). Les déclarations faites à
l'officier de l'état civil doivent être certifiées par

des témoins du sexe masculin, parens ou autres, choisis par les parties, et âgés de vingt-un ans au moins (art. 37). L'officier de l'état civil doit donner lecture de l'acte aux comparans, et mentionner l'accomplissement de cette formalité (art. 38). Il doit signer les actes, ainsi que les comparans et les témoins, ou faire mention de la cause qui empêche ceux-ci de signer (art. 39); et il ne peut rien insérer, d'une manière quelconque, que ce qui doit être déclaré par les comparans (art. 35), c'est-à-dire ce que les comparans ont le droit de déclarer : ainsi, par exemple, l'officier de l'état civil manquerait à ses devoirs s'il attribuait la paternité d'un enfant naturel dont la naissance lui est déclarée à un individu qui n'est pas présent à l'acte et qu'un fondé de pouvoirs ne représente pas; conséquence qui résulte du principe qui interdit la recherche de la paternité (art. 340); ainsi, encore, il ne devrait pas mentionner une filiation adultérine ou incestueuse, puisque les reconnaissances qui auraient pour objet de l'établir sont prohibées par le Code (art. 335, 342).

82. Les regîtres de l'état civil sont publics, et toute personne, intéressée ou non, peut s'en faire délivrer des extraits par ceux entre les mains de qui ils sont déposés (art. 45). C'est une exception à la règle qui ne permet qu'aux parties intéressées de réclamer des extraits des actes ordinaires, exception que justifie la nature même des actes de l'état civil,

qui constatent des faits en quelque sorte d'intérêt
général et public. Pour que les altérations ou addi-
tions après coup y soient impossibles ou plus difficiles, ils doivent être cotés par première et dernière,
et paraphés à chaque feuille par le président du
tribunal de première instance (art. 41). Les actes
y sont inscrits de suite, sans aucun intervalle, en
toutes lettres, sans abréviations. S'il y a des ratures
et des renvois, ils sont approuvés et signés comme
le corps de l'acte (art. 42). A la fin de chaque année,
ils sont clos et arrêtés par l'officier de l'état civil; et
pour qu'il y ait plus de garanties de leur conservation, aux cas d'accidens, les deux doubles
sont placés, dans le mois qui en suit la clôture, dans
des lieux distincts, l'un aux archives de la mairie,
l'autre au greffe du tribunal de première instance
(art. 43). C'est en ce dernier lieu que sont déposées
les procurations et autres pièces qui doivent demeu-
rer annexées aux actes, après avoir été paraphées
par la personne qui les a produites et par l'officier
de l'état civil (art. 44).

85. Les originaux de ces actes doivent rester
dans les dépôts publics qui viennent d'être indiqués,
à moins que leur représentation en justice ne soit
ordonnée, ce qui n'a lieu que dans des cas rares et extraordinaires. Mais ils sont remplacés par les extraits
des regîtres légalisés par le président du tribunal de
première instance, qui produisent le même effet et
qui font foi jusqu'à inscription de faux (art. 45).

On entend par légalisation le certificat mis à suite de l'extrait par le président, constatant la vérité de la signature de l'officier de l'état civil ou du greffier qui l'a délivré. Les termes absolus de l'article 45 doivent faire reconnaître que cette légalisation est nécessaire même dans l'étendue de l'arrondissement où ils ont été reçus, malgré l'argument par analogie que fournit la loi du 25 ventôse an XI, qui, dans ce cas, dispense de la légalisation les actes reçus par les notaires [1].

84. L'inscription de faux nécessaire pour emporter la foi due à ces actes est la déclaration de leur fausseté, faite conformément à l'article 218 et autres du code de procédure civile; mais il n'est nécessaire de recourir à ce moyen extrême que lorsque la contestation porte sur les énonciations légalement constitutives de l'acte. Une simple dénégation suffirait, et l'on ne devrait y avoir aucun égard, si la contestation avait pour objet des énonciations que l'officier de l'état civil y a insérées surabondamment, ou par contravention à la loi. Ainsi, par exemple, l'acte attaqué constatera la naissance d'un enfant naturel dont le père qui ne se serait pas présenté serait désigné. L'inscription de faux sera nécessaire pour détruire la déclaration de naissance; elle ne le sera pas

---

[1] M. Duranton, tom. 1, page 221, note 2. — Çà Toullier, tom. 1, n° 307.

pour rendre sans effet la déclaration de la prétendu e
paternité.

85. La non existence, la perte ou la dégradation
des regîtres ne sauraient placer les individus dans
l'impossibilité de constater leur état civil ; d'autres
titres et la preuve testimoniale peuvent produire le
même effet, après qu'il aura été rapporté une première preuve de la non existence, perte ou dégradation alléguées (art. 46). Ces deux moyens ne
doivent pas nécessairement exister simultanément,
et l'un d'eux peut suffire, sans le concours de l'autre,
pour la preuve des mariages, naissances et décès; les
termes de la loi ne laissent aucun doute à cet égard.
Si elle exige que les pères et mères dont les regîtres
et papiers peuvent servir de titre soient décédés,
c'est pour éviter toute supposition qu'inspirerait le
besoin de la cause.

86. Les actes de l'état civil dans la rédaction
desquels toutes les formalités que la loi prescrit
n'auront pas été observées, ne seront pas, pour cela,
frappés de nullité. Il eût été trop injuste de rendre
les individus victimes du fait des fonctionnaires du
choix de l'autorité supérieure. C'est donc sur ces
fonctionnaires seuls que doivent retomber les conséquences de leurs fautes. La moindre contravention
aux règles ci-dessus énumérées les rend passibles
d'une amende qui ne peut excéder cent fr. (art. 50).
En outre, ils sont responsables envers les parties

intéressées des altérations qu'éprouvent les actes, sauf
leur recours, s'il y a lieu, contre ceux qui en sont
les auteurs (art 51). Non-seulement enfin ils sont
passibles des peines portées par les lois criminelles,
s'ils sont coupables d'altérations ou de faux sur les
regîtres (art. 145 et 146 du code pénal); mais encore ils sont tenus, dans ces cas, des dommages
intérêts des parties, même pour inscription des actes
sur une feuille volante (art. 192 *id.*), ou partout
ailleurs que sur les regîtres à ce destinés (art. 52).
Tous les jugemens rendus en cette matière par les
tribunaux de première instance sont sujets à l'appel
(art. 54).

87. Le Code a prévu les cas ou l'appréciation d'actes
de l'état civil faits en pays étranger, concernant soit
des français, soit des étrangers, est soumise à des
tribunaux français. Il dispose que l'acte fait foi, qu'il
s'applique à des français ou à des étrangers, s'il a
été rédigé dans les formes usitées dans le pays où
il a été retenu (art. 47); c'est l'application de l'ancienne règle : *locus regit actum.* Il donne aussi la
même force aux actes intéressant les français reçus
en pays étranger par les agens diplomatiques ou par
les consuls (art. 48). Ainsi les actes de l'état civil
des français peuvent être faits à l'étranger de deux
manières différentes. On sent que cet avantage n'est
pas accordé aux étrangers, les agens diplomatiques
français étant à leur égard sans caractère officiel.

CHAPITRE II.

Des actes de naissance.

SOMMAIRE.

88. *Enonciation des conditions des actes de naissance.*
89. *Présentation de l'enfant à l'officier de l'état-civil.*
90. *Déclaration de la naissance.*
91. *Formes de l'acte de naissance.*
92. *Formalités à remplir relativement* 1° *aux enfans trouvés.*
93. 2° *Aux enfans nés pendant un voyage de mer.*

88. Après avoir posé les règles générales des actes de l'état civil, le Code s'occupe de ceux qui naturellement devaient fixer les premiers l'attention du législateur, des actes de naissance. Ses dispositions s'appliquent d'abord à ces actes dans les cas ordinaires. Elles sont relatives à la présentation de l'enfant, aux déclarations de naissance et aux énonciations que l'acte doit renfermer.

89. L'enfant doit être présenté dans les trois jours de l'accouchement à l'officier de l'état civil (art. 55) qui peut ainsi être moins facilement abusé soit sur le fait de la naissance, soit sur l'âge du nouveau-né. Il n'est pas indispensable que cette présentation soit faite à la maison commune, et, dans les cas où il y aurait danger pour l'enfant, l'of-

ficier de l'état civil averti peut se rendre auprès de
la mère. Si l'enfant est décédé avant l'enregîtrement
de sa naissance, l'officier de l'état civil constatera
sur les regîtres de décès, non pas le décès de l'enfant, mais qu'il lui a été présenté sans vie, selon le
vœu d'un décret du 4 juillet 1806. Il s'est introduit
à cet égard un abus dont les conséquences pourraient
être graves, qui consiste à remplacer souvent la
présentation par un certificat de l'accoucheur accordé
par complaisance, au moins autant que par nécessité,
et dont certains officiers de l'état civil se contentent.

90. La déclaration de la naissance doit être faite
en même temps que la présentation, c'est-à-dire dans
les trois jours de l'accouchement (*id.*); ce délai
même est fatal : car un avis du conseil d'état du 12
brumaire an XI décide qu'après son expiration, l'inscription sur les regîtres ne peut avoir lieu qu'en
vertu d'un jugement.

La naissance doit être déclarée par le père ; à son
défaut, par les personnes de l'art, ou autres qui ont
assisté à l'accouchement, et si la mère est accouchée
hors de son domicile, par la personne chez qui elle
est accouchée (art. 56). Il n'est pas nécessaire que
les personnes dénommées dans cet article fassent
concurremment la déclaration ; émanée de l'une
d'elles, elle est suffisante.

La sanction de la loi qui ordonne la présentation
et la déclaration est dans l'article 346 du code pénal
ainsi conçu : « Toute personne qui ayant assisté à

» un accouchement n'aura pas fait la déclaration à
» elle prescrite par l'article 56 du Code civil , et dans
» le délai fixé par l'article 55 du même Code, sera
» punie d'un emprisonnement de six jours à six
» mois , et d'une amende de seize francs à trois cents
» francs. »

91. L'officier de l'état civil doit rédiger l'acte de
naissance , au moment même de la déclaration , en
présence de deux témoins (*id.*). L'acte doit énoncer
le jour, l'heure et le lieu de la naissance , le sexe de
l'enfant, ses prénoms , ainsi que les noms, prénoms,
profession et domicile des père et mère et des témoins (art. 57).

Une loi du 11 germinal an X défend de donner
aux enfans d'autres prénoms que ceux qui sont en
usage dans les calendriers, ou des personnages de
l'histoire ancienne; elle autorise et règle la forme
des changemens de nom. Au reste, il est prudent
de ne donner qu'un nom aux enfans, pour éviter
les doutes sur l'identité qui pourraient naître de la
moindre différence dans les extraits du même acte.

En présence de la disposition de la loi qui veut
que les père et mère soient désignés dans l'acte de
naissance, il ne faut pas oublier ce qui a été dit plus
haut (n° 81) sur la défense faite à l'officier de l'état
civil de consigner dans l'acte autre chose que ce qui
doit être légalement déclaré.

92. Il se présente des cas extraordinaires où la

naissance d'un enfant ne peut pas être constatée de la même manière.

Le premier est celui où un enfant nouveau-né est trouvé. Le Code fait connaître (art. 58) les obligations imposées soit à la personne qui le trouve, soit à l'officier de l'état civil qui reçoit la déclaration. Ici les prescriptions de la loi ont pour but de préparer à l'enfant les moyens de retrouver plus tard sa famille, et de mettre la justice sur la voie de ceux qui l'ont abandonné.

L'article 347 du code pénal prononce contre ceux qui ayant trouvé un enfant nouveau-né, ne le remettent pas à l'officier de l'état civil, les peines portées par l'article 346 transcrit plus haut.

93. Le second est celui de la naissance d'un enfant pendant un voyage de mer. Il suffit à cet égard de lire les articles 59, 60 et 61, qui ne présentent pas de difficultés.

CHAPITRE III.

Des actes de mariage.

SOMMAIRE.

94. *Formalités des actes de Mariage. Renvoi.*

94. Les formalités que prescrit notre titre pour la célébration du mariage ne doivent pas être exa-

minées séparément de celles qui sont relatives au
même objet et qui sont retracées par les articles 165
et suivans du Code. Il me paraît donc convenable de
renvoyer tout ce qui peut être dit à cet égard à
l'explication du chapitre II du titre du mariage,
n° 204 et suivans.

CHAPITRE IV.

Des actes de décès.

SOMMAIRE.

95. *Des actes de décès, dans les cas ordinaires.*
96. *Des inhumations. Ce qui doit les précéder.*
97. *En quels lieux elles sont défendues ou permises.*
98. *Des actes de décès dans les cas extraordinaires.*

95. Les actes de décès sont rédigés dans les cas
ordinaires et dans les cas extraordinaires. Ces derniers, d'après le code, sont au nombre de sept. J'ex-
poserai d'abord les règles des cas ordinaires.

Lorsqu'une personne est décédée, la déclaration
doit en être faite à l'officier de l'état civil par deux
témoins ayant les qualités requises (art. 78 et 37),
et l'article 79 énumère les énonciations que cet acte
doit renfermer.

La mention de l'heure et du jour du décès n'est
pas exigée ici, à la différence des actes de naissance,
parce que c'est moins la naissance que la conception
de l'enfant qui fixe ses droits, et que, d'un autre

côté, la loi n'a pas voulu s'en remettre à la déclaration spontanée de deux individus pour constater
authentiquement une époque, qu'en matière de succession surtout, il peut être si important de bien
déterminer. Il s'ensuit que si , ajoutant aux prescriptions de la loi, l'officier de l'état civil mentionne,
dans un acte de décès, l'heure et le jour où il a eu
lieu, cette mention ne participe pas aux effets de
l'authenticité, et pourra être emportée par d'autres
moyens que l'inscription de faux.

Je pense [1] que la même observation est applicable à la mention de l'âge et des autres circonstances
de l'article 79 , malgré le texte de cet article, par la
raison que c'est le fait seul du décès , et non ses circonstances, que l'acte a pour objet de constater.

96. Deux conditions doivent précéder toute
inhumation, le transport de l'officier civil auprès de
la personne décédée, pour s'assurer du décès, et
l'autorisation d'inhumer délivrée par lui sur papier
libre , et sans frais (art. 77).

La première de ces conditions n'est pas généralement remplie, et il faut convenir que son exécution
n'est point exempte de difficultés.

L'inhumation ne peut avoir lieu que vingt-quatre
heures après le décès, hors les cas prévus par les
règlemens de police (*id.*) qui ont pour objet d'em-

---

[1] M. Duranton, tom. 1er, no 322.

pêcher que la salubrité soit compromise ; ce qui aurait lieu, par exemple, dans les cas d'épidémie.

L'article 358 du code pénal prononce un emprisonnement de six jours à deux mois, et une amende de seize fr. à cinquante fr., contre ceux qui contreviennent aux dispositions ci-dessus et aux règlemens relatifs aux inhumations précipitées.

97. Un décret du 23 prairial an XII défend les inhumations dans les églises, temples, synagogues, hôpitaux, chapelles publiques, et généralement dans aucun des édifices clos et fermés où les citoyens se réunissent pour la célébration de leur culte, ni dans l'enceinte des villes et bourgs.

Il veut qu'elles soient faites dans des terrains spécialement consacrés à cet objet, hors des villes et bourgs, à la distance de trente-cinq à quarante mètres au moins de leur enceinte.

Il permet enfin à chacun de se faire enterrer sur sa propriété, pourvu qu'elle soit à la distance ci-dessus prescrite de l'enceinte des villes et bourgs.

98. Ainsi que je l'ai déjà dit, les cas extraordinaires de décès sont au nombre de sept. Voyons quelle est la manière de les constater.

Premier cas. Décès dans les hôpitaux ou autres maisons publiques. Il est réglé par l'article 80. Il me suffira d'observer à cet égard que les registres tenus dans les hôpitaux et maisons publiques ne font foi que jusqu'à preuve contraire, mais non jusqu'à inscription de faux, comme les regîtres ordinaires de l'état civil.

Second cas. Mort violente (art. 81, 82). Les moyens de la constater que commandent ces articles ont pour objet non-seulement d'établir le décès, mais encore d'éclairer la justice, afin que le crime qui a causé la mort ne reste pas impuni.

Troisième cas. Exécution des criminels condamnés à mort (art. 83). L'acte de décès est rédigé en la forme ordinaire par l'officier de l'état civil du lieu de l'exécution, auquel tous les renseignemens doivent être transmis par le greffier criminel dans les vingt-quatre heures de l'exécution.

Quatrième cas. Décès dans les prisons ou maisons de réclusion. L'officier de l'état civil du lieu du décès rédige l'acte sur l'avis qui lui est donné par les concierges ou gardiens (art. 84).

Dans les quatre cas qui précèdent, les actes de décès n'exigent pas la présence de témoins, comme dans les cas ordinaires. Dans les deux derniers le Code ne prescrit pas, comme il le fait pour les deux premiers, l'envoi de l'acte du décès à l'officier de l'état civil du domicile du décédé. Enfin, par égards pour la considération des familles, il défend (art. 85) de mentionner sur les regîtres les circonstances du décès, dans les cas de mort violente, ou dans les prisons et maisons de réclusion, ou d'exécution à mort.

Cinquième cas. Décès sur mer (art. 86, 87). Il suffit de la lecture de ces articles.

Sixième cas. Décès d'un enfant dont la naissance n'a pas été enregîtrée (décret du 4 juillet 1806 cité plus haut (n° 89).

Septième cas. Dans le silence du Code sur la manière de constater le décès d'individus dont on n'a pas pu retrouver les corps, comme ceux qui périssent dans un incendie qui les consume, dans certains cas, les noyés, ceux qui ont été engloutis dans une mine, carrière ou tourbière, il faut suivre le mode indiqué par l'article 19 du décret du 3 janvier 1813, sur l'exploitation des mines, ainsi conçu : « S'il y a
» impossibilité de parvenir jusqu'au lieu où se trou-
» vent les corps des ouvriers qui auront péri dans
» les travaux et les exploitations, les directeurs et
» autres ayant cause seront tenus de faire constater
» cette circonstance par le maire ou autre officier
» public, qui en dressera procès verbal, et le trans-
» mettra au procureur du roi, à la diligence duquel
» et sur l'autorisation du tribunal, cet acte sera
» annexé au regître de l'état civil. »

CHAPITRE V.

Des actes de l'état civil concernant les militaires
hors du royaume.

SOMMAIRE.

99. *Règles générales de ces actes. Rectifications, dans*
     les désignations, de certains fonctionnaires y dé-
     nommés.

99. Les militaires, tant qu'ils sont en France, sont soumis, en ce qui concerne les actes de l'état civil, aux règles ordinaires. C'est ce que dispose très-surabondamment un avis du conseil d'état approuvé le 4 complémentaire an XIII.

Lorsqu'ils sont hors du territoire du royaume, les actes relatifs à leur état civil devraient être faits en la forme usitée dans les pays où ils sont, si l'on n'avait à consulter que la règle générale : *locus regit actum.*.

Mais notre chapitre contient à cet égard des règles spéciales dont l'insertion au Code s'explique par cet esprit guerrier qui dominait l'époque de sa publication. Ces règles sont écrites dans les articles 88 et suivans, jusqu'à l'article 98 inclusivement.

Ces dispositions ne sont pas susceptibles de difficultés. Je dois seulement faire observer que le quartier-maître mentionné aux articles 89, 96 et 97 est remplacé maintenant par le major, d'après un arrêté du 1er vendémiaire an XII; et que les fonctions de l'inspecteur aux revues dont il s'agit dans les mêmes articles, sont maintenant exercées par l'intendant militaire.

100. Tandis que dans les cas ordinaires les déclarations de naissance doivent être faites dans les trois jours de l'accouchement (art. 55), il suffit que les naissances à l'armée soient déclarées dans les dix jours qui le suivent (art. 92). La raison de cette différence est dans la possibilité des obstacles qui rendent les communications plus difficiles.

101. On a vu aussi, dans l'article 78, que les actes de décès sont rédigés dans les cas ordinaires sur l'attestation de deux témoins. Il en faut trois pour ceux dont s'occupe ce chapitre (art. 96). Ce ne sont pas en effet ici des parens ou voisins, et un témoin de plus est exigé, pour qu'il y ait moins de doute sur l'identité du décédé.

102. Au reste, les règles de ce chapitre ne sont applicables qu'aux militaires, qui, quoique hors du territoire du royaume, sont sous les drapeaux français. Elles ne s'appliquent pas aux prisonniers de guerre : pour eux la règle *locus regit actum*, rappelée dans l'article 47, conserve toute sa force. C'est ce qu'atteste une instruction ministérielle du 24 brumaire an XII.

CHAPITRE VI.

De la rectification des actes de l'état civil.

SOMMAIRE.

103. Nous avons vu au n° 85 que la non existence, la perte ou la dégradation des regîtres de l'état civil ne sont pas des accidens irréparables, et qu'il est, dans ces cas exceptionnels, d'autres moyens de constater l'état des individus.

Dans ce chapitre, la loi suppose que les actes ont été écrits sur les regîtres, mais que, malgré les précautions dont elle environne leur rédaction, ils contiennent des erreurs qui peuvent faire naître des doutes sur l'identité des personnes, comme, par exemple, lorsque le nom de l'enfant ne sera pas ortographié comme celui du père, lorsqu'il y aura intervention dans les prénoms, ou omission de quelqu'un d'eux, et autres cas semblables. Les irrégularités de ce genre n'entraînent pas la nullité des actes. Il y a seulement lieu de les rectifier.

104. Cette rectification ne peut être demandée que par les parties intéressées, et il ne peut être statué sur la demande qu'après que le procureur du roi, qui doit être entendu dans toutes les questions qui concernent l'état des individus, a donné ses

conclusions (art. 99); mais il ne faut pas conclure
de là que le procureur du roi puisse agir en rectification par action directe. Cette faculté ne lui est
accordée que dans des circonstances d'ordre public,
par l'avis du conseil d'état du 12 brumaire an X [1].

105. L'action doit être portée devant le tribunal
au greffe duquel un double des regîtres a dû être
déposé. La forme de procéder est réglée par les
articles 855 et suivans du code de procédure. D'autres que celui qui réclame, pourvu qu'ils aient intérêt, peuvent être appelés dans la contestation, soit
par le demandeur, de son pur mouvement, soit en
vertu d'une décision du tribunal (art. 856 code de
procéd.). Le droit d'appeler du jugement est attribué
aux uns et aux autres (art. 99 Cod. civ.); mais il
ne peut en aucun temps être opposé aux parties intéressées qui ne l'auraient pas requis, ou qui n'y auraient pas été appelées (art. 100), ou qui n'y auraient
pas été représentées. C'est, pour elles, comme s'il
n'existait pas.

106. Il est un cas où un jugement de rectification
n'est pas nécessaire pour constater l'identité, malgré
les erreurs ou les irrégularités des regîtres. C'est

---

(1) C'est à tort que M. Duranton a écrit, tom. 1, n° 339, que
c'est l'art. 122 du décret du 18 juin 1811, qui donne ce droit au
procureur du roi. Cet article n'est relatif qu'au mode de recou-
vrement des frais.

celui où des personnes pauvres, qui auraient à s'en plaindre, voudraient se marier. Il résulte d'un avis du conseil d'état, approuvé le 30 mars 1808, que, dans ce cas, le témoignage des ascendans, du conseil de famille, d'un tuteur *ad hoc*, ou des quatre témoins de l'acte de mariage, selon les cas, qui attestent l'identité, suffit pour qu'il soit procédé à la célébration du mariage. Il ne faut pas, en effet, que l'impossibilité dans laquelle se trouveraient les personnes de cette classe d'exposer des frais qui peuvent être considérables, les empêche d'accomplir l'acte de la vie civile que la loi a dû le plus favoriser.

107. L'officier de l'état civil doit inscrire sur les regîtres le jugement de rectification, et en faire mention en marge de l'acte réformé (101). Mais en aucun cas l'original de cet acte ne peut être corrigé, d'autres personnes que celles qui ont figuré dans l'instance en rectification pouvant avoir intérêt à constater son état primitif. Lorsque les regîtres qu'il faut rectifier auront été déposés au greffe, l'officier de l'état civil, dans les trois jours de la remise à lui faite du jugement de rectification, en donnera avis au procureur du roi, qui veillera à ce que le greffier fasse de son côté l'inscription et la mention prescrites à l'officier de l'état civil (art. 49).

108. Pourrait-on suppléer à l'omission d'un acte de l'état civil sur les regîtres, comme on le peut à leur non existence, à leur perte, et comme on peut remédier à leurs altérations, erreurs ou irrégularités ?

Cette importante question ne peut pas être décidée en thèse générale, ce qui explique l'absence d'un texte formel à cet égard. Elle doit être résolue différemment, selon les divers cas qui peuvent se présenter, et que fera connaître l'examen des articles 70, 194, 195, 197, 198, 199, 320, 323, 325, et de l'avis du conseil d'état du 4 thermidor an XIII. [1]

TITRE III.

Du domicile.

SOMMAIRE.

---

[1] Toullier, tom. 1, p. 316.

109. La loi reconnaît deux espèces principales de domicile, le domicile civil et le domicile politique.

Le domicile politique étant celui où tout citoyen exerce ses droits politiques, qui sont fixés et réglés par des lois spéciales autres que le Code, et qui ont été définis plus haut (n° 41), je me bornerai à dire qu'il ne peut être choisi que dans un lieu où l'on paie des contributions (avis du conseil d'état des 25 et 27 vendémiaire an XI), et qu'au moyen de déclarations formelles, il peut être transféré d'un lieu à un autre (décret du 17 janvier 1806; — loi du 19 avril 1831, art. 10; — loi du 22 juin 1833, art. 29).

C'est donc seulement du domicile civil, c'est-à-dire de celui où s'exercent les droits civils, qu'il peut être ici question. Des motifs importans concourent à en bien faire déterminer l'assiette. C'est, en effet, devant le tribunal de son domicile qu'en principe, toute personne doit être assignée (art. 1 et 59 du cod. de procéd.); c'est au lieu du domicile du défunt que la succession s'ouvre (art. 110), et que, par conséquent, sont portées les actions qui la concernent (art. 59, cod. de procéd.).

110. Le domicile civil de tout français est au lieu
où il a son principal établissement (art. 102). Il est
indépendant du domicile politique ; car on peut
avoir chacun de ces domiciles dans un lieu différent.

Il ne faut pas confondre le domicile avec la résidence. On désigne, sous ce dernier nom, les lieux
qu'une personne peut habiter temporairement ou
tour-à-tour. On peut donc avoir plusieurs résiden-
ces ; mais on n'a jamais réellement qu'un domicile
civil.

Les mots *principal établissement* de l'article 102,
laissent, comme on voit, une certaine latitude pour
la désignation du domicile, et il était impossible
qu'il en fût autrement. Sa fixation se fait donc
d'après les circonstances. Ses signes les plus caracté-
ristiques sont : la résidence habituelle, le siége principal des affaires, le paiement de la contribution
personnelle, de la patente, l'exercice des droits politiques sans déclaration de changement etc ; le domicile en un mot est au lieu d'où l'éloignement peut
être considéré comme un voyage, selon les termes
de la loi 7 cod. *de incolis : undè cùm profectus est
peregrinari videtur.*

111. Il y a plusieurs sortes de domicile civil dont
je vais successivement m'occuper, le domicile d'origine, le domicile de choix, le domicile de dignité,
le domicile d'accession et le domicile d'élection.

112. Le domicile d'origine est, pour tout individu , celui de ses père et mère, au moment de sa naissance. Chacun le conserve jusqu'au terme de son existence, s'il n'en acquiert un autre. Aucune manifestation n'est nécessaire pour cela. Comme la possession , *animo retinetur.*

Mais on peut changer à son gré ce domicile et le remplacer par un domicile de choix. Il faut , pour cela , le fait de l'habitation réelle dans un autre lieu joint à l'intention d'y fixer son principal établissement (art. 103). L'intention se prouve par deux déclarations , dont l'une est faite à la municipalité du lieu qu'on quittera et l'autre à celle du lieu où l'on transfère son domicile (art. 104). Ces déclarations au surplus ne sont pas indispensables ; car , à leur défaut, la preuve de l'intention dépend des circonstances (art. 105).

Il faut donc nécessairement, pour ce changement de domicile , le concours du fait et de l'intention. L'une de ces circonstances sans l'autre ne produit pas d'effet ; *cum neque animus sine facto , neque factum sine animo ad id sufficiant ,* dit la loi 20 , ff. *ad municipalem.*

Quant à l'intention elle est , comme nous venons de le voir , prouvée par les déclarations , ou présumée d'après les circonstances. Une fois les déclarations faites , la moindre résidence constituant le fait, établit le changement de domicile. Mais il peut arriver que ce fait et ces déclarations réunies ne sont que des moyens frauduleusement employés pour nuire à autrui. Les juges peuvent alors n'y

avoir aucun égard et reconnaître qu'il n'y a pas
changement de domicile. L'appréciation des circonstances qui , à défaut de déclaration , font présumer
l'intention est laissée à la prudence des tribunaux ,
qui ne doivent admettre que des faits graves comme
preuves de changement , et qui , dans le doute ,
doivent plutôt reconnaître qu'il n'a pas eu lieu.

113. Les fonctions à vie transportent le domicile
de celui qui les accepte dans le lieu où il doit les
exercer (art. 107). Cette disposition ne paraît applicable qu'aux juges que l'art. 49 de la charte
déclare inamovibles. La cour de cassation a jugé , le
11 mars 1812 , qu'elle ne s'applique pas à un per-
cepteur de contributions nommé à vie et qui néanmoins peut être révoqué [1]. D'après les termes de la
loi , cette translation de domicile est immédiate. On
pense généralement que c'est à dater de la prestation
de serment qu'elle a lieu ; alors seulement , en effet ,
il y a preuve que les fonctions sont acceptées. Ce
domicile est forcé et il ne dépend pas du fonctionnaire à vie d'en avoir un autre.

Mais les fonctions temporaires et révocables ne
produisent pas le même effet. Celui qui les accepte
conserve son ancien domicile s'il n'a pas manifesté ,
conformément à la loi , d'intention contraire (art.
106). On a cité , à ce sujet , un arrêt du parlement

---

(1) Dalloz , tom. 6 , page 582.

de Paris, du 8 juin 1742, qui a jugé que soixante-quatre ans de résidence dans un lieu où un individu exerçait des fonctions révocables ne constituaient pas le domicile. Il est difficile d'admettre qu'une telle décision fût rendue aujourd'hui, et une semblable *circonstance* suffirait bien sans doute pour prouver l'intention de changer de domicile.

114. Le domicile de certaines personnes n'étant déterminé que par celui d'autres personnes avec qui elles sont en rapport, peut être appelé *domicile d'accession.* Tels sont celui de la femme mariée, du mineur non émancipé, du majeur interdit, et des majeurs qui servent ou travaillent habituellement chez autrui.

115. La femme mariée n'a point d'autre domicile que celui de son mari (art. 108), lors même qu'elle ne résiderait pas avec lui. Je pense néanmoins, malgré la généralité des expressions de la loi, que la femme séparée de corps peut choisir un autre domicile [1]. Ses intérêts pourraient être trop facilement sacrifiés si toutes les significations qui la concernent devaient être adressées à un lieu où elle ne réside plus et parvenir à son mari qui, pour des motifs qu'on conçoit, les supprimerait peut-être. Mais il

---

[1] M. Proudhon, tom. 1. — M. Duranton, tom. 1, n° 565, etc. cà Merlin, rép., tom. 17, page 187.

n'en doit pas être de même de la femme séparé
de biens seulement, que sa position n'autorise pa
à changer de résidence.

116. Le mineur non émancipé a son domicil
chez ses père et mère ou chez son tuteur. Le majeu
interdit a le sien chez son tuteur (*id.*). Si le père o₁
la mère du mineur n'en ont pas conservé la tutelle
c'est chez son tuteur qu'il aura son domicile puisqu
c'est à son tuteur que seront confiés le soin de s
personne, la direction de ses affaires. Mais l'émanci
pation permettra au mineur le choix d'un domicil₁
autre que celui de son origine ou de son tuteur.

La disposition de la loi relative au domicile d₁
majeur interdit peut amener ce résultat qui offr₁
quelque chose de bizarre, que le mari peut avo₁₁
son domicile chez sa femme. L'interdit peut, e₁
effet, être placé sous la tutelle de sa femme (art.
507).

117. Les majeurs qui servent ou travaillen₁
habituellement chez autrui ont le domicile de la
personne qu'ils servent ou pour laquelle ils travaillent, lorsqu'ils demeurent avec elle dans la même
maison (art. 109). Cette disposition qui, d'après ce
qui précède, comprend les mineurs émancipés,
s'applique non-seulement aux domestiques dans le
sens usuel de ce mot, mais encore aux apprentis,
précepteurs, commis, etc. ; en un mot à tous ceux
qui habitent une maison étrangère dans laquelle ils

se rendent utiles. Mais il faut qu'il y ait co-habitation avec le maître de la maison. Le métayer ou colon partiaire, quoique logé chez autrui, employé habituellement au service d'autrui, n'a pas le domicile de celui qu'il sert s'il n'habite pas avec lui.

Cependant la femme mariée majeure, en service chez autrui, n'en conserve pas moins le domicile de son mari, et, à plus forte raison, faut-il reconnaître que le mineur non émancipé conserve celui de son tuteur, puisque l'article précité ne mentionne que les majeurs.

118. D'après un avis du conseil d'état approuvé le 20 prairial an XI, l'étranger autorisé à résider en France ne peut y acquérir un domicile réel sans la permission du gouvernement.

L'enfant naturel reconnu et non émancipé a le domicile du père ou de la mère qui l'a reconnu. Celui qui ne l'a pas été a le sien dans l'hospice où il a été recueilli, ou bien chez la personne qui l'a reçu, jusqu'à ce qu'il en choisisse un autre.

Les étudians n'acquièrent pas un nouveau domicile au lieu où ils résident pour leurs études. Ils conservent celui qu'ils avaient avant de se déplacer. La législation nouvelle n'a rien changé aux lois romaines qui étaient formelles à cet égard.

Enfin, ceux qui, par suite d'une condamnation, sont en état d'interdiction légale, aux termes de l'article 29 du code pénal, ont leur domicile chez le curateur qui leur est nommé en vertu de cet article.

119. Tout français a nécessairement un domicile. Il semblerait qu'on peut induire le contraire de l'article 59 du code de procédure portant que si le défendeur n'a pas de domicile, il sera assigné devant le tribunal de sa résidence. L'article 69 du même code prouve que par les mots précités la loi n'entend parler que *du domicile connu.*

120. Outre le domicile dont j'ai parlé jusqu'à présent, on peut avoir un ou plusieurs domiciles élus qui ne sont pas réglés par les principes du premier. On peut, en effet, dans un acte, élire un domicile autre que le domicile réel, pour l'exécution de cet acte. Les effets de cette élection sont que les significations, demandes et poursuites relatives à cet acte, peuvent être faites au domicile convenu et devant le juge de ce domicile (art. 3).

Le but de cette faculté est d'éviter les embarras et les frais auxquels pourrait donner lieu l'éloignement des parties. Il en résulte qu'on peut avoir beaucoup de domiciles élus, si on est partie dans beaucoup d'actes, puisque chaque acte peut contenir une élection différente.

Si, en règle générale, cette élection est facultative et non pas nécessaire, il est cependant des cas où la loi la prescrit, comme dans les commandemens en saisie immobilière (art. 673, cod. de procéd.), et dans les inscriptions hypothécaires (art. 2148).

L'élection de domicile a seulement pour objet de déterminer le lieu où doivent se faire les poursuites en exécution de l'acte, où doit être intentée l'action. Tout se borne là; car elle n'emporte pas avec elle désignation du lieu où le paiement doit s'effectuer. Ce lieu est réglé par d'autres principes qui seront examinés en leur temps. Il a même été reconnu [1] que l'exécution du jugement rendu ne doit pas se faire, comme conséquence de l'élection, au domicile élu.

Les effets de la faculté d'élections doivent être sainement appréciés, dans les intérêts respectifs du créancier et du débiteur. De là, plusieurs conséquences. Le créancier, par exemple, qui, dans l'acte, a désigné un mandataire au lieu de l'élection, peut plus tard en désigner un autre au même lieu. Il n'y a là aucun inconvénient pour le débiteur. Ainsi encore l'impossibilité, pour une cause quelconque, du mandataire désigné de remplir le mandat, rend nécessaire une nouvelle élection au même lieu.

Il est essentiel de remarquer que l'article III n'attribuant qu'une faculté, quant au lieu des significations et poursuites, elles peuvent être faites au domicile réel du défendeur, auquel cette option ne peut pas préjudicier. Il en serait autrement si la convention était contraire.

---

(1) C. de cas., 29 août 1815. Sirey, II. 1. 450.

TITRE IV.

Des Absens.

SOMMAIRE.

121. *Motifs d'une loi sur les absens.*
122. *Sens légal du mot* absent.
123. *Il y a*, *dans l'absence*, *trois situations et non pas trois périodes.*

121. Les motifs qui ont porté les législateurs à venir au secours des mineurs et des interdits, incapables de défendre eux-mêmes leurs intérêts, devaient appeler une même sollicitude sur les absens, qui ne peuvent pas s'occuper mieux du soin de leurs affaires. Cependant on ne trouve, ni dans les lois romaines, ni dans l'ancienne législation française, des lois spéciales sur cet important sujet, et c'est le Code qui, par des dispositions dont le besoin était depuis long-temps senti, a formulé les règles qui concernent les absens. Ces règles ont non-seulement pour objet l'intérêt des absens, mais encore celui de leurs créanciers, ou autres tiers, et de leur famille.

122. Avant tout examen à cet égard, il faut bien se fixer sur le sens *légal* du mot *absent* qui n'est pas celui qu'on donne à ce mot dans le langage ordinaire. L'*absent*, dans le sens de la loi, est celui qui a disparu de son domicile, dont on n'a pas de nouvelles, et dont l'existence est incertaine; tandis qu'on désigne souvent sous ce nom, dans le langage ordinaire, celui dont on a des nouvelles, dont l'existence est certaine, mais qui se trouve hors de son domicile.

123. Le Code considère l'absent dans trois situations [1] diverses dont les effets sont distincts.

La première est la présomption d'absence. Dans les mesures qui lui sont propres, l'individu est censé vivant; son absence n'a pas été déclarée. Le jugement de déclaration d'absence met un terme à cette situation.

La seconde, réglée par des dispositions fondées sur l'incertitude de la vie ou de la mort de l'individu, commence à la déclaration d'absence et finit lorsque la preuve de son existence ou de sa mort est rapportée, ou par le laps de temps déterminé par la loi.

La troisième enfin, qui a pour base la présomp-

---

(1) Presque tous les auteurs divisent l'absence en trois *périodes*. Cette locution est inexacte et peut donner de fausses idées. Une période étant le temps qui s'écoule entre deux époques, il s'ensuivrait que la première période doit nécessairement précéder la seconde, et celle-ci la troisième. Cependant il n'en est pas ainsi dans l'absence, puisqu'il peut y avoir déclaration d'absence sans qu'il y ait eu présomption, puisque l'envoi en possession définitive peut, dans un cas, être ordonné sans qu'il y ait eu envoi en possession provisoire.

tion de mort de l'individu, commence à l'expiration de ce même laps de temps et dure indéfiniment, si l'absent, ses enfans ou ses descendans ne se représentent pas.

Notre titre s'occupe successivement des règles particulières à chacune de ces trois situations.

CHAPITRE PREMIER.

De la présomption d'absence.

SOMMAIRE.

124. *Ce qu'on entend par* absent présumé.
125. *Il ne peut être pris des mesures le concernant qu'autant qu'il y a nécessité.*
126. *Ce que, dans ce cas, la loi entend par* parties intéressées.
127. *Du tribunal compétent.*
128. *En quoi consistent les mesures qui peuvent être ordonnées.*
129. *Dans quels cas un notaire doit être désigné et quelles sont ses attributions.*
130. *Droit et devoir du ministère public.*
131. *Terme de la présomption d'absence et de ses conséquences.*

124. L'absent présumé est celui qui a quitté son domicile, dont on n'a pas de nouvelles, qui n'a pas laissé de procuration, et dont l'absence n'a pas été déclarée suivant les formes prescrites. Ces circon-

stances sont suffisantes pour qu'il soit pris les mesures qu'autorise la présomption d'absence , sans qu'il
soit nécessaire qu'un temps plus ou moins long soit
écoulé , comme pour la déclaration d'absence, depuis
la disparition ou les dernières nouvelles. La loi ne
limite pas davantage le temps pendant lequel elles
peuvent être provoquées. Elles peuvent l'être même
après l'époque où l'absence aurait pu être déclarée,
où l'envoi en possession définitive aurait pu être
ordonné, pourvu que l'absent n'ait pas été placé
dans l'une de ces situations. En un mot, dès la disparition ou les dernières nouvelles, tant que l'absence n'a pas été déclarée, ou qu'il n'y a pas eu d'envoi
en possession définitive , il peut y avoir simple présomption d'absence. Les tribunaux ont à cet égard
un pouvoir discrétionnaire.

125. Mais la *nécessité* seule justifie l'emploi de
ces mesures (art. 112). La loi ne pouvait pas déterminer dans quels cas il y aurait nécessité , les circonstances qui la constituent pouvant varier presque
à l'infini, et elle a dû en laisser l'appréciation aux
tribunaux.

126. La loi permet l'action aux parties intéressées (*id.*), et ne dit pas quelles sont ces parties. Ce
sera , dans ce cas, ceux qui ont un intérêt né d'un
fait, d'un acte ou d'un traité , comme les créanciers ,
les associés du présumé absent. Ce ne sera donc pas,
en règle générale, les parens ou les amis mus par

un sentiment d'affection, ou par un intérêt dont l'exercice serait subordonné au décès du présumé absent. On conçoit cependant qu'il est des cas où les époux, les enfans pourront agir, comme, par exemple, s'ils ont des alimens à demander. Il importe peu que l'intérêt qui autorise l'action soit actuel ou seulement éventuel, et un créancier conditionnel pourra l'exercer comme un créancier pur et simple.

Le ministère public pourra aussi, même d'office, provoquer les mesures dont il est question dans ce chapitre. C'est ce qui résulte de la disposition (art. 114) qui le charge spécialement de veiller aux intérêts des personnes présumées absentes.

127. Mais quel est le tribunal auquel il faudra s'adresser ? La loi ne s'explique pas à ce sujet ; elle se contente de dire *le tribunal de première instance*, et on pourrait se demander si c'est celui de la situation des biens à l'administration desquels il est nécessaire de pourvoir, ou celui du domicile du présumé absent qu'elle a voulu désigner.

On pourrait conclure de l'obligation imposée aux tribunaux de n'ordonner des mesures que lorsqu'il y a nécessité, que c'est le tribunal du domicile. Là, en effet, on peut mieux apprécier la position du présumé absent. Mais tout doute disparaît à cet égard devant la décision du conseil d'état, dans sa séance du 4 frimaire an X, qui attribua juridiction au tribunal du domicile pour juger la présomption d'absence, et, après ce jugement, aux tribunaux de la situation des biens pour les mesures relatives à leur administration.

128. Il serait à désirer que la loi se fût plus complètement expliquée sur les mesures auxquelles peut donner lieu la présomption d'absence. Elle prescrit bien la désignation d'un notaire pour des cas spéciaux dont je m'occuperai tout-à-l'heure, mais elle est muette sur les moyens à prendre pour l'administration des biens en général.

La doctrine et la jurisprudence ont suppléé à ce silence; et il est reconnu que le tribunal peut désigner un curateur à tout ou partie des biens du présumé absent [1], ou un mandataire sous tout autre dénomination. De même que les actes de ce représentant, et les jugemens qu'il obtiendra, profiteront au présumé absent, de même ils seront obligatoires pour lui.

129. S'il s'agit d'inventaires, comptes, partages et liquidations dans lesquelles le présumé absent est intéressé, le tribunal *doit* commettre un notaire pour le représenter dans ces espèces d'actes (art. 113). La même mesure était prescrite par une loi du 11 février 1791. Ce fonctionnaire est, en effet, plus apte qu'un autre, par la nature de ses fonctions, à

---

[1] Toullier, tom. 1, n° 591. — Duranton, tom. 1, n° 400. — Cour de cas., 25 août 1813 (Sirey, 1815, 1134), etc.

bien remplir un tel mandat. Un seul notaire peut
représenter plusieurs absens présumés ; ce qu'établiraient au besoin les articles 928 et 942 du code
de procédure. Mais d'après une loi du 6 octobre 1791,
article 17, il ne pourra pas instrumenter dans les
opérations qui concernent les présumés absens.

Le rapprochement des articles 113 et 136 offrirait des difficultés si ces deux articles s'appliquaient
à la même position. Le premier, en effet, veut que
l'absent soit représenté dans les partages, et le second lui refuse un droit dans les successions qui
s'ouvrent. Mais le premier se rapporte au cas où la
succession était ouverte avant l'absence, ou bien à
celui où les cohéritiers de l'absent ne veulent pas
se prévaloir de l'absence, tandis que le second, sur
les dispositions duquel je reviendrai, régit le cas
d'une succession ouverte depuis l'absence.

La loi limitant les fonctions de notaire, il s'ensuit qu'il ne peut rien au-delà, et que tout autre
acte lui est interdit. Il a même été jugé [1] et enseigné [2] que le notaire ne peut pas provoquer un partage. Cependant je ne saurais partager cette opinion.
Quelle serait, par exemple, l'utilité des mesures
que la loi autorise un créancier du présumé absent
à provoquer, si l'absent n'avait d'autres droits que
ceux que lui attribue une succession indivise, et

_____

[1] Cour de Bruxelles, 8 avril 1813 (Sirey, 1814, 2. 16).
[2] M. Duranton, tom. 1, nº 595.

que ses co-intéressés veulent laisser dans l'indivision ?
D'ailleurs la loi est conçue en des termes plus généraux, et le rôle du notaire n'est pas borné par elle à
celui de défendeur.

130. J'ai déjà parlé du droit qui peut être re-
gardé comme un devoir, du ministère public, d'agir,
même d'office, pour les présumés absens. Il doit
aussi être entendu sur toutes les demandes qui les
concernent (art. 114). Mais il peut seulement requérir les décisions du tribunal, et non pas s'immiscer dans l'administration des biens du présumé
absent.

131. Les mesures dont il vient d'être question,
et qu'autorise la présomption d'absence, prennent
fin au retour du présumé absent, à la réception de
ses nouvelles et à la déclaration d'absence.

CHAPITRE II.

De la déclaration d'absence.

SOMMAIRE.

132. Les effets de l'absence sont d'une extrême importance, comme nous le verrons dans le chapitre suivant. La loi ne devait donc les admettre qu'après avoir pris, dans l'intérêt de l'absent, les moyens convenables pour connaître sa position, et après en avoir constaté l'inutilité. Un jugement de déclaration d'absence produit ce double objet. Les formalités qui le précèdent offrent bien plus de garanties que l'acte de notoriété qui, avant le Code, suffisait pour faire produire ses effets à l'absence.

133. Les poursuites en déclaration d'absence ne peuvent commencer que quatre ans après qu'une personne a cessé de paraître au lieu de son domicile ou de sa résidence, et que quatre ans après ses der-

nières nouvelles (art. 115); encore même ce délai
doit-il être beaucoup plus considérable si l'absent a
laissé une procuration; il est étendu dans ce cas à
dix années (art. 121). On peut présumer, en effet,
que celui qui, avant son départ, a confié à un mandataire le soin de ses affaires, avait le projet de rester
plus long-temps éloigné de son domicile. Ce délai de
dix ans doit être observé quand bien même la procuration viendrait à cesser avant qu'il n'expire (art.
122). L'intention d'une absence que des circonstances imprévues ont pu prolonger n'en a pas moins
été manifestée : seulement alors on peut recourir
aux mesures qu'autorise la présomption d'absence.
(*id.*).

On a demandé [1] si ces règles sont applicables aux
cas où la procuration laissée par l'absent serait spéciale, et à celui où elle serait faite pour un temps
excédant dix années. La négative pourrait être
fondée sur ce qu'une procuration restreinte laisse à
l'abandon les affaires qu'elle ne comprend pas, et
sur ce que l'assignation d'un plus long terme aux
pouvoirs donnés, prouve l'intention d'une plus longue absence. Mais la loi ne distingue pas. C'est généralement qu'elle dit qu'une procuration, sans en
désigner l'étendue, empêche les poursuites avant dix
années, et qu'elles pourront avoir lieu après ce
terme. D'ailleurs, comme le fait très-bien remarquer

_____

[1] M. Durauton, tom. 1, nos 412 et 413.

l'auteur précité, la nature de la procuration et sa durée sont du nombre des circonstances que les tribunaux, pour lesquels, sous ce rapport, rien n'est obligatoire, pourront prendre en considération, pour déclarer l'absence ou refuser de la constater.

134. Le délai, plus ou moins long, selon qu'il y a ou qu'il n'y a pas de procuration, peut courir, d'après la loi, depuis les dernières nouvelles. Devra-t-il être compté depuis leur date ou depuis leur réception seulement ? Il peut y avoir un grand intervalle entre ces deux époques, ce qui peut donner quelque importance à la question. La loi ayant pris pour fondement de ses règles en cette matière l'ignorance où l'on est du sort de l'individu, il s'ensuit que c'est la date même des nouvelles qui est le point de départ; car on n'a rien appris sur son compte qui soit postérieur à cette époque. Il ne faut pourtant pas appliquer trop rigoureusement cette conséquence, la loi voulant que les tribunaux aient égard aux motifs de l'absence et aux causes qui ont pu empêcher d'avoir des nouvelles (art. 117). Au surplus, il est indifférent qu'elles soient directes ou parvenues par voie détournée.

135. Nous avons vu (n° 126) quelles sont les *parties intéressées* qui peuvent agir lorsqu'il y a présomption d'absence. Le Code désigne par les mêmes expressions (art. 115) ceux qui peuvent provoquer la déclaration d'absence. Mais ici elles n'ont pas le même sens que dans le premier cas. Ici l'action est accordée à ceux qui ont des droits subordonnés au décès de l'absent, parmi lesquels figurent en premier rang ses héritiers présomptifs. Mais elle ne l'est pas aux créanciers, associés, ou autres dans des positions analogues, qui peuvent pourvoir à leurs intérêts par les moyens qu'indique le chapitre 1er. La raison de cette différence est le but final de la déclaration d'absence, c'est-à-dire l'envoi en possession des biens de l'absent, auxquels les créanciers ou associés de l'absent n'ont aucun droit, et auxquels ceux dont les droits doivent s'ouvrir à son décès peuvent naturellement prétendre.

136. Les héritiers présomptifs qui voudront faire déclarer l'absence s'adresseront donc au tribunal du domicile de l'absent qui, après avoir vérifié les documens de nature à établir la recevabilité de l'action, ordonnera une enquête sur son sort. Elle sera faite contradictoirement avec le procureur du roi dont le ministère, comme nous l'avons déjà vu, est toujours nécessaire en cette matière, dans l'arrondissement du domicile. Il sera même fait une autre enquête dans celui de la résidence, s'il est distinct de celui du domicile (art. 116). Ainsi aucun moyen n'est négligé pour procurer tous les renseignemens possibles au tribunal qui doit statuer sur la demande. Cette seconde enquête doit être faite par le tribunal de la résidence, commis à cet effet par le tribunal du domicile, en vertu de ce qu'on appelle une commission rogatoire.

Toutes les règles ordinaires des enquêtes ne sont pas applicables à celles dont il est ici question; ainsi, par exemple, et nonobstant l'article 283 du code de procédure, les parens de l'absent peuvent y être entendus comme témoins [1].

137. Le tribunal ne doit pas toujours ordonner l'enquête, et même dans certains cas où elle aurait été ordonnée et où elle serait concluante, il ne doit pas toujours déclarer l'absence. La loi veut qu'il ait égard aux motifs de l'absence et aux causes qui ont pu empêcher d'avoir des nouvelles de l'individu dont il s'agit (art. 117). Il se sera éloigné, par exemple, pour des raisons qui exigeaient une très-longue absence; les communications avec les lieux où il s'est rendu sont interrompues; le tribunal pourra n'avoir pas égard à la demande en déclaration d'absence, formée d'ailleurs dans les circonstances et avec les formes indiquées par la loi.

138. Plus intéressé que tout autre, celui dont la déclaration d'absence est poursuivie doit être averti de la procédure dont il est l'objet. Le jugement qui ordonne l'enquête et celui qui statue définitivement sur la demande en déclaration d'absence doivent être

---

(1) Toullier, tom. 1, n° 402. — M. Duranton, tom. 1, n° 423.

envoyés par le procureur du roi au ministre de la
justice qui les rend publics en les faisant insérer
dans les journaux officiels (art. 118). Le présumé
absent est , par ce moyen , mis à même d'arrêter
toutes poursuites , ou de les rendre sans effet par son
retour , ou en donnant de ses nouvelles.

139. Cette publicité pourrait être illusoire s'il
n'existait pas un intervalle raisonnable entre le jugement qui ordonne l'enquête et celui qui déclare l'absence. Cet intervalle est au moins d'une année (art.
119). Son expiration ne force pas le tribunal à déclarer l'absence. Il peut , en se fondant sur les circonstances, ajourner, à son gré, cette déclaration.

140. Les jugemens rendus en cette matière sont
susceptibles d'appel , soit de la part des parties intéressées , soit de celle du ministère public qui représente l'absent.

141. Il existe une législation spéciale pour les
militaires et les marins qui ont disparu et dont on
n'a pas de nouvelles. Elle est dans les lois des 11
ventôse , 16 fructidor an II , et 6 brumaire an V,
auxquelles il est reconnu que le Code civil n'a pas
dérogé ; elle est surtout dans la loi du 13 janvier
1817 qui abroge implicitement plusieurs dispositions des précédentes et qui présente des différences
assez notables avec le Code civil.

CHAPITRE III.

Des effets de l'absence.

142. La déclaration d'absence place l'individu dont on n'a pas de nouvelles dans la seconde des trois situations distinctes mentionnées plus haut, n° 123.

Elle fait produire à l'absence les effets indiqués et réglés par ce chapitre qui est divisé en trois sections. La première les fait connaître relativement aux biens que l'absent possédait au jour de sa disparition ; la seconde, relativement aux droits éventuels qui peuvent lui compéter, et la troisième, relativement au mariage.

SECTION PREMIERE.

Des effets de l'absence relativement aux biens que l'absent possédait au jour de sa disparition.

143. L'envoi en possession provisoire des biens est la première et la plus importante des conséquences de la déclaration d'absence. Les intérêts de ceux qui l'obtiennent et de l'absent dont l'existence est incertaine sont combinés ici de la manière la plus équitable.

La faculté de demander cet envoi est accordée à ceux qui se trouvaient les héritiers présomptifs de l'absent au jour de sa disparition ou de ses dernières nouvelles (art. 120). Ils sont préférés aux parens qui seraient plus proches en degrès lorsque l'absence est déclarée. La raison en est que la présomption de mort l'emportant sur celle de vie , lorsque la loi attribue à d'autres une partie des droits de l'absent , c'est au premier moment où cette présomption a existé qu'il faut se reporter. Une conséquence de ce qui précède est que si celui qui se trouvait héritier présomptif au jour de la disparition ou des dernières nouvelles est décédé avant la déclaration d'absence , il a transmis son droit à ses ayant cause.

Quoique la loi dise (*id.*) que les héritiers présomptifs pourront se faire envoyer en possession en vertu du jugement définitif qui aura déclaré l'absence , d'où l'on pourrait induire que ce dernier jugement ne peut pas ordonner cet envoi, il est sans difficulté que le même jugement peut à la fois déclarer l'absence et prononcer l'envoi en possession provisoire. On ne peut pas en effet supposer un motif raisonnable à la nécessité de deux jugemens distincts qui ne feraient qu'augmenter les frais que l'absent doit supporter.

La rédaction de l'article 120 pourrait faire naître un doute que les articles subséquens font disparaître. On pourrait en effet conclure de ses termes que l'absence peut être déclarée nonobstant l'existence d'une procuration qui produit encore ses effets; mais nous avons déjà vu n° 133 quelles sont , dans ce cas , les dispositions de la loi.

144. L'envoi en possession provisoire dont les effets vont être appréciés n'attribuant pas un droit de propriété à ceux qui l'obtiennent, ils sont tenus de donner caution pour la sûreté de leur administration. On désigne sous le nom de caution une personne qui répond de l'exécution d'une obligation contractée par une autre. L'art. 2040 du Code civil et les art. 517 et suivans du code de procédure font connaître les conditions et les formes de ce cautionnement.

145. Examinons maintenant les effets de l'envoi en possession provisoire.

Les termes de la loi (art. 123) y comprennent l'ouverture du testament de l'absent et l'exercice provisoire, moyennant caution, des droits des légataires, donataires et tous autres qui peuvent avoir sur les biens de l'absent des droits subordonnés à la condition de son décès.

Mais n'est-ce qu'après que les héritiers présomptifs ont obtenu l'envoi en possession provisoire que ces droits divers peuvent s'exercer ?

M. Toullier résout la question affirmativement, tome 1, n° 435. Il invoque l'autorité de Locré sur l'art. 123 du Code, et il transcrit littéralement des passages de cet auteur.

Quelles que soient les raisons de cette opinion, elle blesse trop ouvertement un principe d'équité et l'esprit même de la loi pour qu'il me soit permis de l'admettre. Il est contraire en effet à l'équité d'aban-

donner les droits des légataires et autres à la merci des héritiers présomptifs qui, pour les rendre illusoires, n'auraient qu'à ne demander jamais l'envoi en possession provisoire. Cependant la déclaration d'absence peut être poursuivie, comme nous l'avons vu, par tous ceux qui ont des droits subordonnés à la condition du décès de l'absent. La loi n'a-t-elle pas voulu par là les autoriser à réclamer l'envoi en possession qui, après tout, n'est que le but final de la déclaration d'absence ? Sans doute que le texte de l'article 123 semble favoriser l'opinion que je combats, et que la proposition du tribunat, conforme à l'opinion que j'émets, n'a pas été érigée en loi (Locré, *loc. cit.*); mais la discussion dont le rejet de cette proposition serait la conséquence n'est pas rapportée, et il me paraît certain que les rédacteurs du Code n'ont pas eu l'intention, dans les premières expressions de l'article 123, d'indiquer une condition à l'exercice des droits des légataires et autres, mais seulement de retracer l'ordre naturel et ordinaire des choses. La loi du 13 janvier 1817 sur l'absence des militaires est formelle à cet égard. Elle autorise, par son article 11, les intéressés à se pourvoir en déclaration d'absence, à défaut des héritiers présomptifs ou de l'épouse.

L'ouverture du testament de l'absent ne me paraît donc pas un effet de l'envoi en possession provisoire des héritiers présomptifs. Il suffit, pour qu'elle puisse avoir lieu, qu'il y ait eu déclaration d'absence.

146. Quant aux véritables effets que je vais
rappeler de l'envoi en possession provisoire, ils peuvent être empêchés, au moyen de l'option que l'article 124 attribue à l'époux commun en biens, option qui empêche l'envoi provisoire lui-même. La
parfaite intelligence de cette disposition de loi sup-
posant celle des principes de la communauté, dans
le mariage, je dois renvoyer tout développement à
leur explication en me bornant ici à rappeler le
texte.

147. Les effets de l'envoi provisoire doivent être
considérés sous le rapport des biens qu'il peut avoir
pour objet, sous celui des obligations auxquelles il
soumet ceux qui l'obtiennent, et enfin sous celui
des avantages qu'il leur procure.

148. Il est d'abord certain que les biens dont il
s'agit ici ne peuvent être autres que ceux que l'absent possédait au jour de sa disparition. C'est ce
qu'établiraient suffisamment l'intitulé de notre section et l'article 120 ; c'est ce qui résultera mieux
encore de l'examen de l'article 136. Les héritiers
présomptifs de l'absent ne peuvent donc exercer sur
les biens que lui attribuerait une succession ouverte
depuis sa disparition aucun droit comme conséquence
de l'envoi provisoire.

149. Cet envoi n'attribue pas à ceux qui l'obtiennent la propriété des biens. Ils n'en sont que les

dépositaires (art. 125) comptables de leur administration envers l'absent , s'il reparaît ou si l'on a de
ses nouvelles. De là plusieurs conséquences.

150. Le bail de caution est la première : je me
suis expliqué à cet égard n° 144.

La seconde est l'obligation pour les héritiers présomptifs de faire procéder à l'inventaire du mobilier et des titres de l'absent en présence du procureur
du roi ou d'un juge de paix par lui requis (art. 126).
Il faut bien en effet que l'absent ou ceux qui , en
définitive , le représenteront, aient un moyen de
prouver quels sont les objets mobiliers dont l'administration a été confiée aux héritiers présomptifs. Si
ceux-ci ne remplissent pas cette obligation , on doit
décider , comme dans le cas de l'article 1415 , que la
consistance et la valeur du mobilier non inventoriés
peuvent être prouvés par titres et papiers domestiques , par témoins , et au besoin par la commune
renommée.

Les héritiers présomptifs ont la faculté de faire
constater par un expert et aux frais de l'absent (*id.*),
l'état de ses immeubles. S'ils ne le font pas, ils seront
présumés les avoir trouvés en bon état et devront ,
le cas échéant, les rendre de même.

Le tribunal peut , suivant les circonstances , ordonner la vente de tout ou de partie du mobilier ,
avec ou sans formalités de justice [1]. Mais , au cas de

---

[1] Locré sur l'art. 226.

vente , il doit être fait emploi du prix ainsi que des fruits échus (*id.*) qui sont capitalisés et qui n'appartiennnent aux envoyés ni en tout ni en partie. Cet emploi est une garantie de plus ajoutée à la caution , dans l'intérêt de l'absent. Il consiste ordinairement en acquisition d'immeubles , ou en placement avec hypothèques sur des immeubles. Cependant la loi n'a rien prescrit sur le mode de cet emploi , ce qui peut faire admettre qu'elle s'en remet à cet égard aux envoyés en possession , qui d'ailleurs ont donné caution d'une bonne administration. Si cet emploi n'a pas lieu , les envoyés en possession devront faire compte des intérêts et des sommes par eux perçues , même lorsqu'elles n'en seraient pas productives.

La troisième conséquence de ce que la possession provisoire n'est qu'un dépôt est la défense à ceux qui l'ont obtenue d'aliéner ou hypothéquer les immeubles de l'absent (art. 128). Si cette prohibition était méconnue , la vente serait nulle , conformément à l'article 1599 , comme étant de la chose d'autrui , ce qui néanmoins n'empêcherait pas les tiers-acquéreurs de prescrire , selon les règles des articles 2265 et 2262.

Quant aux meubles qui auraient été vendus sans que le tribunal l'eût ordonné , la vente serait également nulle , sauf l'application de l'article 2279 au possesseur de bonne foi.

Cette inaliénabilité des immeubles des absens n'est que relative aux envoyés en possession; car , suivant l'article 2126 , ils peuvent être hypothéqués pour

les causes et dans les formes établies par la loi , ou
en vertu de jugemens , de même que ceux des mineurs sur lesquels j'insisterai , sous ce rapport, en
traitant de cette matière.

151. Si l'administration provisoire accordée aux
envoyés en possession est dans l'intérêt de l'absent
dont les biens ne sont pas laissés à l'abandon , elle
procure aussi un avantage à ces envoyés qui , sans
cela , pourraient bien rester dans l'inaction. Une
première conséquence de la déclaration d'absence est
que toutes les actions tant actives que passives de
l'absent résident sur la tête des envoyés en possession , ou de ceux qui ont l'administration légale de
ses biens , c'est-à-dire de l'époux commun en biens
qui a opté pour la continuation de la communauté
(art. 134.). Ils représentent l'absent , sous ce rapport, et les jugemens rendus avec eux produisent ,
à l'égard des tiers et de l'absent lui-même , le même
effet que s'ils avaient été rendus avec ce dernier.
Mais ils ne doivent pas être recherchés au-delà des
forces des biens qu'ils administrent ; ils ne sont pas
en effet héritiers , dans toute l'acception de ce mot.
Je ne pense pas néanmoins qu'ils puissent intenter
une action immobilière sans l'autorisation de la justice ; s'il en était autrement, la disposition qui leur
défend d'aliéner les immeubles pourrait être trop facilement éludée.

Si l'absent reparaît avant quinze ans révolus depuis sa disparition , les envoyés en possession ne sont

tenus de lui rendre que le cinquième de ses revenus , et le dixième seulement s'il ne reparaît qu'a-
près quinze ans. Ils gagnent donc quatre cinquiè-
mes dans le premier cas et neuf dixièmes dans le
second. Ils conservent même la totalité des revenus
après trente ans d'absence (art. 127). Il est hors de
doute que cette disposition s'applique aux héritiers
testamentaires comme aux héritiers légitimes.

L'héritier présomptif qui n'a pas demandé l'envoi
provisoire a-t-il droit à ces fruits concurremment
avec ceux qui l'ont obtenu ? La raison de douter viendrait de la rédaction de l'article 127 qui accorde c es
fruits à ceux qui ont joui *par suite* de l'envoi provisoire. Mais , comme on le reconnut dans la discussion du Code au conseil d'état , tous les héritiers
étant appelés , sans distinction , dans le système de la
loi , à la jouissance provisoire , celui qui n'a pas demandé l'envoi peut obtenir des autres sa part des
fruits. Il paraît néanmoins juste [1] de le soumettre à
obtenir un jugement qui lui déclare l'envoi commun ; car s'il a une part dans les avantages , il doit
supporter une part des charges , en administrant comme les autres.

Les frais de travaux et d'entretien des biens de
l'absent , tous ceux en un mot qui sont à la charge
de l'usufruitier doivent être dans ce cas , comme
dans tous les cas analogues , à la charge des envoyés

---

[1] M. Duranton , tom. 1er , no 497.

en possession , dans la proportion de leur émolument.

152. Plusieurs circonstances mettent un terme à l'envoi en possession provisoire. Il cesse 1° par le retour de l'absent ; il reprend l'administration de ses biens dont les envoyés en possession lui doivent compte pour le temps antérieur à son retour ; 2° par les nouvelles qu'on reçoit de l'absent ou dont il est l'objet et qui prouvent son existence , sans préjudice , s'il y a lieu , des mesures conservatoires prescrites au chapitre premier de notre titre (art. 131); 3° par la preuve du décès de l'absent. Sa succession s'ouvre alors au profit des héritiers les plus proches *à cette époque* qui peuvent être autres que ceux qui ont obtenu l'envoi provisoire. Ceux-ci , dans ce cas , comme dans les deux cas précédens , doivent restituer les biens à qui de droit , sauf la portion des fruits par eux acquis en vertu de l'article 127 (130); 4° enfin par l'envoi en possession définitif.

153. Trente ans écoulés depuis l'envoi provisoire ou depuis que , conformément à l'article 124 , l'époux commun a pris l'administration des biens , ou cent ans révolus depuis la naissance de l'absent , sont des circonstances de nature à faire présumer que l'absent a cessé de vivre ; alors il peut y avoir lieu à l'envoi en possession définitif (art. 129). Il est temps, pour des raisons qui sont même d'intérêt public et que chacun peut facilement apprécier , que l'incertitude qui peut avoir si long-temps régné sur la propriété des biens de l'absent ait un terme. C'est ici la troisième situation de l'absence, annoncée au n° 123. J'ai déjà dit qu'il n'est pas toujours nécessaire qu'il y ait eu envoi provisoire pour que l'envoi définitif soit ordonné. Il suffirait, pour ce dernier, que cent ans se fussent écoulés depuis la naissance de l'absent qui n'aurait été jusqu'alors l'objet d'aucune mesure. Ce laps de temps autoriserait aussi l'envoi définitif moins de trente ans depuis l'envoi provisoire, s'il avait été ordonné. L'existence de l'une des conditions ci-dessus suffit pour que les cautions soient déchargées (*id.*). Elles le sont même de plein droit. Mais je ne saurais partager l'opinion d'un auteur [1] qui pense qu'elles sont alors déchargées, non seulement pour l'avenir, mais encore pour le passé. Le cautionnement produisant ses effets, lorsqu'il y a eu envoi provisoire, jusqu'à l'envoi définitif, et le recours à exercer contre la caution ne pouvant naître que d'un fait particulier et non pas du cautionnement lui-même, il doit s'ensuivre, d'après le principe ordinaire des prescriptions, que le délai légal (art. 2262), ne courra que de l'existence de ce fait et non pas de celle du cautionnement.

154. L'envoi en possession définitif peut être demandé par tous *les ayant droit* (art. 129). On doit

---

[1] M. Duranton, tom. 1er, n° 502.

entendre par cette expression , non-seulement les héritiers présomptifs mais encore les légataires et tous ceux qui ont des droits subordonnés à la condition du décès de l'absent.

155. Cet envoi doit encore être demandé au tribunal du domicile de l'absent ; mais il ne suffirait pas , pour l'obtenir , de prouver qu'il s'est écoulé trente ans depuis l'envoi provisoire ou cent ans depuis la naissance de l'absent, il faut aussi établir la continuation de l'absence (*id.*), ce qui ne peut avoir lieu qu'au moyen d'enquêtes qui doivent être renouvelées s'il en a déjà été faites , en la forme et aux lieux déjà indiquées pour celles qui précèdent, la déclaration d'absence. Après ces préalables , un jugement est nécessaire pour ordonner l'envoi en possession définitif.

156. Après cet envoi , le partage définitif des biens de l'absent peut être demandé par les intéressés (*id.*). C'est principalement au cas de l'article 124 que cette disposition s'applique. L'option accordée par cet article à l'époux commun a pu , en effet , empêcher le partage pendant l'envoi provisoire. Mais il n'en faut pas conclure qu'un partage conditionnel ne puisse pas avoir lieu , dans les cas ordinaires , durant l'envoi provisoire. Il devient définitif , sans autres formalités , après l'envoi définitif.

157. Ainsi , tandis que l'envoi provisoire n'attribue qu'un dépôt à ceux qui l'obtiennent , c'est un véritable droit de propriété qui résulte de l'envoi définitif. Ceux en faveur desquels il a été ordonné peuvent donc aliéner , de toutes manières , les biens qui en sont l'objet , en disposer, en un mot, comme l'absent l'aurait fait lui-même.

Cependant cette propriété, quoique parfaite , est résoluble soit en faveur de l'absent lui-même , soit en faveur de ses enfans ou descendans directs.

158. Le retour de l'absent, ou la preuve de son existence empêchent que l'envoi définitif produise aucun effet pour l'avenir ; car l'absent rentre en possession de ses biens. Mais il les recouvre dans l'état où ils se trouvent, comme il a droit au prix de ceux qui ont été aliénés ou aux biens provenant de l'emploi qui aurait été fait de ce prix (art. 132).

Il suit de là que les tiers qui ont acquis, soit à titre gratuit , soit à titre onéreux, la propriété des biens de l'absent , sont à l'abri de tout recours de sa part , sans avoir besoin d'invoquer une prescription quelconque. C'est une exception au principe suivant lequel nul ne peut céder à autrui des droits qu'il n'a pas lui-même, exception fondée sur la nécessité de favoriser le commerce des biens. Mais le prix des biens aliénés à titre onéreux est dû à l'absent par les auteurs de l'aliénation, qu'ils l'aient reçu ou non (il en est autrement dans le cas de l'article 747), qu'ils en aient ou non profité. Il en est de même des biens qui proviennent de l'emploi de ce prix que

l'absent peut réclamer en nature, sans que les envoyés en possession puissent conserver ces biens en
restituant à l'absent le prix de ceux qu'il a aliénés.

De la combinaison de ces droits ou devoirs de
l'absent peut naître la question de savoir s'il a un
recours contre l'envoyé en possession qui aurait
donné les biens à ses enfans.

Cette question devra être diversement résolue
suivant les circonstances. Si, en donnant à ses enfans,
l'envoyé en possession n'a rien gagné indirectement,
comme lorsqu'il est absolument sans fortune, l'absent ne doit avoir aucun recours contre lui. Mais si,
par la donation des biens de l'absent, cet envoyé a
trouvé le moyen de conserver son propre bien, on
peut dire qu'il a retiré indirectement un prix de
l'aliénation, et le soumettre à indemniser l'absent.

La même solution me paraît devoir être appliquée
à tous les cas où, même sans qu'il y ait eu aliénation,
les envoyés auront reçu des capitaux du chef de
l'absent.

Le droit de recouvrer ses biens ainsi expliqué
que la loi accorde à l'absent est imprescriptible. Ce
n'est, en effet, que comme héritiers que les envoyés
possèdent. Mais cette fiction doit céder à la réalité et
viventis non est hæreditas.

159. Les enfans et descendans directs de l'absent
peuvent aussi demander la restitution de ses biens,
mais avec cette différence remarquable qu'ils ne
peuvent agir que dans les trente ans à compter de

l'envoi définitif (art. 133). Cette faculté est accordée aux enfans ou descendans naturels , dans la proportion de leurs droits successifs, comme aux légitimes; mais elle ne l'est pas à d'autres parens. Ceux-ci,
pour écarter les envoyés en possession, devraient
prouver, conformément à l'article 130 , la mort de
l'absent , et leur plus proche parenté à l'époque où
elle a eu lieu , tandis que les premiers n'ont à établir
que leur filiation.

La question de savoir si ces trente ans pendant
lesquels les enfans et descendans directs de l'absent
doivent agir, constituent un délai invariable ou une
prescription ordinaire soumise, par conséquent , aux
interruptions de droit , est fort controversée. Ce
n'est pas sans quelque hésitation que je crois devoir
embrasser la première opinion [1]. Ses motifs sont
l'intention souvent manifestée par le législateur, en
cette matière, de mettre un terme à l'incertitude
de la propriété, et le long intervalle qui sépare la
déchéance encourue de la disparition ou des dernières nouvelles de l'absent. Il doit, en effet, s'être
écoulé au moins soixante-cinq ans pour qu'elle ait
lieu. Un laps de temps si considérable sans réclamation doit faire présumer que personne n'a le droit
d'en élever. Ce ne serait donc que par une exception

---

(1) Pour l'opinion conforme : MM. Delvincourt , Proudhon ,
tom. 1, pag. 182. Duranton , tom. 1 , n° 513. — Pour l'opinion
contraire : MM. Malleville , sur l'art. 133. Toullier, tom. 1 , n° 453.

fort rare qu'il pourrait en être autrement, et ce
n'est pas des cas exceptionnels, mais des cas ordinaires que la loi doit, s'occuper. D'ailleurs, lorsqu'elle a voulu, dans des cas qui offrent quelque
analogie, comme dans celui de l'article 966, que
les interruptions ordinaires de la prescription pussent
suspendre les effets de la possession trentenaire,
elle s'est expliquée formellement.

160. On voit, d'après ce qui précède, que les
effets de l'envoi en possession définitif peuvent cesser, 1º par le retour de l'absent; 2º par la preuve
de son existence; 3º par la preuve de son décès;
4º par l'action que ses enfans ou descendans inten-
teraient *dans les trente ans.*

SECTION II.

*Des effets de l'absence relativement aux droits éventuels
qui peuvent compéter à l'absent.*

SOMMAIRE.

165. Quid, *si, dans le cas de l'art.* 136, *certains des cohéritiers de l'absent reconnaissent son droit que les autres ne reconnaissent pas.*

166. *L'action en pétition d'hérédité est réservée à l'absent et à ses ayant cause.*

167. *Sans préjudice des effets ordinaires de la possession de bonne foi, relativement aux fruits.*

161. En règle générale, la première obligation imposée à celui qui forme une demande, soit en son nom personnel, soit du chef d'un autre dont il exerce les droits, est de prouver sa qualité, c'est-à-dire son droit d'exercer l'action. S'il ne la remplit pas, il est déclaré non recevable dans sa demande, sans qu'il soit même besoin de l'examiner au fond. C'est par application de ce principe que la loi (art. 135) soumet quiconque réclame un droit échu à un individu dont l'existence n'est pas reconnue à prouver, sous peine de non recevabilité, l'existence de cet individu lors de l'ouverture du droit.

Il n'est pas nécessaire, pour que la demande soit repoussée, qu'il y ait eu déclaration d'absence, pas même que les mesures du chapitre 1er pour le cas de présomption d'absence aient été ordonnées. Cette disposition s'applique non-seulement à l'absent déclaré, mais encore à celui qui, sans avoir été l'objet d'aucune mesure, est en simple présomption d'absence. Mais elle ne saurait être applicable au non présent, sur l'existence duquel il ne peut pas y avoir un doute raisonnable. Au surplus, les tribunaux sont arbitres souverains dans les questions de cette nature, tant qu'il n'y a pas eu déclaration d'absence.

162. Après avoir exprimé la règle, le Code l'applique au cas qui peut se présenter le plus fréquemment, à celui d'une succession à laquelle serait appelé un individu dont l'existence n'est pas reconnue. Il l'attribue exclusivement à ceux avec lesquels il aurait eu le droit de concourir, ou à ceux qui l'auraient recueillie à son défaut (art. 136). Mais comment faut-il entendre ces expressions? Quels sont ceux auxquels sont attribués les droits échus à l'absent?

Il peut se présenter deux hypothèses : ou il existe des personnes qui, parentes du défunt au même degré que l'absent, auraient eu à la succession un droit égal au sien, ou bien l'absent est seul de son degré, les autres personnes du défunt étant à un degré plus éloigné que le sien.

Dans le premier cas, la succession est dévolue exclusivement à ceux qui auraient concouru avec l'absent; dans le second, aux parens d'un degré plus éloigné. En un mot, on n'a, dans les deux cas, aucun égard à l'absent qui est censé n'avoir pas existé [1].

_____

(1) Je dois renvoyer la question intéressante de savoir si l'absent peut être représenté, à l'examen des règles de la représentation dans les successions.

163. J'ai déjà expliqué (n° 129) l'apparente contradiction des articles 113 et 136, et je n'ai qu'à me référer à ce que j'ai déjà dit à ce sujet.

164. Je placerai ici l'examen sommaire de deux questions qui peuvent se présenter en matière d'absence.

La première consiste à savoir quel est l'effet de la déclaration d'absence prononcée après le partage d'une succession auquel a été admis un individu qui était éloigné de son domicile, dont on n'avait pas de nouvelles, et qui, plus tard, a été déclaré absent. Le partage conservera-t-il ses effets, ou sera-t-il comme non avenu en ce qui le concerne ?

La déclaration d'absence attribuant des droits à ceux qui étaient héritiers présomptifs à l'époque de la disparition ou des dernières nouvelles, rétroagit à cette époque. Il suit de là que le partage sera sans effet, et qu'il faudra appliquer l'article 136. Je ne pense pourtant pas que la solution doive être la même si c'est avec les héritiers présomptifs que le partage a eu lieu, et ce cas serait probablement le plus fréquent. Ceux qui seraient à la place de l'absent objecteraient avec raison la reconnaissance qui a été faite de ses droits qui leur offrirait une fin de non recevoir difficile à surmonter.

165. La seconde question a pour objet de savoir comment se fera le partage auquel l'absent serait intéressé, lorsque parmi ses cohéritiers les uns con-

testent son existence que les autres ne contestent
pas.

L'absent sera réputé présent pour les uns et absent pour les autres. Ceux qui viennent de son chef
auront donc une part dans la succession. Mais elle
sera moins forte que si l'absent se présentait lui-
même. Dans ce cas, l'absent devra être représenté
par un notaire, conformément à l'article 113.

166. Mais la déchéance de droits que l'article
136 prononce contre l'absent n'est pas irrévocable.
L'absent à son retour, ou ses représentans ou ayant
cause, c'est-à-dire tous ceux qui pourraient exercer
des droits de son chef, comme ses héritiers ou ses
créanciers qui justifieraient de son existence lorsque
la succession de laquelle il a été écarté s'est ouverte,
pourront exercer l'action en pétition d'héredité et
tous autres droits, tant qu'ils ne seront pas repoussés
par la prescription (art. 137 et 2262).

On appelle action en pétition d'hérédité celle
par laquelle on demande le délaissement de l'hérédité à ceux qui la possèdent. Il en sera question au
titre des successions et des testamens. C'est là qu'il
sera plus convenable d'en examiner les principes.

167. Mais l'exercice, et même le succès de cette
action ne fera pas perdre à ceux qui auront possédé
de bonne foi la succession qui était échue à l'absent,
les avantages de cette possession pour le passé. Ils
conserveront les fruits qu'ils auront perçus, par

une conséquence de l'article 549 (art. 138). Ils ne seront pas même tenus d'en restituer la moindre partie comme dans le cas de l'article 127. On conçoit sans peine les raisons qui ont fait établir une différence à cet égard entre les fruits des biens que possédait l'absent lorsqu'il a disparu, et ceux qui lui sont gratuitement advenus depuis sa disparition.

SECTION III.

Des effets de l'absence relativement au mariage.

SOMMAIRE.

168. *La preuve du décès de l'absent peut seule dissoudre le mariage, dans ses effets civils.*

169. *L'absent seul est recevable à attaquer le second mariage de son conjoint.*

170. *L'art. 139 est applicable au cas de présomption comme à celui de déclaration d'absence.*

171. *Le ministère public peut-il agir en nullité, au retour de l'absent? Renvoi.*

172. *Droits de l'époux aux biens de son époux absent.*

168. L'absence la plus prolongée n'est pas une cause de la dissolution du mariage. Un lien de cette importance ne peut pas être rompu sur des présomptions, même les plus graves. Si l'absent qui aurait accompli sa centième année peut être réputé mort en ce qui concerne ses biens, il n'en est pas de même lorsqu'il s'agit de l'état de sa famille. Rien ne peut donc remplacer, à cet égard, les preuves du décès de l'absent.

169. Cependant si son conjoint, de bonne ou de mauvaise foi, a contracté une nouvelle union, sans éprouver les obstacles qu'il aurait dû trouver chez l'autorité compétente, l'absent est seul recevable à attaquer ce mariage, soit par lui-même, soit par son fondé de pouvoir muni de la preuve de son existence (art. 139). L'absence du premier époux atténue le scandale de la nouvelle union formée même de son vivant, et, dans certaines circonstances, le remède pourrait être pire que le mal.

Les termes de la loi font assez connaître que le fondé de pouvoirs qui attaquerait le mariage doit avoir autre chose qu'une procuration. Il doit aussi prouver l'existence du premier époux, et cette preuve se fait par un acte de notoriété ou un autre acte qui offre les mêmes garanties.

170. Mais cette restriction que fait l'article 139, en attribuant à l'époux *seul* le droit d'attaquer le nouveau mariage, s'applique-t-elle au cas où il y a seulement présomption d'absence, comme à celui où l'absence a été déclarée?

Cette question a divisé les auteurs [1]. On invoque pour la négative la mauvaise foi de l'époux qui,

_____

(1) Pour l'affirmative, M. Delvincourt, tom. 1, page 301. Pour la négative : MM. Proudhon, t. 1, p. 165, et Duranton, t. 1, n° 526.

avant de se remarier, n'a pas fait déclarer l'absence, et la place qu'occupe l'article 139 qui fait partie d'une section qui traite des effets de l'absence. Mais pour l'affirmative, qui me paraît préférable, on peut répondre que ce n'est pas l'époux seulement qui a convolé, et qui d'ailleurs peut avoir été de bonne foi, qu'il faut considérer, mais encore le nouvel époux et les enfans qui peuvent être nés du second mariage. Quant à la place qu'occupe l'article 139, je suis peu touché de cette raison. Nous avons vu souvent, en effet, et notamment dans la section précédente, que les effets de l'absence sont aussi applicables à la simple présomption. Le mot *absent* qu'on lit dans l'article 139 exprime toutes les situations, et je ne crois pas devoir admettre une distinction que la loi n'a pas faite, lorsque d'ailleurs les mêmes motifs qui justifient la loi militent dans un cas comme dans l'autre.

171. Mais le retour de l'absent ne donne-t-il pas au ministère public le droit de faire annuler le second mariage? Je dois, suivant la marche que je me suis tracée, suspendre l'examen de cette question jusqu'à celui de l'article 184 (n° 235).

172. Un des effets que l'absence produit relativement au mariage est le droit qu'a l'époux de l'absent de demander l'envoi en possession provisoire des biens de son époux (art. 140), si celui-ci n'a point laissé de parens habiles à lui succéder (art.

755 et 767). Dans ce cas , et moyennant les conditions ci-dessus exprimées , il peut aussi obtenir
l'envoi en possession définitive. Je rappellerai que si
l'époux est commun en biens , il peut prendre ou
conserver l'administration des biens ; quoique l'absent ait des parens habiles à succéder.

CHAPITRE IV.

De la surveillance des enfans mineurs du père
qui a disparu.

SOMMAIRE.

173. *Droits que la disparition du père attribue à la mère*
sur les enfans mineurs.
174. *La mère n'a pas , en ce cas , la jouissance légale*
des biens des enfans.
175. *Dans quels cas l'intervention du conseil de famille*
est requise pour la nomination d'un tuteur , après la
disparition du père.

173. Les dispositions de ce chapitre rentrent ,
pour ainsi dire , dans celle des titres de la puissance
paternelle et de la tutelle. Je me bornerai donc ici
à un simple aperçu des règles en cette matière. Elles
recevront plus de développemens lorsque j'examinerai ces titres.

Le père étant , pendant le mariage , seul administrateur de la personne et des biens de ses enfans
mineurs (art. 373 — 389) , la disparition de la
mère ne change rien à leur position , et la loi n'avait
pas à s'occuper de ce cas.

Mais si le père qui a disparu laisse des enfans mineurs issus d'un commun mariage, la mère en a la surveillance, et elle exerce tous les droits du mari, quant à leur éducation et à l'administration de leurs biens (art. 141). Ces droits ainsi restreints de la mère ne constituant pas pour elle l'exercice de la tutelle, il s'ensuit qu'elle n'est pas tenue de ses conséquences; que, par exemple, elle ne doit pas, en règle générale, faire nommer un subrogé tuteur (art. 420), et que cette administration ne soumet pas ses biens à l'hypothèque légale en faveur de ses enfans (art. 2121).

Quoique la loi attribue à la mère l'exercice de tous les droits du mari, il ne faut pas croire que son intention ait été de lui conférer un pouvoir plus étendu sur les enfans, tant au cas d'absence qu'au cas de décès du mari. Son droit de correction ne pourra donc s'exercer que conformément à l'article 381.

174. La mère a-t-elle, en l'absence du mari, la jouissance légale des biens de ses enfans, conformément aux articles 384 et 385 ?

Cette question est résolue affirmativement par M. Duranton, tom. 1er, no 521. Cet auteur se fonde sur ce que le père doit être réputé mort à partir de sa disparition, ce qui rendrait applicable à la mère la disposition de l'article 384, et sur ce que cette jouissance légale est une dépendance de la puissance alors exercée par la mère.

Cependant l'article 141 n'attribue à la mère que

les droits du mari relatifs à l'éducation et à l'administration des biens des enfans, et il ne faut pas
croire que c'est par inadvertance qu'il n'a pas mentionné la jouissance légale. Car il est clair qu'il n'a
d'autre objet que l'intérêt des enfans, non pas celui
de la mère, et moins encore de porter atteinte à la
fortune du père. Je crois donc que tant que le décès
de celui-ci ne sera pas prouvé, les revenus des biens
de ses enfans seront censés lui appartenir, et devront
être administrés comme le sont les autres biens de
l'absent. Si cette opinion est susceptible d'être modifiée, ce ne serait qu'après l'envoi en possession
définitif qui a pour fondement la présomption de
mort de l'absent, qui jusqu'alors n'est réputé ni
mort ni vivant. Encore même le texte de l'article
384 qui n'attribue la jouissance légale à la mère
qu'après la dissolution du mariage, répugnerait-il à
cette exception.

175. Si la mère était décédée avant la disparition
du père, le conseil de famille doit déférer, six mois
après qu'elle a eu lieu, la surveillance des enfans
aux ascendans les plus proches, et à leur défaut, à
un tuteur provisoire (art. 142). Ce délai de six
mois est exigé pour qu'il ne soit pas trop légèrement
disposé d'un droit si sacré. Pendant sa durée, il doit
être pourvu aux intérêts des enfans qui ne doivent
jamais être laissés à l'abandon, conformément à l'article 114. L'article 142 régit aussi le cas où la mère
vient à décéder avant la déclaration d'absence du

père ; et il faut reconnaître , malgré son silence à cet égard , qu'il doit en être de même du cas où la mère décéderait après la déclaration d'absence du père.

Cette intervention du conseil de famille qui devrait avoir pour objet la nomination de l'ascendant le plus proche est sans objet, en présence de l'article 402 qui défère de droit la tutelle aux ascendans. Elle s'explique seulement par cette circonstance que les principes de la tutelle n'étaient pas fixés lors de la rédaction de notre titre , et elle n'est nécessaire aujourd'hui que pour la nomination d'un tuteur provisoire autre qu'un ascendant.

Les mêmes mesures sont prescrites dans l'intérêt des enfans mineurs que l'époux qui a disparu aurait eu d'un mariage précédent (art. 143). Le nouvel époux , en effet , n'est à leur égard qu'un étranger.

TITRE V.

Du mariage.

SOMMAIRE.

176. *Définition du mariage qui n'est considéré par le Code que comme un contrat civil.*

176. Le mariage est un contrat du droit naturel dont le droit civil confirme et règle les effets. C'est l'union de l'homme et de la femme qui s'associent pour perpétuer leur espèce, pour s'aider, par des secours mutuels, à porter le poids de la vie, et pour partager leur commune destinée.

Long-temps en France le contrat civil et le sacrement religieux furent confondus dans le mariage. Il ne pouvait être valablement célébré, même pour les effets civils, que par le curé des contractans qui, sous ce rapport, remplissait à la fois les fonctions de ministre de l'état et de l'église.

Ce système qui avait le grand inconvénient d'interdire le mariage à ceux qui professaient un autre culte que la religion catholique, corrigé par un édit de septembre 1787 qui permit aux protestans de faire célébrer leur mariage par un officier de la justice civile, en maintenant pour les catholiques l'ancien état de choses, a été aboli par la constitution de 1791 et par la loi du 20 septembre 1792, suivant lesquelles le mariage n'est considéré que comme un contrat civil.

Tel est aussi le principe du Code. Dans les huit chapitres qui composent notre titre, il fait connaître les conditions du mariage, les formalités qui le précèdent ou l'accompagnent, le droit d'opposition à sa célébration, les demandes en nullité, les obligations qui en dérivent, les droits et les devoirs des époux, les causes de sa dissolution, et la condition des seconds mariages.

CHAPITRE PREMIER.

*Des qualités et conditions requises pour pouvoir
contracter mariage.*

SOMMAIRE.

177. Les conditions du mariage sont affirmatives ou négatives. L'âge que doivent avoir les époux, leur consentement et celui des parens constituent les premières. Les empêchemens, tels que l'existence d'un premier mariage, ou la parenté, constituent les secondes.

178. La première nécessité de la loi a été de déterminer les capacités physique et morale de ceux qui aspirent au titre d'époux. La première condition du mariage est donc que les époux aient l'âge requis.

Avant notre nouveau système de législation, l'âge du mariage était en France, comme chez les romains, de quatorze ans pour les hommes, de douze ans pour les femmes; la loi intermédiaire du 20 septembre 1792 l'avait fixé à quinze ans pour les garçons et à treize ans pour les filles. Enfin le Code, corrigeant l'ancien abus qui, en permettant le mariage dans un âge trop tendre, nuisait au but de cette union, plus en harmonie avec la nature et avec les besoins du climat, a posé une règle uniforme fondée sur une présomption générale. Il a fixé à dix-huit ans pour les hommes, à quinze ans pour les femmes, l'âge auquel il est permis de se marier (art. 144).

Mais le roi peut, pour des motifs graves dont l'appréciation lui est laissée, accorder des dispenses d'âge et, par conséquent, permettre le mariage à un âge plus tendre (art. 145). Suivant un arrêté du gouvernement du 20 prairial an XI (3 juin 1803), ces dispenses sont accordées par une ordonnance rendue sur le rapport du garde-des-sceaux, après avoir pris l'avis du procureur du roi.

179. Le consentement, première nécessité de tous les contrats, a dû surtout être exigé de la part des époux, pour le mariage, le plus important de tous (art. 146). Il est, en effet, de l'essence du mariage : *Nuptias consensus, non concubitus facit,* dit la loi 30 ff. *de reg. jur.* Il constitue la seconde condition exigée par la loi.

Pour être valable, le consentement doit émaner

d'une personne capable et être libre, c'est-à-dire ne pas être le résultat de l'erreur, de la violence ou du dol.

Celui qui ne jouit pas de sa raison ne doit pas être admis à contracter une union dont les conséquences seraient si importantes pour lui-même et pour la société (art. 174, n° 2). Il résulte même du rejet d'une proposition qui avait été faite à cet égard par le tribunat, que l'interdit ne peut pas se marier, lors même qu'il aurait des intervalles lucides. La nullité d'un tel mariage ne serait au surplus que relative, et celui qui aurait épousé l'interdit ne pourrait pas l'invoquer (art. 1125).

L'erreur, qui généralement n'est une cause de nullité que lorsqu'elle tombe sur la substance de la chose objet de la convention (art. 1110), ne vicie le mariage que lorsqu'elle porte sur l'identité de la personne, c'est-à-dire, lorsqu'une personne est physiquement substituée à une autre. L'erreur sur ses qualités ne produit pas le même effet. Une telle cause de nullité aurait pu introduire le désordre dans la société, en offrant un moyen trop facile et trop fréquent d'en attaquer la base.

La violence peut être physique ou morale. L'abus de la première qui résulterait d'un enlèvement, d'une séquestration, par exemple, est rendu très-difficile par la publicité qui doit accompagner la célébration du mariage et qui exigerait la complicité de l'officier de l'état civil. Mais le même moyen préventif n'existe pas contre la seconde. Il est impossible, à la vérité,

d'en limiter les caractères qui peuvent varier à l'infini, suivant la position des individus. Elle doit seulement être de nature à faire impression sur une
personne raisonnable ; en lui inspirant la crainte
d'exposer sa personne à un mal considérable et présent (art. 1112). Ainsi des mauvais traitemens, de
quelque nature qu'ils soient, des menaces antérieures
peuvent constituer la violence morale. Mais la seule
crainte révérentielle (art. 1114) ou l'exercice d'un
droit légitime ne produisent pas le même effet.

Le dol considéré comme cause de nullité du mariage se confond avec l'erreur dont il est rare qu'il ne
soit pas la cause. Ce système, qui peut laisser subsister
les effets de la fraude, a bien ses inconvéniens sans
doute; mais ceux d'un système plus étendu seraient
bien autrement dangereux. Cependant s'il était *incontestablement* prouvé que sans le dol qui n'aurait
pas produit l'erreur, cause de nullité, le mariage
n'aurait pas eu lieu, il devrait être annulé.

180. Je ferai maintenant l'application de ces principes généraux à quelques cas particuliers.

L'impuissance est-elle une cause de nullité du
mariage ? La question était affirmativement résolue
par l'ancienne législation. Elle offre aujourd'hui de
grandes difficultés. Pour la négative, que plusieurs
arrêts de cour royale ont consacrée (cour de Gênes,
7 mars 1811; — cour de Riom, 30 novembre 1828),
on se fonde sur le silence gardé à cet égard par la
loi, sur les motifs de ce silence exprimés devant le

conseil d'état par plusieurs orateurs, sur le scandale qui résulterait d'une telle action.

L'affirmative professée par la cour de Trèves, le 1er juillet 1808, et embrassée, d'une manière plus ou moins complète, par plusieurs auteurs [1] se fonde sur l'art. 146 combiné avec l'art. 1110.

Pour moi, frappé des inconvéniens d'un mariage attaqué pour une semblable cause, non moins que du scandale d'une telle action, je ne l'admettrais jamais s'il s'agissait d'une impuissance naturelle qui ne serait pas manifeste ou d'une impuissance accidentelle même manifeste qui serait postérieure au mariage. Mais si l'impuissance était manifeste et pouvait être constatée avant le mariage, je n'hésiterais pas à rompre une union dont le but principal est rendu impossible par le dol de l'un des époux qui a dissimulé son état. L'article 312 fournit encore un argument à l'appui de cette opinion.

181. Un arrêt de la cour de Colmar, cité par M. Duranton, tom. 1, n° 66, a décidé que l'erreur d'une femme catholique qui avait épousé de bonne foi un ancien religieux, était suffisante pour faire annuler le mariage. Cet auteur ne fait aucune réflexion sur la doctrine de cet arrêt. Quelque res-

_____

(1) Merlin, rép. au mot *impuissance.* — M. Vazeille, du mariage, tom. 1, n° 93. — Toullier, t. 1, n° 526. — M. Duranton, tom. 2, n° 87 et suiv.

pectable que soit le motif qui l'a dicté, il me paraît contraire aux principes. Il en résulterait, ce qui est inadmissible, que la différence de culte qui aurait été ignorée de l'un des époux pourrait être toujours une cause de nullité du mariage.

182. La violence est une cause de nullité, même lorsqu'elle a été occasionnée par le fait de celui qui se plaint. Ainsi un homme qui, surpris avec une femme qu'il a déshonorée, a été forcé de l'épouser, quoiqu'il ne soit pas sans reproches, peut demander la nullité du mariage. Il n'y a pas eu de sa part l'indispensable condition du consentement. Mais remarquons à ce sujet que la menace d'un procès, qui ne serait que l'exercice d'une voie légale, ne constituerait pas la violence.

183. Pour préserver la jeunesse des dangers de son inexpérience et des séductions qui l'entourent, autant que pour rendre hommage à la puissance paternelle, la loi défend au fils, qui n'a pas vingt-cinq ans accomplis, à la fille qui n'a pas vingt-un ans, de se marier sans le consentement de leurs père et mère. Elle ajoute qu'en cas de dissentiment, le consentement du père suffit (art. 148).

C'est parce que les facultés morales et physiques se développent plus lentement chez les hommes que chez les femmes, que la loi établit entre eux une différence sur l'âge auquel ils peuvent se passer de consentement. C'est le même motif qui justifie la différence de l'âge auquel il leur est permis de se marier.

Si les père et mère existent, le consentement des deux est nécessaire. Mais le père étant le chef de la famille, son consentement suffit lorsque la mère refuse de donner le sien. Ce refus doit être constaté; autrement le consentement du père serait insuffisant; et je ne partage pas l'opinion d'un auteur [1] qui pense que, dans certaines circonstances, le consentement de la mère se présume et que l'officier de l'état civil peut célébrer le mariage sans qu'il en soit expressément justifié. La mère qui n'aurait pas été consultée a le droit de former opposition au mariage.

Le consentement de l'un des père ou mère suffit lorsque l'autre est mort ou dans l'impossibilité de manifester sa volonté (art. 149). Il y a impossibilité lorsque, par exemple, l'un des père ou mère est mort civilement, ou interdit, ou absent. Dans ce dernier cas, le jugement de déclaration d'absence ou, à son défaut, un acte de notoriété doit être représenté (art. 155).

184. Le décès des père et mère ou l'impossibilité dans laquelle ils sont de manifester leur volonté transmettent leur prérogative aux autres ascendans, s'il en existe. Il n'est pas même indispensable, pour qu'elle s'exerce, que l'acte de décès des père et mère

---

(1) M. Duranton, tom. 1er, no 77, à la note.

soit rapporté. Suivant un avis du conseil d'état du 4 thermidor an XIII, l'attestation des ascendans suffit pour le constater. L'avantage que la loi accorde au père, au cas de dissentiment, l'est aussi à l'ascendant mâle; et quoique la loi ne parle que des aïeuls ou aïeules, il est certain qu'elle s'applique aux ascendans à d'autres degrés. S'il y a des ascendans dans les deux lignes et dissentiment, ce partage emporte consentement (art. 150). La faveur du mariage ôte, dans ce cas, à la ligne paternelle la préférence que la loi lui donne ailleurs (art. 402). L'avis du conseil d'état précité porte aussi qu'en l'absence des preuves du décès des père et mère ou autres ascendans, le mariage des majeurs peut être célébré sur leur serment et celui des quatre témoins du mariage, que le lieu du décès et celui du dernier domicile des ascendans leur sont inconnus. Rien ne peut suppléer le consentement des parens, dans les cas où la loi l'exige. Ils ne sont pas tenus de faire connaître les motifs du refus qu'ils en font, et ce refus ne peut pas être déféré aux tribunaux.

185. Le consentement que les parens ne donnent pas en personne, au moment de la célébration du mariage, doit désigner spécialement la personne que l'enfant doit épouser. C'est ce qui résulte de la loi 34, ff. *de ritu nuptiarum*, dont les motifs ont conservé leur puissance, et de l'esprit qui a dicté l'article 1388 du Code civil qui défend toute dérogation aux droits de la puissance paternelle. Or, ils seraient abdiqués en

partie par un consentement qui ne serait pas spécial·
Ce consentement peut être révoqué jusqu'à la célébration. Il doit être donné par acte authentique
(art. 73).

186. Cette prérogative des père et mère et autres
ascendans cesse lorsque les enfans ont atteint l'âge
indiqué dans l'article 148. Alors le consentement des
parens n'est plus indispensable pour le mariage, soit
parce que les enfans ont acquis plus d'expérience,
soit parce que l'autorité la plus respectable peut être
sujette à l'erreur. Mais il n'est jamais permis aux
enfans de méconnaître ce qu'ils doivent aux auteurs
de leur existence. La loi leur impose l'obligation de
demander, par un acte respectueux et formel, le
conseil de ceux qui auparavant auraient dû consentir
au mariage (art. 151). Cet acte doit être fait à
chacun de ces ascendans. Si les fils n'ont pas trente
ans, et si les filles n'ont pas vingt-cinq ans , il doit
être renouvelé deux autres fois, de mois en mois; et
le mariage ne peut être célébré qu'un mois après le
troisième acte (art. 152). Un seul acte suffit de la
part des fils qui ont accompli trente ans (art. 153)
ainsi que des filles qui ont vingt-cinq ans ; ce qui
est évident, d'après l'esprit de la loi manifesté dans
l'article 152, quoique l'article 153 ne s'occupe que
des fils. Le mariage, dans ce cas, peut être célébré
un mois après, ce seul acte (*id.*).

Les ascendans peuvent encore suspendre le mariage de leurs descendans, après les délais des actes

respectueux, en y faisant opposition, comme nous le verrons plus bas.

187. Ce n'est pas aux huissiers, dont le ministère est trop rigoureux, mais à deux notaires ou à un notaire et deux témoins que la loi attribue le droit de notifier les actes respectueux (art. 154). Le ministère de ces fonctionnaires, souvent dépositaires des intérêts des familles, est en effet plus révérentiel. Il doit être dressé procès-verbal de la notification de l'acte et de ses circonstances (*id.*). La loi veut même qu'il y soit fait mention de la réponse de l'ascendant (*id.*).

Cependant il ne faut pas conclure de cette dernière disposition qu'il est absolument indispensable que la notification soit faite à la personne de l'ascendant. La règle générale, suivant laquelle les actes sont valablement signifiés à domicile (art. 68 code de procéd.) est applicable à ce cas. Beaucoup de difficultés se sont élevées sans doute sur ce point, et il existe des arrêts en sens divers. La règle qui me paraît concilier tous les droits et tous les intérêts est qu'autant que possible celui qui fait la signification doit chercher à parvenir à la personne de l'ascendant, et qu'il y aurait doute sur la validité d'une signification faite tout exprès au moment où l'on savait que l'ascendant était casuellement hors de chez lui ; et que, d'un autre côté, si l'ascendant affectait de s'éloigner de son domicile ou de s'y renfermer de manière à n'être pas vu du notaire, la signification serait bien faite à domicile. En un mot, la question dépendrait des circonstances qu'il faudrait néanmoins rattacher aux bases que je viens d'indiquer; et le procès-verbal pourrait être valable, soit qu'il mentionnât la réponse de l'ascendant, soit son refus de répondre, ou son absence.

La loi n'exige pas que l'absent soit présent à la signification, et l'on ne doit pas vouloir plus qu'elle. Après le grand nombre d'arrêts qui l'ont ainsi décidé et l'opinion conforme émise par presque tous les auteurs, l'opinion contraire n'est plus soutenable.

Il est aussi reconnu que l'acte respectueux doit être signé par le notaire tant à la copie qu'à l'original; qu'il doit être rédigé en termes convenables, en rapport avec son objet et avec son nom, sans que pourtant la loi prescrive rien de sacramentel dans les termes qui le composent; qu'enfin, dans les cas où il faut trois actes de respect, il ne suffirait pas, pour la validité du second et du troisième, de donner copie du premier. L'article 152 ne dit pas en effet que l'acte sera signifié deux autres fois, mais qu'il sera renouvelé, ce qui est bien différent.

188. J'ai dit plus haut (n° 182 à la fin) que l'absence de celui qui doit consentir au mariage constitue l'impossibilité du consentement, et que le mariage peut être célébré sur la représentation du jugement de déclaration d'absence ou d'un acte de notoriété. En est-il de même lorsque le conjoint survivant étant absent, il existe des aïeuls ou aïeules ?

ou bien, leur consentement est-il nécessaire ? Pour résoudre cette question, il ne faut pas séparer l'article 155 de l'article 151 qui exige le consentement des aïeuls ou aïeules lorsque les père et mère sont dans l'impossibilité de manifester leur volonté. Il résulte de ce rapprochement que, si dans le cas donné l'aïeul ou l'aïeule ne consentent pas au mariage, l'acte respectueux devra leur être notifié et que la représentation du jugement de déclaration d'absence ou de l'acte de notoriété ne suppléera le consentement que lorsqu'il n'y aura pas d'autres ascendans.

189. Tout ce que la loi prescrit relativement au consentement et aux actes respectueux qui peuvent le remplacer, elle l'applique aux enfans naturels légalement reconnus (art. 158), toutefois avec cette notable différence que les enfans naturels n'en sont tenus qu'à l'égard de leurs père et mère, tandis que les enfans légitimes y sont soumis envers tous leurs autres ascendans. La raison de cette différence est qu'il n'existe de parenté civile qu'entre l'enfant naturel et ses père et mère, comme nous le verrons en son lieu.

190. Les enfans naturels qui n'auront pas été légalement reconnus ou ceux qui, après l'avoir été, seront, pour une cause quelconque, dans l'impossibilité d'avoir le consentement de leurs père et mère, ne pourront se marier, jusqu'à l'âge de vingt-un ans, qu'avec le consentement d'un tuteur *ad hoc*, c'est-à-dire spécialement nommé pour le mariage (art. 159). Après vingt-un ans, ils seront libres de se marier sans le consentement de qui que ce soit. A cet âge, en effet, ils sont parvenus à la majorité qui rend chacun capable des actes ordinaires de la vie civile et, n'ayant pas de parens, ils ne manquent à aucun devoir, ne blessent aucune affection.

191. Les fils ou filles mineurs de vingt-un ans qui ont perdu leurs ascendans ou dont les ascendans sont tous dans l'impossibilité de manifester leur volonté, ne peuvent pas se marier sans le consentement du conseil de famille (art. 160). Cette garantie qui n'est exigée que dans leur intérêt, ne l'est plus lorsqu'ils arrivent à la majorité ordinaire. Ce terme a paru suffisant parce que, dans ce cas, la prérogative paternelle n'existe plus et qu'il pourrait arriver que des motifs autres qu'une affection desintéressée pourraient entraver des mariages qu'en général la loi doit favoriser.

Le conseil de famille n'est pas plus tenu que les ascendans de motiver le refus de consentir au mariage, et sa décision ne peut pas être attaquée devant les tribunaux ; car ce n'est pas le consentement du tribunal, mais celui du conseil de famille que la loi exige [1].

---

[1] M. Duranton, tome 2, nos 101 et 102. Contrà Toullier, tome. 1, no 542.

192. J'aurai à examiner plus tard les conséquences que peut produire , sur la validité des mariages , le défaut de consentement des ascendans ou
de la famille, dans les cas où il est requis. Le défaut
d'énonciation de ce consentement , dans l'acte de
mariage , même lorsqu'il aurait été verbalement
donné , soumet l'officier de l'état civil à une amende
qui ne peut excéder trois cents francs et à un emprisonnement qui ne peut pas être moindre de six mois
(art. 156). La sévérité de la loi se justifie par cette
raison que l'acte de mariage contient souvent la
seule preuve qui existe du consentement dont le
défaut peut , dans certains cas , causer la nullité du
mariage.

Mais la non existence d'actes respectueux ne pouvant jamais entraîner cette nullité, l'officier de
l'état civil qui aurait célébré le mariage , lorsqu'il
n'y en a pas eu , est punissable sans doute , mais
moins que dans le cas précédent. Il est passible de la
même amende et d'un emprisonnement qui ne peut
être moindre d'un mois (art. 157). C'est la seule
sanction de la loi qui exige les actes de respect.

193. Outre le consentement de leurs parens , les
militaires ont encore besoin, pour le mariage , savoir :
les officiers , de l'autorisation du ministre de la
guerre ; les sous-officiers et soldats , de celle du
conseil d'administration de leur bataillon. Il en est
de même des marins et des employés dans les armées.
Cependant le défaut de cette autorisation n'entraîne

pas la nullité du mariage. Elle expose seulement ceux qui ne l'ont pas obtenue à la perte de leurs grades et emplois, et les officiers de l'état civil qui ont célébré sciemment les mariages à la destitution [1].

194. Je vais parler maintenant des empêchemens au mariage ou des conditions négatives dont s'occupe notre chapitre. Je renvoie à l'examen des nullités quelques développemens de la théorie des empêchemens en général.

On ne peut contracter un second mariage avant la dissolution du premier (art. 147). La loi s'accorde avec la morale pour interdire la polygamie qui détruirait le charme et la sainteté de ce lien.

L'infraction à ce principe est punie de la peine des travaux forcés à temps, prononcée contre l'époux qui a méconnu son premier mariage et contre l'officier public qui, connaissant l'existence du premier mariage, lui a prêté son ministère (art. 340 du cod. pén.).

195. L'engagement dans les ordres sacrés est-il, sous l'empire des lois actuelles, un empêchement au mariage ? A ne considérer cette importante question que dans l'ordre civil, comme doivent le faire tous ceux qui sont chargés d'expliquer ou d'appliquer la loi, et tout en reconnaissant que ces mariages sont généralement réprouvés par l'opinion et peuvent

---

(1) Décrets des 16 juin, 3 et 28 août 1808.

présenter de grands inconvéniens, je ne dois pas hésiter à la résoudre négativement. La liberté est le principe, l'empêchement est l'exception ; l'empêchement doit donc être écrit expressément dans la loi. Or le Code est muet sur ce point. Telle est l'opinion de plusieurs auteurs recommandables [1].

Cependant le dernier état de la jurisprudence lui est contraire [2]. Il serait à désirer qu'une loi fît disparaître toute incertitude à ce sujet.

196. Le mariage est prohibé, en ligne directe, entre tous les ascendans et descendans légitimes ou naturels, et les alliés au même degré (art. 161). La morale et la loi s'accordent pour proscrire ces unions.

On appelle ligne directe la série des personnes qui descendent l'une de l'autre.

L'alliance est le lien qu'établit le mariage entre l'un des époux et les parens de l'autre époux.

Ainsi le père légitime ou naturel ne peut pas épouser la veuve de son fils, et réciproquement le fils ne peut pas épouser la veuve de son père, quoiqu'elle lui soit étrangère par les liens du sang.

---

(1) Merlin, rép. v° *célibat.* — Toullier, tome 1er, nos 559 et 560. — Vazeille, du mariage, tom. 1, pag. 113. — Réquisitoire de M. le procureur général Dupin (Sirey, 33. 1. 168 et suiv.). Dalloz, rép. v° mariage, section 2, art. 5. — M. Duranton semble aussi professer la même opinion.

(2) Arrêt de la cour de cassation du 21 février 1855 dans l'affaire Dumonteil (Sirey, 33, 1, 168).

197. Des raisons de la même nature , quoique d'une moindre force , ont fait interdire le mariage en ligne collatérale , entre le frère et la sœur légitimes ou naturels et les alliés au même degré (art. 162).

La ligne collatérale est la série de personnes qui descendent d'un auteur commun.

198. Enfin le mariage est aussi prohibé entre l'oncle et la nièce , la tante et le neveu (art. 163). C'est le degré le plus éloigné auquel le mariage ne soit pas permis. Il existe un avis du conseil d'état [1] suivant lequel le mariage est permis entre le grand oncle et la petite nièce , parce que *le législateur n'a pas cru devoir étendre ses défenses aux degrès plus éloignés*. Il est vrai que , bien loin d'approuver cet avis, le chef du gouvernement rendit, le 7 mai 1808, une décision contraire qui ne doit pas avoir force de loi.

199. Le Code permet au roi d'accorder des dispenses pour le mariage entre l'oncle et la nièce , la tante et le neveu (art. 164). On trouvait généralement qu'il était étrange qu'il n'en fût pas de même pour le mariage entre beaux-frères et belles-sœurs. Mais la loi du 16 avril 1832 , rectifiant l'article 164 du Code civil , permet au roi de lever les

---

(1) Locré, législation civ., tom. 4, p. 620.

prohibitions portées par l'article 162 aux mariages entre beaux-frères et belles-sœurs. D'après cette loi, l'article 164 est maintenant conçu en ces termes : « Néanmoins il est loisible au roi de lever, pour des » causes graves, les prohibitions portées par l'article » 162 aux mariages entre beaux-frères et belles- » sœurs, et par l'article 163 aux mariages entre » l'oncle et la nièce, la tante et le neveu ».

Ces dispenses sont accordées avec [les formalités voulues pour les dispenses d'âge (n° 178).

200. L'article 384 prohibe le mariage entre l'adoptant, l'adopté et ses descendans, entre les enfans adoptifs du même individu, entre l'adopté et les enfans qui pourraient survenir à l'adoptant, entre l'adopté et le conjoint de l'adoptant et réciproquement entre l'adoptant et le conjoint de l'adopté. Quoique l'adoption ne constitue qu'une parenté civile, l'honnêteté publique exigeait cette prohibition.

201. J'ai parlé (n° 73) des effets de la mort civile sans les rappeler encore, pour des raisons que j'ai exprimées. L'un de ces effets est l'incapacité de contracter un mariage qui produise aucun effet civil (art. 25). La mort civile doit donc être mise au nombre des empêchemens du mariage.

202. D'après l'article 298, dans le cas de divorce prononcé pour cause d'adultère, l'époux coupable ne pouvait pas se marier avec son complice. Maintenant cet article ne peut pas recevoir d'application directe, puisque le divorce a été aboli par la loi du 8 mars 1816; il ne doit pas même être appliqué au cas de séparation de corps pour cause d'adultère, les prohibitions, comme les peines, ne pouvant pas être étendues d'un cas à un autre.

203. Il est encore d'autres empêchemens au mariage que je ferai connaître, et dont je signalerai les effets au chapitre 4 de notre titre.

CHAPITRE II.

Des formalités relatives à la célébration du mariage.

SOMMAIRE.

213. *Il n'est pas nécessaire, à peine de nullité, que le mariage soit célébré dans la maison commune.*

214. *De la compétence de l'officier de l'état civil.*

215. *Célébration du mariage. Ce que doit renfermer l'acte qui la constate.*

216. *On ne peut pas se marier par procureur.*

217. *Du mariage* in extremis.

218. *Du mariage contracté par un français en pays étranger.*

219. *Il doit être précédé de publications.*

220. *Il doit être transcrit sur les registres en France, au retour de l'époux. Conséquences du défaut de transcription.*

204. De ces formalités les unes précèdent, les autres accompagnent le mariage.

Dans leur examen, les dispositions du chapitre 3 du titre des actes de l'état civil doivent être confondues avec celles de ce chapitre, ainsi que je l'ai annoncé (n° 94).

205. Il faut que tous ceux qui auraient le droit de s'opposer à un mariage puissent être avertis du projet de sa célébration. S'il en était autrement le droit d'opposition serait illusoire, et de grands scandales pourraient être donnés. De là, la nécessité des publications.

206. La loi exige deux publications qui doivent être faites à huit jours d'intervalle par l'officier de l'état civil, un jour de dimanche, devant la porte de la maison commune (art. 63). Le roi ou les officiers préposés à cet effet peuvent néanmoins, pour des causes graves, dispenser de la seconde publication (art. 169). Suivant un arrêté du 20 prairial an XI, c'est le procureur du roi dans l'arrondissement duquel le mariage doit être célébré qui peut accorder cette dispense. D'ailleurs l'article 63 indique clairement les conditions de la validité des publications.

207. Pendant les huit jours d'intervalle de l'une à l'autre publication, un extrait de l'acte de publication doit être et rester affiché à la porte de la maison commune, et le mariage ne peut être célébré avant le troisième jour depuis celui de la seconde publication exclusivement (art. 64).

Lorsqu'une seule publication suffit, moyennant dispense, cette affiche est inutile, puisqu'elle n'est exigée que dans *l'intervalle de l'une à l'autre publication ;* et, dans ce cas, le mariage peut être célébré le troisième jour après la première publication.

208. Les publications doivent être faites à la municipalité du lieu où chacun des contractans a son domicile (art. 166). Néanmoins si le domicile actuel n'est établi que par six mois de résidence, elles doivent en outre être faites à la municipalité du dernier domicile (art. 167).

On voit, d'après cela, que le domicile pour le mariage n'est pas réglé par les principes ordinaires du domicile, puisqu'une résidence de six mois suffit pour le constituer, ce qu'établit encore l'article 74.

L'article 167 peut donner lieu à une difficulté qui consiste à savoir après quelle durée de la résidence actuelle il sera inutile de faire les publications au dernier domicile. Serait-ce le lendemain de l'expiration des six mois, ou faudrait-il attendre un plus long délai?

D'après les anciens principes, il n'y avait dispense des publications au dernier domicile qu'après un an de résidence ailleurs. Quelques auteurs [1] pensent que la même règle doit être suivie aujourd'hui. Cette opinion me paraît arbitraire, et je crois qu'il faut s'en tenir au texte, c'est-à-dire n'exiger les publications au dernier domicile que lorsqu'il n'y aura pas plus de six mois de résidence nouvelle; d'où il suit qu'on en serait dispensé même un jour après l'expiration des six mois.

Non seulement les publications doivent être faites au domicile des futurs époux, mais encore au domicile de ceux *sous la puissance* desquels ils se trouvent relativement au mariage (art. 168). La loi entend désigner par là les ascendans et le conseil de famille dont le consentement est nécessaire dans les cas qui ont été déterminés.

Ainsi, il peut se présenter des cas où les publications devront être faites jusqu'à huit municipalités

---

[1] M. Delvincourt, tom. 1, note. M. Duranton, tom. 2, n° 250.

différentes, savoir : deux de la résidence des époux, deux de leur dernier domicile, deux du domicile du père et de la mère de l'un des époux, et deux du domicile du père et mère de l'autre [1].

Il résulte des règles ci-dessus posées que celui qui, conformément à l'article 104, aura abdiqué son domicile pour en prendre un nouveau ne pourra faire les publications ni à l'un ni à l'autre avant six mois de résidence au nouveau domicile. Cet inconvénient est moins grave que celui des publications à un lieu où celui qui veut se marier peut être inconnu, où il peut se trouver à l'insu de ceux qui auraient intérêt à former opposition [2].

209. Une année écoulée depuis la dernière publication en nécessite de nouvelles avant la célébration du mariage (art. 65). Le souvenir ayant pu en être effacé par ce laps de temps, les premières n'auraient pas rempli leur objet.

210. Une autre formalité qui précède le mariage est la *remise* de certaines pièces qui doit être faite à l'officier de l'état civil. La première est l'acte de naissance de chacun des époux. Il peut ainsi se convaincre que les contractans ont l'âge voulu par la loi. L'acte de naissance qu'il serait impossible de

---

(1) J'ai dit (n° 115) que la femme séparée de corps peut avoir un domicile différent de celui de son mari.

(2) M. Duranton, tom. 2, n° 220.

rapporter est remplacé par un acte de notoriété dont
les conditions sont réglées. (art. 70, 71 et 72).
L'acte authentique du consentement des père et mère
ou autres, fait en conformité de la loi (art. 73) qu
les actes respectueux doivent aussi être remis, ainsi
que les certificats des publications faites dans les
divers domiciles ('art. 69), la main levée des oppositions, s'il en existe (art. 68), et une expédition
régulière des dispenses qui ont pu être accordées.
Ces divers points sont sans difficulté.

Dans le cas de décès ou d'absence des ascendans
dont le consentement aurait été nécessaire, il y est
suppléé par la remise de l'acte de décès, ou conformément à l'avis précité du conseil d'état du 4 thermidor an XIII (n° 184), ou par celle du jugement
de déclaration d'absence, ou de celui qui aurait ordonné l'enquête, ou d'un acte de notoriété, comme
nous l'avons vu au n° 183.

211. Le mariage doit être célébré publiquement
dans la commune où l'un des deux époux aura son
domicile, qui s'établit, quant au mariage, par six
mois d'habitation continue (art. 74), et devant
l'officier civil du domicile de l'une des deux parties
(art. 165). L'article 75 veut même que la célébration ait lieu dans la maison commune.

Ces dispositions ont donné lieu à plusieurs difficultés.

212. La première consiste à savoir si le mariage

peut être célébré indifféremment au lieu où l'un des époux a résidé six mois consécutifs, ou à son dernier domicile.

Pour la négative, on invoque la disposition impérative de l'article 74, *le mariage sera célébré*, ce qui interdirait la faculté de célébrer ailleurs qu'au domicile indiqué par cet article [1].

On dit, pour l'opinion contraire, qu'il résulte de la discussion de l'article 74 au conseil d'état, qu'en accordant la faculté de faire célébrer le mariage ailleurs qu'au lieu de son domicile, la loi n'a pas pu vouloir enlever le droit de se marier à ce domicile [2].

Mais cette discussion ne prouve qu'une chose, c'est que la question resta indécise, et que peut-être même c'est l'opinion contraire qui prédominait. D'ailleurs il ne semble pas naturel que le mariage soit célébré à un domicile qu'on peut avoir abandonné depuis fort long-temps; et l'esprit de la loi se manifeste en ce sens dans l'avis du conseil d'état du 4 complémentaire an XIII, fondé sur l'article 74, suivant lequel les militaires ne peuvent contracter mariage que devant l'officier de l'état civil de la commune où ils ont résidé sans interruption pendant six mois, ou devant l'officier de l'état civil de la commune où les futurs époux ont acquis le domi-

---

(1) Maleville sur l'art. 167. — M. Duranton, tom. 2, n°s 221 et suiv.

(2) Merlin, rép. v° domicile. Toullier, tom. 1, n° 571.

cile fixé par l'article 74. Or, il est évident que cet avis défend le mariage au précédent domicile ; car le militaire au service le conserve.

213. La loi veut que le mariage soit célébré dans la maison commune. Mais ne pourrait-il pas l'être valablement ailleurs ?

Il suffit à sa validité qu'il soit publiquement célébré , et la maison commune n'est désignée que comme étant le lieu où se célèbrent le plus ordinairement les mariages. Aucune loi n'attache la peine de nullité à la non célébration dans la maison com mune. Telle est la doctrine généralement adoptée , et que notamment deux arrêts de la cour de cassation ont consacrée [1].

214. C'est l'officier de l'état civil du domicile de l'une des deux parties qui doit célébrer le mariage (art. 165). Il faut aussi qu'il le célèbre sur le territoire de ses fonctions. Il pourrait donc être incompétent de deux manières , soit parce qu'il ne serait celui du domicile d'aucune des parties , soit parce qu'il célébrerait le mariage hors de son territoire. Là , en effet, l'officier public serait sans caractère officiel ; ll ne serait qu'un simple particulier.

Cependant la cour de cassation a jugé [2] qu'un

***

[1] Sirey 1807 , 1 , 320. — *Id* , 1814, 1 , 291.
[2] Sirey , 1824, 1 , 360.

mariage célébré par un officier de l'état civil hors de son territoire avait pu être déclaré valable. Elle a pensé que la publicité résultant des publications, de la célébration en un lieu dont le public n'était pas exclu, et la présence d'un officier de l'état civil du domicile de l'une des parties, étaient des circonstances de nature à couvrir le vice de l'incompétence territoriale de l'officier de l'état civil.

Mais n'est-ce pas là substituer des considérations à la loi? et qu'y aurait-il de positif avec de tels systèmes?

215. Après les préalables dont je viens de parler, le mariage pourra être célébré. La célébration consiste dans la lecture faite par l'officier de l'état civil aux parties, en présence de quatre témoins parens ou non parens, des pièces qui lui ont été remises et du chapitre 6 du titre du mariage sur *les droits et les devoirs respectifs des époux*, dans la déclaration que font les parties l'une après l'autre qu'elles veulent se prendre pour mari et femme; dans la déclaration de l'officier de l'état civil, au nom de la loi, que les parties sont unies en mariage, enfin dans l'acte qu'il en dresse sur-le-champ (art. 75).

Les énonciations que l'acte de mariage doit contenir sont énumérées dans l'article 76 dont la lecture suffit.

216. Le mariage par procureur était permis autrefois. Mais la nécessité du consentement qui doit persévérer jusqu'après la célébration, celle de la lecture qui doit être faite aux parties aux termes de l'article 75, et ce qui fut dit à cet égard dans les conférences du conseil d'état, ne permettent plus d'admettre la validité de ces mariages. Le contraire a été pourtant écrit [1].

217. La crainte que le consentement aux mariages contractés à l'extrémité de la vie ne fût arraché, par des manœuvres coupables, à la faiblesse des mourans, avait motivé la déclaration de 1639 qui en prononçait la nullité. Cette prohibition ne subsiste plus aujourd'hui, et le silence de notre loi à cet égard est fondé sur des considérations du plus haut intérêt éloquemment développées par M. Portalis dans son exposé des motifs de notre titre.

218. Le français qui se trouve à l'étranger reste soumis, en ce qui concerne son état et sa capacité, aux lois personnelles de son pays, telles que celles qui déterminent l'âge du mariage, le consentement, les prohibitions du mariage entre certaines personnes, et autres. Mais en se conformant à ces lois, il peut se marier valablement avec les formalités usitées dans le pays où il est (art. 170). A ce cas s'applique l'ancienne règle *locus regit actum.*

Mais l'article 48 qui déclare valable tout acte de l'état civil des français en pays étranger qui est reçu

---

[1] Toullier, tom. 1., nᵒ 571.

conformément aux lois françaises, par les agens diplomatiques ou par les consuls, est-il applicable aux
actes de mariage ?

Cette question est controverséé. D'un côté [1] on
invoque le texte de l'article 170 dont on prétend
que la disposition est spéciale et restrictive pour en
conclure que le mariage entre français, ou entre
français et étranger, n'est valablement contracté
qu'avec les formalités usitées dans-le pays. De l'autre
on soutient que cet article, conçu non en termes
restrictifs, mais seulement indicatifs, n'a pas entendu
déroger à la disposition générale de l'article 48. Cette
opinion adoptée par le plus grand nombre des auteurs [2], me paraît incontestablement préférable.
Mais il est reconnu que les agens français n'ayant
pas de caractère officiel à l'égard des étrangers,
seraient incompétens pour célébrer le mariage entre
français et étrangers.

219. Néanmoins les mariages contractés à l'étranger doivent être précédés des publications prescrites
par l'article 63 (*id.*). La loi semble même faire de
ces publications une condition de leur validité par
ces termes : *pourvu qu'il ait été précédé des publications, etc.*, et cette opinion a trouvé quelques
partisans. Cependant le défaut de publications n'en-

---

(1) M. Favard, rép., v° mariage, p. 475.

(2) Merlin, rép., v° mariage. — M. Duranton, tom. 2, n° 254.

traînant pas la nullité des mariages contractés en France, comme nous le verrons au n° 238, leur omission ne doit pas produire plus d'effet sur les mariages contractés à l'étranger, et rien, dans la discussion de l'article 170 au conseil d'état, n'autorise à penser que la nullité du mariage doit être, dans ce cas plus que dans les autres, la conséquence du défaut de publication.. Au reste, je dirai plus tard, au n° précité, quelle est à cet égard la sanction de la loi [1].

On doit décider, par argument de l'article 167, que ces publications ne doivent être faites en France que lorsque le français n'a que six mois ou moins de six mois de résidence à l'étranger. Il a même été reconnu au conseil d'état que lorsque le français qui se mariant à l'étranger, n'a pas d'habitation en France et n'y a pas conservé de domicile, en est dispensé.

220. La disposition (art. 171) suivant laquelle l'acte de célébration du mariage célébré à l'étranger doit être transcrit sur le regître public des mariages du domicile du français, dans les trois mois après son retour en France, n'attache pas à son inobservation la peine de nullité du mariage. Quoique non transcrit, il produira tous ses effets civils en France. Seulement il pourrait être comme non avenu relati-

---

[1] Toullier, tom. 1, n° 578. — M. Duranton, tom. 2, n° 238, Cà Delvincourt, tom. 1, pag. 116, not. 2 et pag. 293, not. 12.

vement aux intérêts purement pécuniaires des tiers auxquels ce moyen légal n'en aurait pas donné connaissance, comme s'il s'agissait du concours de leurs droits avec l'hypothèque légale de la femme, ou de la demande en nullité de certains actes de la femme qui serait fondée sur le défaut d'autorisation du mari.

CHAPITRE III.

Des oppositions au mariage.

SOMMAIRE.

221. Il ne suffit pas, pour que le mariage puisse être célébré, de l'âge requis pour les époux, de leur consentement, de celui des parens ou des actes qui le suppléent, de l'absence d'un lien encore subsistant; il faut encore qu'il n'y ait pas d'opposition efficace.

J'aurai à examiner, dans ce chapitre, quels sont ceux à qui appartient le droit de former opposition au mariage, sur quels motifs elle peut être fondée, quelles en sont les formes, et comment elle doit être jugée.

222. Dans les anciens principes, le droit de faire opposition était beaucoup trop étendu. Le Code, en le limitant, a remédié à cet abus.

Le premier à qui ce droit a dû être accordé est celui qui est engagé par mariage à l'une des deux parties contractantes (art. 172); c'est sa propre cause, un intérêt sacré qu'il défend.

Mais si ce droit est accordé à l'époux, il ne l'est pas à celui qui n'invoque en sa faveur qu'une simple promesse de mariage. Ces promesses en effet ne sont pas même légalement obligatoires, et celui qui se plaint de leur violation ne doit obtenir des dommages intérêts que lorsqu'il prouve qu'il a réellement souffert un préjudice.

223. Les ascendans peuvent former opposition au mariage de leurs descendans, suivant l'ordre établi par la loi qui est celui qu'elle a tracé lorsqu'elle s'est occupée du consentement (art. 173). Ainsi la mère ne peut former cette opposition qu'à defaut du père, pourvu néanmoins qu'elle ait été consultée;

l'aïeul, qu'à défaut du père et de la mère, et ainsi
de suite. Cette opposition est péremptoire, et empêche le mariage lorsque les fils n'ont pas accompli
leur vingt-cinquième année, et les filles leur vingt-
unième année. S'ils ont dépassé cet âge, le droit
d'opposition subsiste toujours, mais c'est aux tribunaux qu'il appartient d'en juger le mérite.

224. Certains collatéraux qui ne devraient pas
être traités aussi favorablement que les ascendans
ont aussi le droit d'opposition, lorsqu'il n'existe aucun ascendant, ou lorsque les ascendans sont dans
l'impossibilité de manifester leur volonté. Ce droit
n'est accordé qu'au frère, à la sœur, à l'oncle, à la
tante, au cousin et à la cousine germaine. Encore
même n'est-ce que dans deux cas qu'ils peuvent
l'exercer : 1º lorsque le consentement du conseil de
famille requis par l'article 160 n'a pas été obtenu,
c'est-à-dire lorsqu'il n'a pas été accordé au futur
époux mineur de vingt-un ans ; 2º lorsque l'opposition est fondée sur l'état de démence du futur
époux. Cette opposition, dont le tribunal peut donner
main levée pure et simple, n'est jamais reçue qu'à
la charge par l'opposant de provoquer l'interdiction,
et d'y faire statuer dans le délai que fixe le jugement
qui la reçoit (art. 174).

C'est parce que les collatéraux peuvent agir dans
des vues d'intérêt personnel, en fondant leur opposition sur la démence, que la loi permet aux tribunaux d'en donner main levée pure et simple, même

sans vérifier les faits allégués. Mais si l'opposition d'un ascendant dont on ne doit pas soupçonner les motifs était fondée sur la même cause, elle serait nécessairement suspensive, et les faits devraient être vérifiés. L'article 174 ne serait pas applicable à ce cas [1]. Cependant l'ascendant qui s'opposerait au mariage sur l'allégation de la démence serait tenu de provoquer l'interdiction.

Le droit d'opposition étant refusé à des collatéraux autres que ceux qui viennent d'être désignés, l'est, à plus forte raison, aux alliés.

Au reste, il n'en est pas de ce droit d'opposition comme du consentement qui n'est exigé de la part de certains ascendans qu'à défaut d'autres. Le dernier des collatéraux autorisés, dans la rédaction de la loi, à s'opposer, peut user de son droit dans le silence, et même contre le gré des autres.

225. L'article 175 attribue au tuteur ou curateur le droit de former opposition, avec l'autorisation du conseil de famille, *dans les deux cas prévus par le précédent article*, c'est-à-dire lorsque les mineurs de vingt-un ans n'ont pas obtenu le consentement du conseil de famille, et lorsque l'opposition est fondée sur l'état de démence du futur époux. On a remarqué, avec raison, que cette rédaction est inexacte, et que ce n'est que dans le premier cas de l'article

---

(1) Merlin, rép. v° opposition, tom. 11, p. 776, n° 6, 5ᵉ édit.

174 que le droit d'opposition peut être exercé par le tuteur. Car il est bien évident que, dans le second cas, il ne peut y avoir ni tuteur, ni curateur, ni conseil de famille, puisqu'il y est question d'un individu dont l'interdiction doit être provoquée, et si cet individu est mineur il ne peut pas se marier sans le consentement du conseil de famille qui, pour le refuser, n'a pas besoin d'alléguer la démence.

Quoiqu'il soit reconnu que l'article 175 n'est applicable qu'au premier cas de l'article 174, il n'en faut pas conclure, comme on l'a fait,[1] que le tuteur *seul* peut s'opposer au mariage de l'interdit sans l'autorisation du conseil de famille. Il résulte, en effet, de l'esprit de la loi assez manifesté par les discussions qui ont préparé le Code civil, et par le texte de l'article 160, que, lorsqu'il y a un conseil de famille, c'est de lui que doivent émaner le consentement ou l'opposition au mariage.

226. Des raisons d'une haute convenance, qu'il n'est pas même besoin de retracer, ont fait refuser aux descendans le droit de s'opposer au mariage de leurs ascendans.

227. Mais ce droit est-il accordé au ministère public? On a conclu, de ce que la loi lui donne dans certains cas, comme nous le verrons, le droit

---

(1) M. Duranton, tom. 2, n° 199.

de demander la nullité du mariage, que, dans les mêmes cas, il peut y faire opposition, parce qu'il vaut mieux prévenir le mal qu'y rémédier [1]. Mais je ne pense pas qu'un droit exceptionnel, comme celui de l'opposition, puisse être accordé par induction; et, de cela seul que le ministère public n'est pas formellement investi par une loi du droit d'opposition, il me paraît certain que ce droit ne saurait lui être accordé [2]. Les officiers du ministère public peuvent d'ailleurs s'opposer indirectement au mariage en dénonçant l'empêchement à l'officier de l'état civil. Cette faculté est même accordée à qui que ce soit, lorsqu'il existe un empêchement légal, par exemple, si une veuve veut se remarier moins de dix mois après la dissolution de son mariage (art. 228).

228. Tantôt l'opposition empêche le mariage, tantôt elle ne fait que retarder un mariage mal assorti ou qui déplaît à ceux qui peuvent la former.

L'opposition qui empêche le mariage est celle qui est fondée sur l'existence d'un précédent mariage, sur le défaut d'âge requis, sur la parenté au degré prohibé, sur le refus du consentement des parens dans les cas où il est indispensable, en un mot, sur une des causes qui constituent un *empêchement*

---

(1) M. Duranton, tom. 2, n° 201.

(2) M. Toullier, tom. 1, n° 592. — Merlin, rép. v° opposition.

dirimant au mariage. Nous verrons au nº 232 ce qu'on doit entendre par là.

L'opposition qui ne fait que retarder le mariage est celle qui émane des parens, dans les cas où il n'existe d'autre empêchement au mariage que leur volonté. Ce droit leur est attribué dans ce cas, soit pour rendre hommage à leur prérogative, soit parce que la loi a pensé que le retard qu'elle entraîne pourra amener celui qui veut se marier contre le gré de ses parens à des réflexions salutaires. Mais jamais une telle opposition n'empêchera le mariage. Il n'est pas en effet d'autres motifs fondés d'opposition que ceux qui constituent un empêchement légal. L'inégalité d'âge, de fortune, de condition, serait vainement invoquée, des causes même plus graves n'auraient pas plus d'effet. On peut citer, pour exemple de la rigueur des principes, un arrêt de la cour de cassation du 7 novembre 1814 qui a cassé un arrêt de la cour de Bourges, par lequel il avait été jugé qu'un père avait pu valablement s'opposer au mariage de sa fille avec son domestique, forçat libéré, qui l'avait séduite [1].

229. L'opposition sera signifiée par acte d'huissier, fait dans la forme ordinaire des exploits, à la personne ou au domicile des parties, c'est-à-dire des deux futurs époux, et à l'officier de l'état civil qui mettra son *visa* sur l'original. L'acte sera signé sur

_____

[1] Sirey, 1815. 1. 245.

l'original et sur la copie par les opposans ou par leur fondé de procuration spéciale et authentique. Dans ce cas, il sera donné copie de la procuration avec celle de l'acte (art. 66).

L'officier de l'état civil auquel la signification doit être faite est celui du domicile, pour le mariage, de la partie contre laquelle l'opposition est dirigée. Mais quoique le mariage puisse être célébré dans plusieurs communes, il n'est pas nécessaire de la signifier à l'officier de l'état civil de chacune d'elles ; la disposition de la loi (art. 69) qui exige un certificat de non opposition de l'officier de l'état civil de chaque commune où les publications ont été faites, et où, par conséquent, le mariage peut être célébré, suffit pour prévenir toute surprise.

L'art. 66 n'attache pas à son inobservation la peine de nullité. Cependant si l'acte n'était pas revêtu des signatures exigées, il serait censé ne pas existér [1].

L'acte d'opposition doit en outre énoncer la qualité qui donne à l'opposant le droit de la former, contenir élection de domicile dans le lieu où le mariage devra être célébré, et contenir les motifs de l'opposition, à moins qu'il ne soit fait à la requête d'un ascendant ; le tout à peine de nullité et de l'interdiction de l'officier ministériel qui l'aurait signé (art. 176).

La faculté qu'ont les parties de faire célébrer le

---

[1] Merlin, rép. vᵒ opposition.

mariage dans plusieurs communes demande des explications sur la disposition de l'article précité qui exige *élection de domicile dans le lieu où le mariage devra être célébré.* Faudra-t-il un domicile élu dans toutes ces communes? Cela serait prudent, sans doute, mais la loi n'ayant pas soumis l'opposant à élire plusieurs domiciles, je pense qu'il suffira d'une élection de domicile au lieu où celui contre lequel l'opposition est formée a son domicile réel, ou une résidence de six mois. Cette opinion est, au surplus, généralement adoptée.

Les motifs de l'opposition sont exigés dans l'acte afin que le défendeur puisse préparer ses moyens de réponse à l'attaque dirigée contre lui, et si les ascendans sont dispensés de les exprimer, c'est parce que leurs raisons sont toujours supposées respectables. Mais ils devront, comme les autres opposans, les exprimer devant le tribunal, sous peine de voir leur opposition rejetée.

Si l'acte d'opposition est annulé pour un vice de forme, il sera loisible à l'opposant de le renouveler, son droit au fond demeurant entier à cet égard, et le tribunal qui l'aurait annulé ne pourra pas, dans tous les cas, ordonner qu'il soit procédé à la célébration du mariage, par exemple, lorsque l'opposition est fondée sur le défaut d'âge compétent, l'existence d'un précédent mariage, et autres empêchemens dirimans.

Il doit être fait par l'officier de l'état civil à qui l'opposition est signifiée, mention sommaire de cette

opposition sur le regître des publications. Il devra
aussi mentionner, en marge de l'inscription de l'opposition, les jugemens ou actes de main levée dont
l'expédition lui aura été remise (art. 67). En cas
d'opposition, il ne pourra célébrer le mariage avant
la main levée, sous peine de trois cents fr. d'amende
et de tous les dommages intérêts (art. 68). Enfin,
s'il n'y a point d'opposition, il en sera fait mention
dans l'acte de mariage (art. 69)..

230. Le tribunal compétent pour statuer sur
l'opposition est celui dans le ressort duquel le mariage doit être célébré et où l'opposant aura fait
élection de domicile. Il résulte de là que celui qui
engagera l'instance pourra, dans certains cas, avoir
l'option entre plusieurs tribunaux. L'action pourra
même être portée devant le tribunal du domicile de
l'opposant, d'après une règle générale de procédure
(art. 59, cod. de procéd.)

Cette action requérant célérité est dispensée du
préliminaire de la conciliation (art. 49, *id.*) La citation peut même être donnée à bref délai. (art 72
id.).

Le sort du mariage ne devant pas être long-temps
incertain, le tribunal doit prononcer sur la demande
en main levée, dans les dix jours de la citation (art.
177). Cela ne veut pas dire que la cause doit être
définitivement jugée dans ce délai, ce qui pourrait
être quelquefois impossible, comme lorsqu'il y a à
rendre un jugement préparatoire ou interlocutoire.

En statuant d'une manière quelconque sur la con-testation, le tribunal satisfait à la loi. La même raison a fait décider que s'il y a appel du jugement, il doit y être statué dans les dix jours de l'exploit d'appel (art. 178). La règle générale suivant laquelle l'appel est suspensif est applicable à ce cas.

Mais le pourvoi en cassation serait-il suspensif, dans le cas où l'opposition a été rejetée? Il est bien certain que, s'il en était autrement, l'exécution qu'aurait reçue l'arrêt serait définitive et irréparable; et si, en pareille matière, les raisonnemens par ana-logie étaient admis, on pourrait rechercher l'esprit de la loi dans l'article 263, suivant lequel le pourvoi en cassation contre un arrêt qui avait statué sur le divorce était suspensif. Cependant la question doit être négativement résolue dans le silence du Code et en présence de l'article 16 de la loi du 27 |novem-bre 1790 qui a institué la cour de cassation, arti-cle ainsi conçu : « En matière civile la demande en » cassation n'arrêtera pas l'exécution du jugement, » et, dans aucun cas et sous aucun prétexte, il ne » pourra être accordé de surséance. »

231. Si l'opposition est rejetée, les opposans peuvent être condamnés à des dommages intérêts, selon les circonstances. Mais cette pénalité n'est pas applicable aux ascendans dont les motifs, fondés ou non, doivent toujours être respectés (art. 179).

CHAPITRE IV.

Des demandes en nullité de mariage.

SOMMAIRE.

232. La nullité du mariage ne peut être jamais que la conséquence de sa célébration faite au mépris des empêchemens qui y mettaient obstacle.

Les empêchemens au mariage peuvent être prohibitifs ou dirimans.

Les premiers forment un obstacle légal à la célébration. Mais la violation de la loi qui les constitue ne suffit pas pour en faire prononcer l'annulation. De ce nombre est le défaut de publications.

Les seconds, lorsqu'ils ont été méconnus, entraînent la nullité du mariage. Tels sont le défaut d'âge, l'existence d'un premier lien, l'inceste.

Parmi les empêchemens dirimans, les uns sont absolus, les autres relatifs. Les absolus s'opposent généralement à tout mariage, comme le défaut d'âge. Les relatifs ne s'opposent au mariage qu'entre certaines personnes, telles que le père et la fille, le frère et la sœur.

Les nullités ne peuvent dériver que des empêchemens dirimans. Elles sont aussi absolues ou relatives. Les premières sont d'ordre public et le droit de les invoquer est fort étendu. Les secondes tiennent à l'intérêt privé et le droit de les provoquer est restreint à certaines personnes déterminées.

Il est des nullités absolues dans le principe , qui sont couvertes par certaines circonstances ; d'autres qui sont irrémédiables.

J'aurai soin , en examinant successivement les diverses causes de nullité du mariage , de les rattacher à ces classifications générales.

Au reste , quelles que soient ces nullités , elles n'opèrent pas de plein droit : et c'est aux tribunaux qu'il appartient de détruire l'apparence du mariage qui , sans leur intervention , n'en produirait pas moins ses effets. La nullité résultant de la mort civile est la seule qui fasse exception à ce principe. Il fut reconnu en effet au conseil d'état que le mariage des individus morts civilement étant privé de tous effets civils n'engage pas ceux entre lesquels il est formé , et que la cause de nullité d'un tel mariage est toujours certaine sans qu'il soit possible de la combattre [1].

Après l'énonciation de ces principes généraux , je vais m'occuper des nullités , et d'abord des nullités absolues. Elles sont au nombre de six.

233. Première nullité absolue.

C'est celle qui résulte du défaut d'âge com-

---

(1) Locré, espr. du Cod. civil , tom. 3 , pag. 287-289.

pétent, d'une contravention à l'article 144 (art. 184).

Elle est réparable ou peut être couverte dans les deux cas suivans : 1° Lorsqu'il s'est écoulé six mois depuis que l'époux ou les époux qui n'avaient pas l'âge requis l'ont atteint ; 2° lorsque la femme qui n'avait point cet âge a conçu avant l'échéance de six mois (art. 185). Ainsi cette nullité , quoique absolue , n'est que temporaire.

Dans le premier cas, le silence gardé par ceux qui auraient pu attaquer le mariage , pendant six mois depuis que la cause de nullité a cessé d'exister , est une ratification tacite du mariage et justifie l'exception. Le motif qui l'a dictée doit faire reconnaître que la ratification peut être expresse avant l'expiration de ces six mois , et couvrir la nullité.

Dans le second cas , celui où la conception de la femme prouvant sa puberté , la cause de nullité n'existe plus , le délai de six mois court-il du mariage ou seulement du moment où la femme a atteint l'âge compétent ? Pour la première opinion on pourrait invoquer la rédaction de la loi d'après laquelle ces mots *de six mois* semblent se rapporter à la célébration du mariage et prétendre que, quel que soit l'âge de la femme , elle doit être réputée pubère dès qu'elle a conçu. Mais ce système n'est pas celui de la loi , manifesté par les discours des orateurs du gouvernement et pourrait amener des résultats trop contradictoires. Il faut donc reconnaître que, pour que la nullité soit couverte, la femme

doit avoir conçu dans les six mois depuis l'âge compétent. Cette opinion est généralement admise [1].

Cette seconde exception n'est pas applicable, à
cause de l'incertitude physique de la paternité, à
l'impuberté du mari.

La nullité résultant du défaut d'âge peut être
proposée par les époux eux-mêmes, par tous ceux
qui y ont intérêt et par le ministère public (art.
184). La connaissance qu'aurait eue l'un des époux
de l'impuberté de l'autre ne le rendrait pas non recevable. Mais le consentement donné au mariage par
ceux desquels il était exigé pour sa validité, les prive
du droit qu'ils auraient eu d'en faire prononcer la
nullité (art. 186), qui d'ailleurs peut être demandée par d'autres ascendans que ceux dont le consentement était requis, si ceux-ci décèdent avant que
la nullité soit couverte, par cela seul qu'elle est
d'ordre public. Les ascendans de l'époux pubère
peuvent la demander aussi bien que ceux de l'époux
impubère, puisque l'article 184 donne ce droit *à
tous ceux qui y ont intérêt.* Je ne dois pas dissimuler pourtant qu'un auteur recommandable a professé, sur ce dernier point, une opinion contraire [2].

234. Seconde nullité absolue.

C'est l'infraction à l'art. 147 ou la bigamie qui la
constitue.

---

(1) M. Duranton, t. 2, n° 319.

(2) Toullier, tom. 1, n° 626.

A la différence de la nullité précédente qui peut être couverte, celle-ci est perpétuelle et ineffaçable, même par la dissolution du premier mariage. Ici, en effet, aucune circonstance, aucun laps de temps ne peut effacer l'atteinte qu'à reçu la morale publique.

Cette nullité peut être invoquée par tous ceux qui ont le droit de faire prononcer la précédente (art. 184), même par ceux qui auraient consenti au mariage et, d'après les termes généraux et les motifs de la loi, le bigame est recevable, comme l'autre époux, à la demander ; il en est de même du nouvel époux qui a connu l'existence du premier mariage de son conjoint [1]. Elle peut l'être par l'époux au préjudice duquel le second mariage a été contracté, même du vivant de l'époux qui était engagé avec lui (art. 188).

Cependant si les nouveaux époux opposent la nullité du premier mariage, cette question doit être préalablement jugée (art. 189). Car si le premier mariage est annulé, le second sera valable.

Mais il ne faut pas conclure de là que le second mariage soit valide, lorsqu'il a été contracté dans l'intervalle accordé par la loi pour faire prononcer la nullité du premier, alors que le défaut d'action, dans ce délai, l'a couverte. Car elle est censée alors n'avoir pas existé.

---

(1) Cour de Cass., 25 février 1818 (Sirey, 19-1-41).

235. Nous avons vu aux n°s 169 et 170 que l'absent est seul recevable à attaquer le second mariage de son conjoint ; et c'est ici que doit être examinée la question annoncée au n° 171 qui consiste à savoir si le ministère public peut, au retour de l'absent, demander la nullité du second mariage contracté par son conjoint [1].

La difficulté naît de ce que l'article 139 donne à l'absent seul le droit d'attaquer le nouveau mariage et de ce que les articles 184 et 190 donnent ce droit et imposent même cette obligation au ministère public.

Ces textes sans doute paraissent inconciliables ; mais les motifs de la loi doivent faire décider sans hésitation la question proposée d'une manière affirmative.

C'est pour prévenir le scandale qui résulterait d'un mari ayant deux femmes, ou d'une femme ayant deux maris que la loi a imposé au ministère public le devoir de faire annuler le second mariage. Si l'exercice de ce droit est restreint à l'époux par l'article 139, c'est à cause de l'incertitude sur l'existence de l'absent dont l'époux qui a convolé peut n'être pas bigame. Mais le retour de l'absent fait

---

(1) Pour l'affirmative : MM. Delvincourt. tom. 1, not. 2 de la page 55, page 110. — Duranton, t. 1, n°s 523 à 528. — Proudhon, tom. 1, pag. 165.

Pour la négative : MM. Toullier, n° 485. — Favard, rép. v° mariage.

cesser cette incertitude ; et l'intérêt de la société que l'esprit de la loi n'a pas méconnu veut que si l'absent de retour se tait par indifférence ou par calcul, l'action puisse être exercée par le ministère public. Il suffirait d'ailleurs qu'il y eût doute pour que cette opinion dût être préférée.

236. Troisième nullité absolue.

L'inceste, ou la contravention aux articles 161, 162, 163 et 348.

Cette nullité, comme celle qui résulte de la bigamie, est perpétuelle et ineffaçable.

Le droit de la faire prononcer est attribué à ceux qui peuvent invoquer les nullités précédentes.

La nullité doit être prononcée, même dans les cas où des dispenses auraient pu être accordées. C'est ce qui résulte du rejet d'une distinction qui avait été proposée à cet égard au conseil d'état [1].

237. Quatrième nullité absolue.

Défaut de publicité du mariage (art. 191). Il me suffira de renvoyer, en ce qui concerne la publicité voulue, à ce que j'ai dit précédemment aux n°s 211, 212 et 213.

Cette nullité peut être invoquée par les époux eux-mêmes, par les père et mère, par les ascendans et par tous ceux qui y ont un intérêt né et actuel,

---

(1) Locré, législ. etc., t. 4, pag. 355.

ainsi que par le ministère public (*id.*). Elle ne peut être couverte ni par la possession , ni par aucun acte exprès ou tacite de la volonté des parties. Elle est indéfinie et absolue [1].

238. Mais les contraventions à la loi , relativement aux publications qui doivent précéder le mariage, n'en entraînent pas la nullité. Seulement, sur les poursuites du procureur du roi , l'officier public sera condamné à une amende qui ne pourra excéder trois cents francs ; et les parties contractantes ou ceux sous la puissance desquels elles ont agi , à une amende proportionnée à leur fortune (art. 192) Les personnes sus-désignées seront passibles de la même peine pour toute contravention à l'article 165 qui veut que le mariage soit célébré publiquement devant l'officier civil du domicile de l'une des deux parties , lors même que la contravention ne serait pas jugée suffisante pour faire prononcer la nullité du mariage (art. 193).

239. Cinquième nullité absolue.

Incompétence de l'officier public (art. 191). Voi ce qui a été dit à cet égard au n° 214.

240. Sixième nullité absolue.

Elle résulte de la mort civile des époux ou d l'un d'eux.

---

(1) Portalis. — Exposé des motifs.

Si notre chapitre ne l'a pas expressément comprise au nombre des nullités, c'est parce que l'article 25 l'avait déjà formellement prononcée en ces mots : *Il* (le mort civilement) *est incapable de contracter un mariage qui produise aucun effet civil.*

241. J'ai déjà dit plusieurs fois que le ministère public était du nombre de ceux qui peuvent attaquer les mariages entachés de nullités absolues (art. 184). La loi va même plus loin ; elle lui en impose l'obligation, à moins que la nullité ne soit susceptible d'être couverte et ne l'ait réellement été. Il doit faire condamner les époux à se séparer, leur cohabitation étant un scandale public et perpétuel. Mais ce motif cesse à la mort de l'un d'eux, et l'action du ministère public, qui ne doit pas s'immiscer dans les intérêts purement privés, se trouve alors éteinte (art. 190).

Cependant si la nullité n'est fondée que sur le défaut de publicité ou sur l'incompétence de l'officier public, l'inconvénient étant moindre, le ministère public peut bien agir en nullité, mais il n'est pas tenu d'intenter l'action (art. 191).

Il est sans difficulté que, dans les cas où le ministère public a la voie d'action (ces cas sont déterminés par les articles 184 et 191), il a la faculté d'appeler des décisions rendues. Mais il n'en est pas de même lorsque, la loi ne lui conférant pas ce droit, il n'est que partie jointe dans la contestation, comme lorsqu'il s'agit d'un mariage contracté sans le

consentement des ascendans. Il ne peut pas davantage appeler d'un jugement qui aurait prononcé
l'annulation du mariage, malgré le danger des
collusions entre parties. Telle est la jurisprudence
de la cour de cassation [1].

242. Les collatéraux ou les enfans nés d'un autre
mariage sont compris parmi ceux auxquels la loi
(art. 184) permet d'invoquer les nullités absolues
du mariage, parce qu'ils y ont intérêt. Mais ils ne
peuvent pas exercer l'action du vivant des deux
époux. Ce n'est pas, en effet, pour eux, comme
pour les ascendans, d'un intérêt d'affection, mais
d'un intérêt pécuniaire qu'il peut être question.
Aussi ne peuvent ils agir que lorsque cet intérêt est
né et actuel (art. 187), et ce n'est qu'à la dissolution du mariage causée par la mort de l'un des époux,
qu'il peut avoir ce caractère. Ils ne sont pas chargés,
comme le ministère public, des intérêts de la société. Pourquoi dès lors seraient-ils admis à l'exercice
d'une action dont ils ne devraient pas profiter ?

Néanmoins il faut reconnaître que si les circonstances étaient telles que leur intérêt pécuniaire
serait né et actuel même du vivant des deux époux,
ils pourraient intenter l'action en nullité [2]

243. Passons maintenant aux nullités relatives.

---

(1) Sirey, 21-1-154. — *Id.*, 21-1-197.

(2) M. Duranton, tom. 2, n° 327.

Elles sont au nombre de deux. J'ai déjà dit qu'elles sont ainsi appelées, parce que, établies seulement en faveur de certaines personnes, elles ne peuvent pas être proposées par d'autres.

La première est fondée sur le défaut de consentement libre des époux ou de l'un d'eux. Le mariage ne peut en ce cas être attaqué que par les époux, ou par celui des deux dont le consentement n'a pas été libre. Si le consentement a été vicié par l'erreur, il ne peut être attaqué que par celui des époux qui a été trompé (art. 180).

Il faut voir, sur les causes qui peuvent empêcher la liberté du consentement et constituer par conséquent cette nullité, ce que j'ai dit plus haut (nos 179, 180, 181 et 182).

La faculté d'attaquer le mariage pour cette cause est attribuée non-seulement à l'époux mineur, mais encore à l'époux majeur, la loi ne faisant aucune distinction à cet égard. Mais dans le cas de minorité de l'époux, comment l'action pourra-t-elle être engagée? Le mineur ayant été émancipé de plein droit par le mariage (art. 476) agira lui-même avec l'assistance d'un curateur qui lui sera nommé par le conseil de famille, lors même qu'il aurait un ascendant qui a dû donner son consentement au mariage. L'émancipation, suite du mariage, doit en effet produire ses effets tant qu'il subsiste, et par conséquent l'ascendant est sans qualité.

L'époux pouvant seul savoir si son consentement a été libre ou non, a seul qualité pour agir dans ce cas, même à l'exclusion des ascendans dont il pourrait, par un mot, paralyser toutes les poursuites. Quant à l'autre époux dont le consentement a été libre, l'action lui est refusée parce que le défaut de consentement de son conjoint ne saurait être un titre pour lui.

Le motif qui fait refuser l'action aux descendans l'interdit aux héritiers de l'époux. Cependant ils pourraient la continuer si elle avait été intentée par lui d'après la règle : *omnes actiones quæ morte aut tempore pereunt in judicio semel inclusæ salvæ manent.*

244. Cette nullité n'est pas perpétuelle ; elle est réparable. Elle est couverte en effet toutes les fois qu'il y a eu cohabitation continuée pendant six mois depuis que l'époux a acquis sa pleine liberté, ou que l'erreur a été par lui reconnue (art. 181).

Ici la loi s'occupe d'une ratification tacite résultant du seul fait de la cohabitation. Une ratification expresse librement donnée, même par un mineur, rendrait également l'action non recevable, sans qu'il fût besoin qu'un temps quelconque se fût écoulé depuis qu'elle aurait eu lieu.

Au reste la ratification tacite ne peut résulter que du fait de la cohabitation continuée pendant six mois. Nulle autre circonstance ne peut produire le même effet. Il a même été décidé par le conseil d'état qui rejeta une proposition faite à cet égard par la section dè législation, que la survenance d'enfans ne couvre pas la nullité.

Néanmoins, il faut reconnaître, d'après les principes du droit commun et les termes de l'article 1304, que dix ans écoulés sans réclamation rendraient l'action non recevable lors même qu'il n'y aurait pas eu de cohabitation [1].

245. La seconde nullité relative est celle qui est fondée sur le défaut de consentement des père et mère, des ascendans ou du conseil de famille, dans les cas où ce consentement était nécessaire (voir les nos 183, 184, 191). Ceux dont le consentement était requis, ou celui des deux époux qui en avait besoin sont seuls recevables à l'invoquer (art. 182). Ce droit est accordé à l'époux lors même qu'il aurait librement consenti, parce que le consentement de ses parens offre seul une garantie suffisante contre les dangers de son inexpérience. Mais il devrait lui être refusé, par application du principe écrit dans l'article 1307, s'il avait lui-même employé des manœuvres frauduleuses pour persuader qu'il n'avait pas besoin du consentement de ses parens, comme s'il avait produit un acte de naissance qui lui est étranger.

Cette nullité est couverte, à l'égard de tous ceux qui auraient pu s'en prévaloir, toutes les fois que le

---

[1] M. Duranton, tom. 2, no 278.

mariage a été approuvé expressément ou tacitement par ceux dont le consentement était nécessaire (art. 183). L'approbation tacite résulte d'un fait qui suppose un consentement postérieur, comme seraient les bonnes relations de famille, la présentation au baptême d'un enfant né du mariage, et autres circonstances semblables dont les tribunaux sont appréciateurs souverains.

Elle ne peut pas être proposée non plus lorsqu'il s'est écoulé une année sans réclamation de ceux dont le consentement était nécessaire, depuis qu'ils ont eu connaissance du mariage (*id.*). Un silence si prolongé a dû être considéré comme une approbation tacite, et il importait de mettre un terme à l'incertitude sur le sort d'un acte aussi important.

Enfin, elle ne peut plus être opposée par l'époux qui avait besoin du consentement lorsqu'il s'est écoulé une année sans réclamation de sa part depuis qu'il a atteint l'âge compétent pour consentir par lui-même au mariage (*id.*).

Il s'est élevé une controverse entre quelques auteurs sur le véritable sens à donner à ces mots : *âge compétent.* Certains [1] ont pensé qu'en tous les cas, ils veulent dire la majorité ordinaire de vingt-un ans (observons que ce n'est que relativement aux fils de famille que la question peut s'agiter, les filles

---

(1) Delvincourt, tom. 1, not. 6 de la page 78, pag. 154. — Toullier, t. 1, n° 615.

pouvant toujours à vingt-un ans se passer du consentement d'autrui). D'autres [1] ont cru que si les fils de famille avaient des ascendans, ces mots exprimaient l'âge de vingt-cinq ans, époque à laquelle seulement le consentement des ascendans cesse d'être indispensable. Cette dernière opinion me paraît incontestable ; car la loi ne parle pas de la majorité, mais de l'âge où le consentement de l'époux peut suffire ; et d'après l'article 148, le fils qui n'a pas vingt-cinq ans a besoin du consentement des ascendans.

246. Si le mariage a eu lieu sans le consentement du père et de la mère, celle-ci ne pourra agir dans le silence du père qui est considéré comme une approbation tacite suffisante à la validité du mariage, puisqu'en cas de dissentiment entre le père et la mère, le consentement du père suffit. Mais le décès du père, dans le délai utile, et sans qu'il y ait eu approbation de sa part, ouvre à la mère l'exercice de l'action en nullité ; elle est en effet alors investie des droits qu'avait le père.

247. Ces droits accordés par la loi aux parens dont le consentement était nécessaire étant personnels, ne passent pas à leurs héritiers, ni aux ascendans d'un degré supérieur.

---

[1] Merlin, rép. v° mariage. — M. Duranton, tom. 2, n° 307.

248. On a prétendu [1] que le mariage d'un enfant qui a été contracté pendant l'interdiction ou l'absence du père, sans le consentement de la mère, ne pouvait être attaqué que par le père à son retour ou lorsqu'il a repris l'exercice de ses droits. Outre que le texte de l'article 182 repousse cette opinion, en attribuant l'action en nullité à ceux dont le consentement était nécessaire, il n'est conforme ni à l'esprit de la loi, ni aux règles d'une saine logique de priver ceux dont la prérogative a été méconnue du droit d'obtenir réparation, et de l'adjuger à ceux qui n'avaient aucun droit lors du mariage.

249. Dans le cas où l'action en nullité peut être intentée par le conseil de famille, le décès de l'époux la prévient, ou met un terme à son exercice; car il n'y a plus alors de conseil de famille.

250. Les rédacteurs du Code ayant jugé convenable de consigner dans ce chapitre ce qui est relatif aux preuves du mariage, qui semblait devoir être l'objet d'un chapitre à part, je vais m'en occuper, en suivant l'ordre qu'ils ont tracé, et en me conformant toujours au plan que j'ai adopté.

Les preuves du mariage peuvent être différentes selon qu'elles sont exigées des époux eux-mêmes ou des enfans nés de leur union.

---

[1] M. Duranton, tom. 2, n° 288.

231. Pour les époux, la représentation de l'acte inscrit sur les regîtres de l'état civil est indispensable (art. 194). Ils ne peuvent pas en effet ignorer le lieu et les circonstances de leur mariage, et rien ne justifierait à leur égard la dispense de cette représentation.

Suivant l'article cité, c'est l'acte de célébration *inscrit sur le regître* qui doit être représenté. L'inscription du mariage sur une feuille volante n'en prouverait donc pas l'existence, ainsi que je l'ai déjà dit au n° 80. Le Code est plus rigoureux à cet égard que ne l'était la déclaration du 9 avril 1736 qui ne prononçait absolument la nullité des mariages inscrits sur des feuilles volantes.

Cette nécessité de la représentation de l'acte reçoit pourtant exception dans les cas de l'article 46 (*id.*), c'est-à-dire lorsqu'il n'a pas existé de regîtres, ou qu'ils sont perdus. Alors le mariage peut être prouvé tant par les regîtres et les papiers émanés des père et mère décédés que par témoins. Il a même été jugé par la cour de cassation [1], et cette décision est conforme à la raison et aux principes, que la soustraction d'une feuille des regîtres produit le même effet que leur non existence ou leur perte, pour rendre admissibles les autres genres de preuve.

232. Telle est la sévérité de la loi à cet égard,

---

[1] Sirey, 1814, 1—291.

que la possession d'état ne dispense pas ceux qui l'invoquent de la représentation de l'acte (art. 195). On entend par *possession d'état* la notoriété qui résulte d'un concours de circonstances suffisant pour établir moralement la légitimité du mariage. Les principales sont que le nom de l'époux ait été porté par la femme, qu'il y ait eu cohabitation, et que la femme ait été traitée comme épouse légitime, et que dans l'opinion publique elle ait passé pour telle: *nomen*, *tractatus*, *fama*.

Cependant cette possession d'état est susceptible de produire quelques effets. D'abord, et lorsqu'elle est réunie à l'acte de célébration du mariage, elle rend les époux non recevables à en demander la nullité (art. 196). Ce qui doit s'entendre des nullités de forme et non pas des nullités dont il est question dans ce chapitre. Ensuite il me paraîtrait, malgré l'inefficacité en général des feuilles volantes pour constater les mariages, que, réunie à la circonstance de l'inscription du mariage sur une feuille volante, la possession d'état devrait rendre admissibles les preuves de l'article 46. La feuille volante serait alors considérée comme un commencement de preuve par écrit [1].

253. La raison qui a fait refuser aux époux la faculté de prouver leur mariage autrement que par

---

[1] Toullier attribue aussi un effet à une feuille volante, tom. 1, n° 598. M. Duranton est d'un avis contraire, tom. 2, n° 251.

l'acte de célébration et qui est fondée sur ce qu'ils ne peuvent pas alléguer l'ignorance des circonstances de leur union, n'est pas applicable aux enfans. Aussi la loi leur permet-elle de prouver leur légitimité, même sans la représentation de l'acte de célébration du mariage de leur père et mère, et par leur seule possession d'état d'enfans légitimes (art. 197).

Mais, pour cela, plusieurs conditions sont nécessaires. La première, que les père et mère aient vécu publiquement comme mari et femme ; la seconde, qu'ils soient tous deux décédés (*id.*). Car si l'un d'eux seulement etait vivant, il pourrait et devrait procurer à l'enfant la connaissance des circonstances de la célébration du mariage, et il n'y aurait pas de motif pour dispenser l'enfant de représenter l'acte qui la constate.

254. Ce concours supposé, dans le motif de la loi, de l'époux et de l'enfant n'existerait pas dans le cas où ce serait l'époux qui invoquerait contre l'enfant la nullité du mariage. Aussi doit-on reconnaître sans difficulté que l'enfant se trouvant alors dans une position pire que celle qui résulterait pour lui du prédécès de ses père et mère, pourrait prouver sa filiation par sa seule possession d'état. Il en serait de même dans tous les cas où le survivant d'entr'eux serait dans l'impossibilité de s'expliquer, comme s'il était interdit ou absent.

255. Mais le même effet ne devrait pas être

attribué à la mort civile de l'époux qui ne l'empêcherait pas de faire connaître à l'enfant les circonstances du mariage.

256. Une troisième condition est exigée par la loi pour que la possession d'état suffise aux enfans; c'est qu'elle ne soit pas contredite par l'acte de naissance (*id.*). Alors, il y aurait non seulement à suppléer un acte qui ne serait pas produit, l'acte de célébration de mariage, mais encore à détruire l'effet d'un acte représenté, l'acte de naissance. Pour y parvenir, il faudrait d'autres moyens dont je n'ai pas à m'occuper ici.

257. Au reste, cette faveur que l'article 197 accorde aux enfans ne l'est pas à d'autres héritiers des époux dont l'acte de célébration du mariage ne serait pas représenté. Elle ne doit pas être étendue au-delà de son objet principal qui est la légitimité des enfans, ce qui résulte assez des termes même de la loi.

258. La destruction ou suppression des regîtres de l'état civil est un crime de suppression d'état que le code pénal (art. 173) punit des travaux forcés à temps, lorsqu'il a été commis par un fonctionnaire public. Si la procédure publique amène pour résultat la preuve de la célébration légale du mariage, l'inscription du jugement sur les regîtres de l'état civil lui assure les mêmes effets que l'inscription

régulière de l'acte même de mariage sur ces regîtres
(art. 198).

259. Si les époux ou l'un d'eux sont décédés
sans avoir découvert la fraude , l'action criminelle
peut être intentée par tous ceux qui ont intérêt de
faire déclarer le mariage valable et par le procureur
du roi (art. 199). Le crime doit en effet être réparé
soit dans l'intérêt des particuliers auxquels il a pré-
judicié , soit dans celui de la société dont le ministère public est l'organe. Au surplus , les termes de
l'article 199 ne sont qu'énonciatifs et ne limitent
pas au cas qu'il exprime l'exercice de l'action criminelle. Il n'est pas nécessaire que les époux , ou l'un
d'eux , soient décédés pour qu'il puisse avoir lieu.
Si , pour des causes quelconques , ils jugeaient convenable de garder le silence , l'action pourrait être
intentée par d'autres , ou par le procureur du roi ,
même de leur vivant.

260. La mort d'un officier public ou de tout
autre auteur de la fraude qui éteindrait l'action publique , laisserait subsister , en faveur des parties
intéressées , la faculté d'obtenir la réparation due.
Mais , comme il n'y aurait plus de peine à prononcer,
l'action devrait être portée devant les tribunaux
civils qui ne pourraient, en rectifiant les choses ,
qu'accorder des dommages-intérêts aux parties lésées.
Encore même , dans ce cas , l'action ne peut-elle être
directement intentée contre ceux qui représentent

l'auteur de la fraude décédé que par le procureur du roi, sur la dénonciation des parties intéressées et en leur présence, si elles veulent intervenir (art. 200). L'action directe ne leur est pas accordée afin de prévenir toute connivence qui pourrait influer, contrairement à la vérité, sur l'état des personnes.

Les poursuites autorisées contre l'officier de l'état civil, dans les cas de destruction ou de suppression des titres, ne le seraient pas s'il ne s'agissait que d'une omission d'inscription sur les regîtres ou d'inscription sur une feuille volante. Il y aurait seulement lieu à l'application des articles 50 et 52 du Code civil et de l'article 192 du code pénal.

261. Le mariage annulé pour une des causes exprimées dans ce chapitre peut avoir été contracté de bonne foi par les époux ou par l'un d'eux. Comme si, par exemple, les époux ont ignoré qu'ils étaient parens au degré prohibé, ou si l'un d'eux a ignoré le mariage préexistant de son conjoint. Un tel mariage est appelé putatif (de *putare* croire), parce que les époux ou l'époux le croyaient valable. Malgré son annulation, il produit les effets civils tant à l'égard des époux ou de l'époux de bonne foi qu'à l'égard des enfans (art. 201).

262. En règle générale (art. 2268), et cette règle s'applique à ce cas, la bonne foi est toujours présumée. Cependant il est des circonstances qui ne semblent guère permettre de la supposer , comme si le mariage n'a pas eu la publicité et la solennité exigées ; dans le cas , par exemple , où il n'a pas été précédé des publications et où il n'a pas été célébré par l'officier public compétent , ou bien encore lorsque l'erreur des époux ou de l'un d'eux n'est pas excusable et est fondée sur une imprudence qui doit paraître suspecte. On pense généralement que ces circonstances seraient exclusives de la bonne foi. Il est difficile , au surplus , de poser des bases certaines sur ce point et les questions de cette nature , comme toutes les questions de fait , sont abandonnées aux lumières des juges qui, en les appréciant , doivent avoir égard à la position des parties.

Si la bonne foi n'existe que de la part de l'un des époux , le mariage ne produit les effets civils qu'en faveur de cet époux et des enfans issus du mariage (art. 202).

265. On entend par *effets civils* notamment les avantages matrimoniaux entre époux que celui qui est de bonne foi peut réclamer sans qu'il y ait de réciprocité , le droit de succession de la part des enfans aux deux époux et à leurs parens et de la part de l'époux de bonne foi aux enfans , droit qui n'est pas accordé (par exception au principe de la réciprocité en matière de succession) à l'époux de mauvaise foi.

Cependant , malgré la généralité des termes de la loi qui donne au mariage putatif les effets civils , et quoique le droit de successibilité doive être rangé parmi ces effets , je ne pense pas qu'il puisse être exercé après l'annulation du mariage. L'article 767 l'attribue en effet au conjoint survivant , ce qui prouve bien qu'il faut , pour qu'il ait lieu , que le mariage existe au décès du prémourant des époux.

264. Mais le mariage putatif pourrait-il légitimer les enfans nés antérieurement d'un commerce illégitime ?

Je ne le pense pas , même dans le cas où à l'époque de la conception de l'enfant le père et la mère étaient libres , seul cas au surplus où la question puisse s'élever. Mes raisons de décider sont fondées sur ce que le commerce des père et mère de ces enfans était réprouvé par la morale lorsqu'ils ont reçu la naissance ; sur ce que le mariage annulé , postérieur à cette époque , n'a pas pu constituer la bonne foi des époux au moment de la conception et doit être considéré comme non avenu, par rapport à eux ; sur ce qu'enfin la loi , d'accord avec la raison et avec la morale , n'attribue les effets civils au mariage putatif qu'en faveur des enfans issus du mariage (art. 202) , ce qui ne peut s'entendre que de ceux dont la naissance est postérieure au mariage. Telle est l'opinion de plusieurs auteurs [1]. La question

---

(1) Pothier, traité du contrat de mariage, n° 419. — Toullier , tom. 1 , n° 657.

est pourtant controversée, et l'opinion contraire à aussi ses partisans [1].

265. Une autre question non moins importante est celle de savoir si les enfans nés du mariage putatif, après que la bonne foi a cessé et lorsque les vices de l'union ont été connus des deux époux, mais avant l'annulation du mariage, peuvent invoquer ses effets civils, comme les enfans nés avant la découverte de ces vices. Elle consiste à savoir, en d'autres termes, si, parmi les enfans nés d'un mariage putatif, les uns pourront être légitimes, les autres illégitimes.

D'un côté on peut dire que les effets civils du mariage n'étant que la conséquence de la bonne foi doivent cesser avec la cause qui les a produits, et que la continuation de rapports entre époux qui connaissent le vice du mariage est un scandale que la légitimité des enfans derniers nés ne ferait qu'encourager [2].

Mais, quelque puissantes que soient ces raisons, la loi n'exigeant, pour la légitimité des enfans, qu'une condition qui est que le mariage ait été contracté de bonne foi, il est difficile de ne pas embrasser l'opinion contraire qui d'ailleurs prévient l'inconvénient de la différence qui existerait entre des enfans nés

---

(1) Delvincourt, tom. 1, pag. 323. M. Duranton, t. 2, n° 356.

(2) En ce sens, Toullier, tom. 1, n° 656.

d'un même mariage [1]. La question ne pourra d'ailleurs se présenter que rarement ; car il est probable que la découverte d'un empêchement dirimant et absolu, seule circonstance qui mettrait un terme à la bonne foi, portera les époux à se séparer, et qu'en outre l'annulation du mariage ne tardera pas à être prononcée, après cette découverte.

CHAPITRE V.

Des obligations qui naissent du mariage.

SOMMAIRE.

266. *Les époux doivent nourrir, entretenir et élever leurs enfans et descendans. Les enfans naturels, incestueux, adultérins peuvent aussi exiger des alimens de leurs père ou mère.*

267. *L'enfant n'a pas d'action contre ses père et mère pour un établissement quelconque.*

268. *Des alimens. Ce qu'on entend par là. Division de la matière.*

269. *Ils sont dus par les enfans à leurs ascendans, et réciproquement.*

270. *C'est au parent le plus proche en degré qu'ils doivent d'abord être demandés.*

271. *Ils sont dus n'onobstant les dépenses déjà faites, les torts et la conduite du demandeur, sauf les cas d'indignité.*

---

(1) Pour cette opinion, MM. Proudhon, t. 2, page 5 et 6, et Duranton, t. 2, n° 363.

266. La principale obligation née du mariage est celle qui est imposée par la loi aux époux de nourrir, entretenir et élever leurs enfans et autres descendans (art. 203), conformément à leur état et à leur fortune.

Cette obligation naturelle que la loi sanctionne, peut même avoir une autre cause que le mariage, du moins en ce qui concerne les alimens ; car elle peut être invoquée par les enfans naturels, et même par les enfans adultérins ou incestueux dans les cas dont il sera question au n° 412 , où leur reconnaissance a été possible. C'est ce qu'on peut conclure de la dernière disposition de l'article 762.

267. Suivant les principes du droit romain , le père pouvait être contraint de doter sa fille (l. 19 , ff. *de ritu nuptiarum*). Il n'en est plus de même aujourd'hui. La loi refuse à l'enfant toute action contre ses père et mère ou autres ascendans pour un établissement par mariage ou autrement (art. 204). C'est un juste hommage rendu à l'affection et à la prérogative paternelles.

268. Le Code fait connaître quels sont ceux qui se doivent des alimens , les bases sur lesquelles ils doivent être calculés , les circonstances qui font cesser cette obligation ou qui la modifient et une manière particulière de s'en acquitter dans certains cas.

Le sens du mot *alimens* n'est pas restreint à la nourriture. Il comprend aussi le logement et le vestiaire.

269. Observons , avant d'examiner par qui les alimens sont dus , que les obligations imposées à cet égard sont réciproques (art. 207).

Les alimens sont dus par les enfans à leurs père et mère et autres ascendans qui sont dans le besoin. (art. 205).

270. Une loi romaine, la loi 8, ff. *de agnosc. et alend. liberis* établit en principe que les enfans doivent d'abord demander les alimens à leur père avant de s'adresser à leur aïeul. Cette décision est fondée sur la règle d'équité : *ubi emolumentum ibi onus esse debet.* Il doit en être de même aujourd'hui [1]. C'est à celui auquel la succession du demandeur devrait être dévolue qu'il doit d'abord s'adresser, et ce n'est qu'à son défaut qu'il peut recourir contre les autres débiteurs. Par la même raison, l'aïeul devrait actionner son fils avant son petit-fils.

271. Les dépenses déjà faites pour l'établissement de celui auquel les alimens sont dus ne dispensent pas le débiteur de l'obligation de les fournir. Un fils marié sans le consentement de son père, celui qui a dissipé sa fortune, celui dont l'inconduite est notoire doivent aussi les obtenir. La nécessité est en effet au-dessus de toutes les considérations et même des meilleures raisons.

Cependant les rapports déjà signalés entre le droit de successibilité et celui de réclamer des alimens devraient faire repousser la demande en alimens formée par celui qui aurait encouru l'indignité de succéder (art. 727). Telle était la disposition de la loi 5, § 11 ff. *tit. cit.*.

272. Les gendres et belles-filles doivent aussi des

[1.] Toullier, tom. 2, n° 613. — M. Duranton, tom. 2, n° 389.

alimens à leurs beau-père et belle-mère (art. 206).
Mais ne s'agissant ici que d'une obligation civile,
elle ne doit pas être étendue contre l'un des époux
jusqu'à l'aïeul ou l'aïeule de l'autre époux.

273. Pour déterminer la quotité des alimens
dus , la loi fixe deux bases qui doivent être conci-
liées , le besoin de celui qui les réclame et la fortune de celui qui les doit (art. 208).

On doit avoir égard , dans l'appréciation du besoin
du demandeur , à son âge , à sa position , aux
ressources qui peuvent lui rester.

274. Cependant Pothier enseigne (n° 390 du
contrat du mariage) que les père et mère qui de-
mandent des alimens à leurs enfans sont tenus de
leur abandonner le bien qu'ils ont conservé, sauf
les meubles nécessaires à leur usage. Cette décision
ne devrait pas être suivie dans nos principes [1]. La
position déjà malheureuse d'un ascendant ne doit
pas être aggravée. Seulement ce peu de bien serait
pris en considération, comme je viens de le dire,
pour la fixation des alimens.

275. Suivant un ancien privilége qu'on appelait
beneficium competentiæ, les ascendans débiteurs
pouvaient retenir les alimens qui leur étaient néces-

---

[1] M. Duranton, tom. 2, n° 399. Cà Toullier , t. 2 n° 615.

saires. Cette faculté ne leur est pas accordée aujour-
d'hui. Les descendans créanciers de leurs ascendans
peuvent exercer les actions communes à tout créancier, sauf ce qui sera dit au titre *de la puissance
paternelle*, n° 483.

276. L'obligation de fournir les alimens est égale
pour tous ceux qui les doivent, et se divise également entr'eux, pourvu toutefois que leur position
ne soit pas différente. Cependant un auteur recommandable [1] a écrit que le plus riche n'est pas obligé
de contribuer plus que les autres à l'acquit de la
dette commune. Cette opinion qui blesse l'équité est
aussi contraire à la loi. Puisqu'en effet les alimens
sont accordés, d'après l'article 308, dans la proportion de la fortune de celui qui les doit, il est bien
évident que la contribution sera inégale entre ceux
qui n'auront pas les mêmes ressources. C'est, au
surplus, en ce sens que la loi est généralement en-
tendue et appliquée.

277. Les petits enfans concourent avec les enfans
à fournir les alimens à leur aïeul; mais quel que
soit leur nombre, ils ne doivent compter que pour
celui qu'ils représentent. Autrefois il n'en était pas
de même, et les descendans d'un degré plus éloigné
étaient affranchis de l'obligation tant qu'il en existait

---

[1] Toullier, t. 2, n° 615.

d'un degré plus rapproché. Mais dès qu'au moyen de la représentation les petits enfans montent d'un ou plusieurs degrés dans les successions, on doit leur appliquer les conséquences de la règle : *ubi est emolumentum*, etc.

278. L'obligation de fournir des alimens aux père et mère ou aux autres ascendans est-elle solidaire entre les enfans ou autres descendans? (Voyez l'article 1200 sur ce qu'on entend par dette solidaire). Il est peu de questions aussi controversées et qui aient reçu un si grand nombre de solutions différentes émanées soit des tribunaux, soit des auteurs.

En droit rigoureux, cette question est sans difficulté. L'article 1202 dit en effet que la solidarité ne se présume pas; qu'elle doit être expressément stipulée, à moins que la loi ne la prononce, et aucune loi ne la prononce pour les alimens. Mais on se fonde sur ce que la vie étant indivisible, les moyens destinés à la conserver sont également indivisibles, d'où l'on arrive à la solidarité de la dette qui n'est que son indivisibilité.

Mais il n'est pas exact de dire que la dette est indivisible, et pour s'en convaincre, il suffit de lire les articles 1217 et 1218 qui définissent l'indivisibilité de l'obligation.

Le principe de l'article 208 qui concilie les besoins et les ressources ne permet pas d'admettre la solidarité de laquelle il pourrait résulter qu'un débiteur pourrait être tenu de l'obligation au-delà de ses facultés.

Ainsi, tandis qu'aucun texte de loi ne prononce la solidarité, il en est un qui l'exclut implicitement. La question dès lors ne saurait être douteuse en droit.

D'ailleurs, si elle devait être résolue par des considérations, on ne voit pas quelle faveur mériterait un demandeur qui, par préférence pour certains enfans, voudrait les affranchir d'une obligation qu'il rejetterait en entier sur les autres. On ne devrait admettre la division de l'action que dans les cas où ceux qui ne sont pas appelés sont dans l'impossibilité de contribuer aux alimens, ce qui laisserait la dette en entier à la charge des actionnés, mais toujours sur les bases de l'article 208, ou bien dans celui où l'exercice de l'action contre certains entraînerait des difficultés ou des retards trop préjudiciables au demandeur, au cas d'éloignement, par exemple. Encore, dans ce dernier cas, faudrait-il réserver à l'enfant présent les droits contre les absens, et ne pas s'écarter davantage des bases de l'article 208 [1].

279. Si le besoin de celui qui reçoit les alimens cesse ou diminue, ou bien si les facultés de celui qui les fournit n'existent plus ou deviennent moin-

---

[1] MM. Duranton, tom. 2, n° 424. Vazeille, n° 495. — Cà Toullier, tom. 2, n° 615.

dres, l'obligation peut être éteinte en entier ou réduite (art. 209). L'effet ne doit pas survivre à la cause, et à l'impossible nul n'est tenu.

Il faut également reconnaître qu'une augmentation de besoins ou de ressources pourrait faire augmenter les alimens accordés.

280. L'obligation des gendres et belles-filles cesse pour deux causes : 1° L'orsque la belle-mère a convolé en secondes noces; 2° lorsque celui des époux qui produisait l'affinité, et les enfans issus de son union avec l'autre époux sont décédés (art. 206).

Le convol de la belle-mère soumettant le nouveau mari à l'obligation de lui donner des alimens, et la faisant entrer dans une nouvelle famille, on conçoit parfaitement le motif de cette première cause d'extinction de l'obligation; mais le principe de réciprocité écrit dans l'article 207 doit-il faire décider, dans ce cas, que la belle-mère qui a convolé en secondes noces, est affranchie de son obligation envers son gendre et sa belle-fille? Quoique, en règle générale, il ne doive pas dépendre de la volonté d'un débiteur de se libérer de son obligation, je pense que la question doit être affirmativement résolue. Vainement objecte-t-on que la réciprocité n'est établie par l'article 207 que pour les obligations et non pas pour les cas où elles cessent [1]. Les termes de:

---

[1] M. Duranton, t. 2, n° 120.

cet article, la place qu'il occupe, tout, en un mot, concourt à établir le principe absolu de la réciprocité en cette matière, sauf le cas où l'extinction de l'obligation résulterait d'une faute grave ou d'un délit, comme celui de l'indignité ; et le second mariage de la belle-mère ne saurait être ainsi qualifié.

Les motifs qui attribuent au convol de la belle-mère la conséquence qui vient d'être exprimée ne sont pas applicables à celui du beau-père qui reste toujours le chef de la famille, et qui n'en conserve pas moins son droit aux alimens.

L'obligation réciproque des gendres et belles-filles, beaux-pères et belles-mères, résultant de l'affinité qui n'est qu'une parenté civile devait cesser, comme le veut la loi, avec les causes qui produisaient l'affinité.

281. Les alimens peuvent être fournis en argent ou en nature, selon les circonstances, et le Code n'a aucune disposition formelle à cet égard. Dans les cas ordinaires, celui auquel ils sont dus les consomme où bon lui semble, et il n'est pas tenu de les recevoir dans la maison du débiteur. Cependant si celui-ci justifie qu'il ne peut pas payer la pension alimentaire, le tribunal peut, en connaissance de cause, l'en dispenser, à la charge par lui de recevoir dans sa demeure, de nourrir et entretenir le créancier (art. 210). Tout est donc laissé à cet égard à la prudence des tribunaux. Il est seulement néces-

saire que le débiteur *prouve* qu'il ne peut pas payer
la pension alimentaire.

Mais cette condition n'est pas imposée au père ou
à la mère qui offre de recevoir, nourrir et entretenir, dans sa demeure, l'enfant à qui des alimens sont
dus. Le tribunal, en appréciant les circonstances,
en reconnaissant que cette cohabitation ne sera pas
préjudiciable à l'enfant, peut, dans ce cas, dispenser
le débiteur, quelle que soit sa position de fortune,
du paiement de la pension alimentaire (art. 211).
Cette disposition est fondée sur l'affection présumée
des pères pour leurs enfans, et sur les égards que
ceux-ci doivent à leurs pères. Ici encore les tribunaux ont un pouvoir discrétionnaire pour l'appréciation des circonstances.

282. Au reste, les alimens ne peuvent pas être
détournés de leur destination commandée par la
première des nécessités. La loi les déclare insaisissa-
bles par les créanciers de celui à qui ils sont dus
(art. 581, 582, cod. de procéd.). Par la même raison ils ne sont pas sujets à compensation (art. 1293).

CHAPITRE VI.

Des droits et des devoirs respectifs des époux.

SOMMAIRE.

283. Le mariage produit non seulement les obligations qui viennent d'être retracées ; avec lui naissent aussi les droits et les devoirs des époux. La loi résume énergiquement, soit les devoirs communs, soit la différence que la nature et les mœurs ont mis dans leur position respective.

Les époux se doivent mutuellement fidélité, secours, assistance (art. 212). C'est ici un précepte de morale et d'utilité érigé en loi. Les conséquences qui peuvent être si différentes de l'infidélité du mari ou de la femme expliquent les dispositions particulières et diverses par lesquelles la loi punit l'infidélité de l'un ou de l'autre. La femme convaincue d'adultère peut être condamnée à un emprisonnement de trois

mois au moins et de deux ans au plus (art. 337 du
cod. pén.), et le mari qui ne peut être poursuivi
que dans le cas où il aurait entretenu une concubine
dans la maison conjugale , est passible d'une amende
de cent francs à deux mille francs (art. 339, *id.*).

284. Toute association ayant besoin d'un chef ,
et la nature ayant donné plus de force à l'homme
qu'à la femme, le mari doit protection à sa femme ,
la femme obéissance à son mari (art. 213). Entre
autres conséquences de ce droit et de ce devoir, la
femme est obligée d'habiter avec le mari et de le
suivre partout où il juge à propos de résider (art.
214). On ne devrait pas adopter aujourd'hui l'opinion de Pothier qui pensait que la femme n'était pas
tenue de suivre son mari hors du royaume [1]. Les
discussions au conseil d'état établissent qu'elle est
obligée de suivre son mari à l'étranger et même d'y
résider avec lui, s'il juge à propos de s'y établir.
Néanmoins je répéterai ici ce que j'ai déjà dit (n° 62),
que la femme d'un français qui deviendrait étranger ne deviendrait pas, par cela seul, étrangère ;
comme aussi je crois incontestable l'opinion d'un
savant professeur [2], suivant laquelle la femme ne
serait pas tenue de suivre son mari à l'étranger , si
l'émigration était défendue par les lois politiques.

(1) Traité du contrat de mariage , n° 382.
(2) M. Proudhon, tom. 1 , page 260.

285. Mais si la femme refuse d'habiter avec le mari ou de le suivre, quels moyens aura-t-il de faire exécuter la loi et de l'y contraindre ?

Il a été jugé par plusieurs cours royales que la contrainte par corps pouvait être employée par le mari. Elles se sont fondées sur ce que l'exécution de l'obligation imposée à la femme ne doit pas être abandonnée à ses caprices, et sur ce que la loi, n'indiquant pas expressément les moyens de contraindre la femme, s'en est remise à la prudence des magistrats qui peuvent dès lors, selon les circonstances, autoriser la contrainte par corps.

Mais ce système ne doit pas être adopté. D'abord il a contre lui un texte formel de loi, l'art. 2063 du Code civil qui porte : « Hors les cas déterminés » par les articles précédens, ou qui pourraient l'être » à l'avenir par une loi formelle, il est défendu à » tous juges de prononcer la contrainte par corps. » Ce moyen aussi rigoureux qu'illégal doit d'ailleurs d'autant moins être autorisé que son exercice pourrait n'être qu'illusoire. Ramenée, par cette voie, au domicile du mari, la femme reprendrait immédiatement la liberté de s'enfuir, et il est probable qu'elle en userait, à moins d'être mise sous les verroux et retenue en charte privée, ce qui serait contraire à toutes les lois.

Le moyen le plus conforme à la loi, qui a été admis par plusieurs arrêts et professé par plusieurs auteurs, est la saisie des revenus de la femme, et même sa condamnation à des dommages intérêts, si

elle ne remplit pas l'obligation que la loi lui impose.
Son emploi, qui ne blesse aucune loi ni aucun principe, est au contraire autorisé par les règles générales du droit.

286. De son côté, le mari est obligé de recevoir
sa femme et de lui fournir tout ce qui lui est nécessaire pour les besoins de la vie, selon ses facultés et
son état (*id.*). Si le mari ne satisfait pas à cette obligation dont le plus ou moins d'étendue est déterminé par les circonstances, la femme peut être déliée
de la sienne.

287. Il paraît juste, en accordant au mari les
moyens indiqués de contraindre la femme à l'exécution de ses devoirs, de donner aussi à la femme
des moyens de la même nature contre le mari qui
refuserait de remplir les siens. Un mari qui ne satis-
ferait pas aux obligations qui viennent d'être rap-
pelées encourrait donc aussi des condamnations pécuniaires [1]. Il faudrait bien que la femme eût ce
moyen; car le droit, qu'en ce cas on pourrait lui reconnaître, de ne pas habiter avec son mari, ne lui
fournirait pas les avantages que la loi a voulu lui
assurer, et ne ferait peut-être que servir les vues
du mari. Toutefois, dans de pareilles circonstances,

---

[1] Ainsi jugé le 30 novembre 1811 par la cour de Lyon. — Sirey,
12-2-63.

lés tribunaux devraient se tenir en garde contre des séparations de corps qu'elles ne feraient que déguiser, et qui, comme nous le verrons bientôt, ne peuvent pas être volontaires.

238. L'inexpérience présumée de la femme et la prérogative maritale ont fait admettre la nécessité de l'autorisation du mari pour tous les actes de la femme qui seraient de nature à compromettre sérieusement ses intérêts. Nous verrons, dans le Code, de fréquens exemples de cette nécessité. Le principe de cette autorisation se retrouve dans le droit romain et dans l'ancienne jurisprudence française qui ont été modifiés par la nouvelle législation.

289. Ainsi, 1° la femme ne peut pas *ester en jugement* sans l'autorisation du mari (art. 215). Cela veut dire qu'elle ne peut pas procéder en justice soit en demandant, soit en défendant, sans cette autorisation. Elle lui est indispensable même dans des positions qui sembleraient de nature à l'en dispenser, comme lorsqu'elle est marchande publique (art. 4 du cod. de comm.) ou non commune (c'est-à-dire mariée sous le régime exclusif de communauté, art. 1530 et suiv.), ou sous le régime dotal (art. 1540 et suiv.), ou séparée de biens, soit par l'effet de la convention (art. 1556 et suiv.), soit par l'effet d'un jugement (art. 1443 et suiv.). Le principe de l'article 215 est également applicable à la femme séparée de corps.

290. Mais il n'est pas absolument nécessaire que la femme soit pourvue de cette autorisation au commencement de l'instance. Il suffit qu'elle la produise ou l'obtienne avant le jugement, pour que le vœu de la loi soit rempli. Cette opinion, consacrée par plusieurs arrêts de la cour de cassation, est aussi professée par les auteurs [1].

291. L'autorisation peut être expresse ou tacite. Elle est tacite lorsque le mari est partie dans la cause et a un intérêt commun avec la femme. Elle peut aussi se présumer lorsque c'est le mari qui a actionné la femme. Il ne suffit pas qu'elle soit donnée pour un premier degré de juridiction, elle doit être renouvelée pour les autres degrés. Ainsi, la femme autorisée en première instance doit l'être de nouveau en cause d'appel, et, à plus forte raison, pour plaider devant la cour de cassation.

292. Le motif qui commande l'autorisation d'ester en jugement doit faire interdire à la femme qui l'a obtenue, la faculté de se désister de la demande, ou d'accéder à celle qui a été dirigée contre elle, sans une autorisation nouvelle. Car ce désistement ou cette reconnaissance pourraient être une aliénation de ses droits qui ne lui est pas permise. C'est ce qu'a décidé plusieurs fois la cour de cassation [2].

---

(1) Sirey, 1808-1-127. — MM. Duranton, tom. 2, n° 464. — Vazeille, tom. 2, n° 305.

(2) Sirey. 28-1-556.

293. La fille qui se marie, ou la veuve qui se remarie après qu'une instance a été engagée par elle ou contre elle, doivent être autorisées avant le jugement, à moins que l'affaire ne soit en état. (Voyez à cet égard les articles 342 et 343 du cod. de procéd.).

294. Cependant le principe de l'autorisation nécessaire à la femme pour ester en jugement reçoit exception dans les cas où elle est poursuivie en matière criminelle et de police (art. 216). Elle peut alors se défendre sans l'autorisation du mari ou de la justice, soit parce que la défense est de droit naturel et que la femme ne peut pas en être privée, soit parce que l'intérêt des tiers qui peuvent avoir des actions de cette nature à exercer contre la femme ne peut pas être compromis par le refus d'autorisation. Mais la femme devrait être autorisée pour intenter une semblable action.

295. 2° La femme même non commune ou séparée de biens ne peut pas donner, aliéner, hypothéquer, acquérir à titre gratuit ou onéreux, sans le concours du mari dans l'acte ou son consentement par écrit (art. 217). J'ai déjà fait connaître les motifs de la nécessité de cette autorisation exigée pour toute disposition de biens de la femme, de quelque nature qu'ils soient et sous quelque régime que le mariage ait été contracté, sauf quelques exceptions qui ne peuvent compromettre ni les intérêts de la femme, ni la prérogative du mari, et que la loi fait connaître (art. 226, 905 2e disposition, 1449, etc.).

296. On voit donc que, d'après l'article 217, la femme peut être autorisée à contracter expressément ou tacitement. Le concours du mari dans l'acte même par lequel la femme s'oblige fait présumer de plein droit l'autorisation qui dès lors n'a pas besoin d'être exprimée. Le consentement exprès qui doit être donné par écrit peut l'être indifféremment par acte authentique ou sous seing privé, et même par une simple lettre missive.

297. L'acte fait par la femme autorisée qui ne produirait pas l'autorisation, et qui n'en ferait pas même mention, n'en serait pas moins valable. Cependant Pothier [1] pense le contraire. Mais l'article 217 n'exigeant que l'autorisation, et non pas que mention en soit faite, doit faire rejeter cette doctrine.

298. La déclaration que fait la femme mariée qui contracte sans autorisation qu'elle est fille ou veuve, ne supplée pas à l'autorisation dans des circonstances ordinaires, c'est-à-dire dans les cas où sa condition a pu facilement être connue de l'autre partie. S'il en était autrement, le principe de l'auto-

---

[1] De la puissance du mari ; n° 147.

risation pourrait être illusoire, la femme n'ayant
qu'à dissimuler sa qualité. Cependant, s'il y a eu dol
ou fraude de la femme qui a fait cette déclaration,
la nullité résultant du défaut d'autorisation ne
pourra pas être invoquée. C'est ce qui a été décidé
en principe par la cour de cassation [1].

299. Nous avons vu qu'il n'est pas indispensable
que la femme qui procède en justice soit autorisée
au commencement de l'instance. En est-il de même
de la femme qui a contracté sans autorisation, et
l'autorisation donnée par le mari, sans le concours
de la femme, aux actes antérieurs de celle-ci, les
ratifie-t-elle valablement?

On dit, pour la négative, que la femme avait un
droit acquis à la nullité de l'acte fait sans autorisation, que son mari ne peut pas l'en priver et faire
ex non jure obligatâ jure obligatam [2]. L'opinion
contraire, plus généralement adoptée, me semble
devoir obtenir la préférence. Le motif principal de
l'autorisation est, en effet, la prérogative maritale.
Car la fille ou la veuve majeures peuvent s'obliger
aussi bien qu'un majeur. Il doit donc dépendre du
mari de faire disparaître les effets de la méconnaissance de cette prérogative, avec d'autant plus de
raison qu'en exigeant pour la validité des actes de

---

(1) Sirey, 9-1-43.

(2) M. Duranton, tom. 2, n° 518.

la femme le consentement par écrit du mari (art. 217), la loi ne distingue pas le consentement postérieur du consentement antérieur [1]. Il faut néanmoins reconnaître que si ce n'est que frauduleusement, et pour préjudicier à la femme, que le mari donne après coup son autorisation, elle ne peut produire aucun effet.

300. La prérogative maritale, principal fondement de l'autorisation, ne doit pourtant pas être préjudiciable à la femme; et si, par caprice, ou par des vues d'intérêt personnel, le mari refuse son autorisation, la femme peut recourir à la justice qui la lui accorde ou la lui refuse, selon les circonstances.

Lorsque le mari refuse d'autoriser sa femme à ester en jugement, le juge peut accorder l'autorisation (art. 218). Si la femme est défenderesse, l'autorisation doit émaner du tribunal devant lequel la contestation a été portée. Si elle est demanderesse, la demande en autorisation doit être adressée par elle au tribunal du domicile du mari. (Voyez sur les formes à suivre les articles 861 et 862 du code de procédure).

Il en sera de même lorsque la femme voudra contracter. Le mari dans ce cas, comme lorsque la femme est demanderesse dans une instance, doit être toujours appelé devant le tribunal, pour s'expliquer

---

[1] M. Dalloz, jurisp. gén., t. 10, pag. 149.

sur son refus d'autorisation , et c'est en la chambre du conseil qu'il est statué sur les demandes de cette nature , afin que le public ne soit pas initié dans les discussions domestiques (art. 219).

Le mari contre le gré duquel le tribunal accorde l'autorisation à la femme , ou la femme à laquelle il l'a refuse , peuvent appeler de la décision rendue.

301. Il est des cas où l'autorisation de la justice est nécessaire à la femme, sans qu'il soit besoin de constater que le mari a refusé son autorisation qui d'ailleurs serait inefficace. Ils se vérifient : 1° lorsque le mari est frappé d'une condamnation emportant peine afflictive ou infamante, encore qu'elle n'ait été prononcée que par contumace. Cette condamnation prive en effet, aussi bien que celle qui est contradictoire, le condamné de l'exercice de ses droits civils (art. 28) au nombre desquels l'autorisation maritale doit être placée.

2° Lorsque le mari est mineur (art. 224). Incapable pour ses propres affaires, il ne peut pas attribuer à la femme la capacité qui manque à celle-ci.

3° Lorsque le mari est interdit (art. 222). Les motifs de la loi sont les mêmes que dans le cas précédent.

L'impossibilité de l'autorisation du mari résultant de son absence rend aussi nécessaire l'autorisation de la justice (*id.*).

Dans ces deux derniers cas , la manière de procéder est réglée par les articles 863 et 864 du code de procédure.

302. Quoiqu'il soit reconnu que l'autorisation du mari est suffisante à la femme qui s'oblige dans l'intérêt du mari [1], il faut décider que l'autorisation de la justice est nécessaire à la femme qui traite avec son mari. Celui-ci serait en effet *auctor in rem suam*, et une autorisation qu'il donnerait dans son seul intérêt serait à bon droit suspecte ; c'est ce qu'a jugé la cour de cassation [2].

303. Outre les exceptions à la nécessité de l'autorisation indiquées ci-dessus (n° 295), la loi admet que la femme marchande publique peut, sans l'autorisation de son mari, s'obliger pour ce qui concerne son négoce (art. 220). C'est la conséquence de l'autorisation maritale qu'a obtenu la femme pour pouvoir faire son commerce, d'après l'article 4 du code de commerce déjà cité. Dans ce cas, la femme oblige aussi son mari, s'il y a communauté entre eux (*id.* et art. 1426). Elle n'est pas réputée marchande publique, si elle ne fait que détailler les marchandises du commerce de son mari, mais seulement quand elle fait un commerce séparé (*id.*).

304. Il faut remarquer que cette dispense d'au-

---

(1) Sirey, 1815, 1-145.

(2) Sirey, 1810, 1-189.

torisation n'est applicable qu'aux affaires qui concernent le négoce de la femme et que, pour toutes les autres, elle reste, quoique marchande publique, soumise au droit commun, par conséquent à la nécessité de l'autorisation. Il est également remarquable que, pour ester en jugement, la marchande publique a besoin de cette autorisation. En établissant cette différence entre les actes du négoce et les contestations judiciaires auxquels ils peuvent donner lieu, la loi a cru sans doute que celles-ci pourraient avoir de plus graves conséquences que ces actes.

305. Dans tous les cas, les achats faits par la femme pour l'entretien du ménage sont obligatoires sans que la femme ait été spécialement autorisée à les faire ; et c'est le mari qui est obligé et non pas la femme. Car il est généralement reconnu que, pour ce genre d'affaires, elle est réputée mandataire de son mari.

306. L'autorisation maritale est une nécessité d'ordre public qui pourrait être illusoire si une autorisation générale pouvait être valablement donnée à la femme. Aussi la loi l'interdit-elle formellement, même lorsqu'elle serait stipulée par contrat de mariage. Une telle autorisation ne serait valable que quant à l'administration des biens de la femme (art. 223). S'il s'agit pour la femme d'aliéner ses biens, le consentement spécial du mari offre une garantie qui ne résulterait pas d'une autorisation générale.

307. Il me reste à parler des effets que produit le défaut d'autorisation.

D'après les anciens principes, il en résultait la nullité absolue des actes faits par la femme non autorisée, c'est-à-dire une nullité qui pouvait être invoquée non-seulement dans l'intérêt de la femme, mais encore par les tiers avec qui elle avait contracté.

Il n'en est plus de même aujourd'hui, et l'intérêt du mariage ayant seul fait admettre la nécessité de cette autorisation, la nullité fondée sur son défaut ne peut être opposée que par la femme, le mari ou par leurs héritiers. Ce sont les termes de la loi (art. 225).

308. On s'est demandé si les créanciers personnels de la femme pourraient s'en prévaloir, en vertu de la faculté que leur donne l'article 1166 d'exercer tous les droits et actions de leur débiteur. Cette question a été diversement résolue. Pour la négative [1], on se fonde sur ce que cet article excepte les droits exclusivement attachés à la personne, exception qui s'applique à la demande en nullité qui n'est que relative, puisque l'article 225 ne l'attribue qu'aux personnes y dénommées. Pour l'opinion contraire [2], on répond que le droit résultant de

---

(1) Toullier, t. 7, nᵒˢ 566-567.

(2) M. Duranton, tom. 2, nᵒ 512.

l'article 225 n'est pas exclusivement attaché à la personne, puisqu'il est transmissible aux héritiers. On invoque encore la dernière disposition de l'article 1338, suivant laquelle la ratification d'un acte nul ne préjudicie pas au droit des tiers, d'où l'on conclut que le moyen de nullité n'est pas exclusivement attaché à la personne de la femme.

Pour moi qui partage la première de ces opinions que plusieurs cours royales ont embrassée [1], je ne pense pas que la transmissibilité aux héritiers du droit établi par l'article 225 puisse prouver que ce droit n'est pas exclusivement attaché à la personne, puisque les héritiers sont censés la continuation de la personne; et quant à l'argument de l'article 1338, je ne crois pas qu'on puisse induire du droit qu'il donne aux tiers de faire réputer non avenue une ratification qui leur préjudicierait, la faculté inverse de se prévaloir, dans le silence de la femme, du défaut d'autorisation. Puisque ce n'est que dans l'intérêt du mariage qu'elle est exigée, il faut restreindre, comme l'a fait l'article 225 conçu en termes limitatifs, aux époux ou à ceux qui représentent leur personne, la faculté de l'invoquer.

Néanmoins je croirais cette opinion susceptible d'être modifiée, dans les cas où le silence de la femme serait manifestement frauduleux, comme, par exemple, si s'étant constituée débitrice sans avoir

---

(1) Dalloz, jurisp. gén., tom. 10, page 150.

rien reçu, elle ne se prévalait pas de son défaut
d'autorisation.

Les mêmes raisons doivent faire décider *à fortiori*
que le droit de se prévaloir du défaut d'autorisation
que la loi accorde au mari et à ses héritiers ne doit
pas l'être à ses créanciers.

309. Il résulte de textes formels (art. 2012 et
2036) que celui qui a cautionné une obligation
souscrite par une femme mariée non autorisée, ne
peut pas se prévaloir du défaut d'autorisation, par
exception à la loi qui n'admet le cautionnement que
sur une obligation valable (art. 2012).

CHAPITRE VII.

De la dissolution du mariage.

SOMMAIRE.

310. *Comment le mariage se dissout.*

310. D'après l'article 227, le mariage se dissout :
1° par la mort de l'un des époux ; 2° par le divorce
légalement prononcé ; 3° par la condamnation devenue définitive de l'un des époux à une peine emportant mort civile.

Il faut, dans l'état actuel de la législation, re-
trancher la seconde cause de dissolution du mariage,
le divorce ayant été aboli par une loi du 8 mai 1816.

La mort civile dissout le mariage quant à tous ses

effets civils(art. 25). Mais ses effets religieux et naturels continuent de subsister. La rédaction de l'art. 227 est inexacte en ce qu'elle attribue à la condamnation l'effet de dissoudre le mariage. S'il s'agit d'une condamnation contradictoire, ce n'est pas cette condamnation, mais l'exécution, soit réelle, soit par effigie, qui produit la mort civile (art. 26). Si elle est par contumace, la mort civile n'étant encourue qu'après les cinq années qui suivent l'exécution du jugement par effigie (art. 27), ce n'est qu'après ces cinq ans que le mariage est dissous. Je ne saurais partager l'opinion de plusieurs auteurs, suivant laquelle, dans ce cas, le mariage n'est dissous que vingt ans après l'arrêt, conformément aux articles 476 et 635 du code d'instruction criminelle. Rien n'annonce que dans l'article 227 dont, comme nous venons de le voir, la rédaction pourrait être plus exacte, le législateur ait entendu déroger à l'art. 27.

CHAPITRE VIII.

Des seconds mariages.

SOMMAIRE.

311. Pour prévenir l'incertitude sur la paternité de l'enfant qu'une veuve remariée mettrait au mon-

de, la loi défend à la femme de contracter un nouveau mariage moins de dix mois révolus après la
dissolution du précédent (art. 228).

312. Mais l'infraction à cette prohibition n'entraînerait pas la nullité du second mariage. Seulement
l'officier de l'état civil qui l'aurait célébré serait puni
d'une amende de seize francs à trois cents fr. (art.
194 du code pénal).

TITRE VI.

Du Divorce.

SOMMAIRE.

313. *Définition du divorce. Son aperçu historique. Il a
été aboli par la loi du 8 mai 1816.*

313. Le divorce est la séparation légitime de
corps et de biens des époux; emportant la dissolution
du mariage.

Admis chez plusieurs anciens peuples et même
chez les romains , il fut aussi reçu en France dans
les premiers siècles de la monarchie; mais repoussé
par les lois de l'église catholique, il y fut long-temps
réprouvé.

La loi du 20 septembre 1792 le rétablit; celles du
8 nivôse et 5 floréal an II en augmentèrent les facilités , et celle du 15 thermidor an III remit les cho-

ses dans l'état où les avaient placées celle du 20 septembre 1792. Le Code civil le régla en lui consacrant un titre spécial, et il fut rendu à ce sujet une loi transitoire le 26 germinal an XI.

Le divorce a été aboli par la loi du 8 mai 1816. Deux fois son rétablissement a été voté par la chambre des députés et repoussé par la chambre des pairs depuis 1830. Il ne figure donc pas dans notre législation actuelle, ce qui doit me dispenser d'une explication genérale des dispositions du titre VI.

Cependant ce titre comprend la séparation de corps admise par nos lois et à laquelle s'appliquent plusieurs dispositions du divorce que par conséquent il sera indispensable de rappeler.

De la séparation de corps.

342. *Les donations faites à l'époux contre lequel la sé-*
    paration de corps est prononcée ne sont pas révo-
    quées.
343. *Mais il perd ses droits au préciput conventionnel.*
344. *Celui qui a obtenu la séparation de corps peut y*
    renoncer et contraindre son époux à se réunir
    à lui.

314. On appelle séparation de corps , la position
de deux époux autorisés en justice à vivre séparément et qui laisse subsister le lien du mariage.

Admise dans l'ancien droit , abolie par les législateurs du 20 septembre 1792 auxquels elle paraissait
présenter les inconvéniens du divorce sans en avoir
les avantages , rétablie par le Code civil dans l'intérêt des époux malheureux dont les principes religieux
repousseraient le divorce , la séparation de corps est
aujourd'hui le seul moyen légal d'alléger le sort des
époux dont la vie commune est insupportable.

J'examinerai successivement les causes pour lesquelles elle peut être prononcée , les exceptions qui
en arrêtent ou en modifient les conséquences , et
qu'on appelle *fins de non recevoir*; j'en indiquerai
les formes et j'en expliquerai les effets.

315. Les époux peuvent demander la séparation
de corps dans le cas où il y avait lieu à la demande
en divorce pour cause déterminée.

316. Ces causes sont : 1° L'adultère de la femme

(art. 229). Celle contre laquelle la séparation est prononcée pour cette cause doit être condamnée par le même jugement, et sur la réquisition du ministère public, à la réclusion dans une maison de correction pendant un temps déterminé qui ne peut être moindre de trois mois ni excéder deux années (art. 308). Le mari reste le maître d'arrêter l'effet de cette condamnation en consentant à reprendre sa femme (art. 309).

D'ailleurs l'adultère de la femme peut être puni autrement que par la séparation de corps, si le mari ne juge pas à propos de la demander. Il a le droit, qui n'est accordé qu'à lui seul, et non au ministère public, de le dénoncer à la justice, et la femme qui en est convaincue est condamnée, par voie correctionnelle, à un emprisonnement de trois mois au moins ou de deux ans au plus, condamnation dont le mari peut arrêter l'effet en consentant à reprendre sa femme (art. 336, 337 du code pénal). Dans ce cas, le complice de la femme est puni de la même peine et en outre d'une amende de cent francs à deux mille francs (art. 338 *id.*); et il continue de subir la peine, lors même que le mari aurait pardonné à sa femme.

317. 2° L'adultère du mari, mais seulement lorsqu'il aura tenu sa concubine dans la maison commune (art. 230), tandis que celui de la femme est cause de séparation quel que soit le lieu où il a été commis. Cette différence s'explique facilement par nos mœurs et par le plus ou moins de gravité des conséquences possibles du délit , dans les deux cas.

La femme a aussi la faculté que la loi accorde au mari outragé d'obtenir une réparation sans recourir à la séparation de corps. Elle peut , dans le cas de l'article 230 , porter plainte contre son mari et le faire condamner à une amende de cent francs à deux mille francs (art. 339 du code pén.). Dans ce cas , le mari n'est pas recevable à poursuivre correctionnellement l'adultère de la femme (art. 336 *id.*).

La loi veut, comme nous venons de le voir, pour que l'adultère du mari autorise l'action en séparation par la femme , que le mari ait tenu sa concubine dans la maison commune. Mais il n'est pas nécessaire qu'au temps du délit la femme réside dans cette maison, il suffit qu'il soit commis dans al maison conjugale et il importe peu que la femme qui , aux termes de l'article 108, n'a pas d'autre domicile légal que celui du mari soit absente ou présente. C'est ce qu'ont très-bien jugé la cour de cassation et plusieurs cours royales [1].

318. 3° Les excès , sévices et injures graves de l'un des époux envers l'autre (art. 231).

Ici , la loi ne précise rien. Elle ne dit pas quels sont les faits qui constituent les excès , sévices ou injures graves. Elle s'en remet donc sur ce point au

---

[1] Sirey, 1819, 1-163.

discernement des juges. Cependant la jurisprudence a consacré à cet égard quelques principes dont il ne serait ni juste ni raisonnable de s'écarter.

319. On doit entendre par *excès* les coups, fureurs et emportemens qui peuvent mettre en danger la vie de l'un des époux. Quelle que soit l'éducation qu'ils ont reçue, leur position sociale, des excès doivent toujours être cause de séparation. La première nécessité n'est-elle pas de soustraire l'époux malheureux, quel que soit son rang, à la force brutale de l'autre époux ?

320. Les sévices sont des excès moins graves, des coups, des mauvais traitemens, des mauvais procédés qui, sans mettre la vie en danger, sont nuisibles à l'état physique des individus. La position des époux doit être appréciée pour savoir si les sévices dont l'un d'eux aurait à se plaindre sont ou non cause de séparation, et telles circonstances qui constitueront des sévices à l'égard d'un époux d'un rang élevé, ne produiront pas le même effet pour l'époux d'un rang inférieur.

321. Les injures graves sont les propos insultans de nature à porter atteinte à l'honneur ou à la considération de l'un des époux. La diffamation par écrit aussi bien que celle qui est verbale peut constituer l'injure grave. Ici encore, comme pour les sévices, la position des époux doit être prise en considération. Il est de la nature des choses que des propos outrageans, des imputations qui constitueraient l'injure à l'égard de certains individus n'aient pas la même conséquence pour d'autres.

Nos recueils d'arrêts offrent de nombreux exemples de l'application de ces principes et distinctions, et ils peuvent être consultés avec fruit pour la solution des difficultés auxquelles la diversité des espèces peut donner lieu.

322. 4° La condamnation de l'un des époux à une peine infamante (art. 232). Elle ne produit cet effet que lorsqu'elle est définitive. C'est ce qui résulte clairement des termes de l'article 261. Si donc elle a été prononcée par contumace, ce n'est que vingt ans après que la séparation pourra être demandée, parce que, d'après les articles 623 et 641 du code d'instruction criminelle, ce n'est qu'alors que la condamnation devient définitive. Cependant il a été écrit [1] qu'une condamnation par contumace ne suffirait pas pour autoriser le divorce, et par conséquent la séparation de corps. Cette opinion n'est pas soutenable en présence des articles de loi qui viennent d'être cités, tandis que celle que j'ai embrassée a pour elle l'autorité de la cour de cassation et d'autres auteurs [2].

---

(1) Toullier, t. 2, n° 673.

(2) Sirey, 17-1-295. — M. Duranton, t. 2, n° 560.

La grâce qu'obtiendrait le condamné à une peine infamante ne mettrait pas obstacle à l'exercice de l'action en séparation. Elle n'a d'autre objet , en effet , que la remise de la peine et elle ne saurait priver les tiers des droits que leur a donnés la condamnation.

323. Cependant , si la condamnation était antérieure au mariage et avait été connue de l'autre époux avant le mariage, il aurait su les conséquences de l'union à laquelle il consentait , et il est évident qu'il ne pourrait pas demander la séparation. Mais il le pourrait s'il s'était marié dans l'ignorance de la condamnation. Les motifs de la loi sont applicables à ce cas comme à celui où la condamnation serait postérieure au mariage ; et c'est vainement que pour justifier l'opinion contraire on cherche à abuser des termes de l'article 232 qui parle de la condamnation *de l'un des époux* pour en conclure que la condamnation antérieure au mariage n'a pas le même effet , puisqu'elle n'est pas prononcée contre l'un des époux [1]. Un tel raisonnement ressemble trop à un jeu de mots pour avoir besoin d'une longue réfutation.

324. Tout en reconnaissant le principe que la loi s'en remet aux juges pour l'appréciation des causes de séparation de l'article 231 , il faut dire aussi

[1] Toullier, t. 2, n° 695.

qu'un tel principe doit être plutôt restreint qu'é-
tendu dans ses conséquences. Ainsi , par exemple ,
la communication du mal vénérien , isolée de toute
autre circonstance aggravante , ne suffirait pas pour
faire prononcer la séparation [1] , non plus que le
changement de religion de l'un des époux. La perte
de la raison , la fureur , une maladie quelconque ,
même contagieuse , ne seraient pas plus efficaces.

325. Tandis que le Code (art. 233) admettait
le consentement mutuel comme cause de divorce ,
il le rejette comme cause de séparation de corps (art.
307) , différence qui s'explique d'un côté par la sévérité des conditions qui , dans ce cas , accompa-
gnaient le divorce , de l'autre , par l'intérêt des
tiers qu'il fallait garantir , contre la collusion des
époux qui auraient pu ne faire d'une apparente séparation de corps qu'un moyen d'arriver à la séparation de biens.

Cependant si les époux sont d'accord pour vivre
séparés , la loi ne donne à personne le droit de les
contraindre à se réunir. Ils peuvent même régler à
leur gré les conditions de cette séparation de fait.
Mais de semblables conventions n'ont aucune sanction , quelle que soit la forme en laquelle elles sont
arrêtées ou rédigées. Il dépend des époux ou de l'un
d'eux de les rendre immédiatement sans effet , en

---

(1) Cour de cassation , Sircy , 1808 , 1-179.

réclamant l'exécution des lois. S'il en était autrement, le principe d'ordre public qui défend les séparations de corps volontaires pourrait être trop facilement méconnu.

326. Mais il est possible que, quoiqu'il existe des
causes légitimes de séparation de corps, l'action soit
interdite par l'effet de certaines circonstances qui
constituent les fins de non recevoir.

La première est celle qui résulte de la réconciliation des époux survenue depuis les faits qui auraient
pu autoriser l'action, ou depuis la demande en séparation (art. 272).

Les juges apprécient souverainement les faits
desquels on veut induire la réconciliation, et il était
impossible que la loi traçât une règle à cet égard.
Il est cependant des circonstances qu'il est difficile
de ne pas admettre comme établissant la réconciliation. Ainsi, par exemple, une femme qui, se plai-
gnant des sévices de son mari, se sera réfugiée hors
de la maison conjugale, y rentre volontairement et
cohabite avec son mari; elle est présumée avoir pardonné et la réconciliation doit paraître suffisamment
constatée. Il en est de même de celle qui, après les
faits qui pourraient autoriser la séparation, écrit à
son mari des lettres affectueuses.

Mais la continuation de cohabitation, le silence
gardé pendant un temps plus ou moins long, même
la survenance d'enfans sans qu'il puisse y avoir doute
sur la paternité pourront n'être pas des preuves suf-

fisantes de réconciliation. Dans ces cas, comme dans l'examen des sévices ou injures, les juges sont appréciateurs souverains des circonstances auxquelles la position des époux doit faire attribuer aussi plus ou moins d'importance.

327. Néanmoins, la réconciliation n'enlève pas tout leur effet aux causes préexistantes de séparation. Car si, après la réconciliation, il survient une nouvelle cause, l'époux demandeur peut faire usage des anciennes causes pour appuyer sa nouvelle demande (art. 273).

Cette disposition de loi est fort juste. Le pardon accordé à l'époux coupable devait au moins lui défendre de nouveaux torts et, s'il en a, le rend encore plus blamable. La réconciliation est donc alors réputée non avenue. Il est même reconnu qu'il n'est pas nécessaire que les faits nouveaux aient par eux-mêmes une gravité suffisante pour faire prononcer la séparation. S'il en était autrement la disposition qui fait revivre les faits anciens serait superflue.

Si la réconciliation est contestée, la preuve peut en être faite par celui qui l'allègue soit par écrit, soit par témoins, de la même manière que celle des faits articulés comme causes de séparation (art. 274).

328. Non seulement la réconciliation arrête l'exercice de l'action en séparation, mais encore elle détruit les effets du jugement de séparation prononcé. C'est un principe fondé en raison et en jurisprudence [1] ; et si, après qu'elle a eu lieu, il survient de nouvelles causes, la séparation peut être de nouveau demandée, les faits antérieurs au jugement reprenant, dans ce cas, toute leur force.

329. Les déréglemens ou l'inconduite de l'époux demandeur en séparation peuvent aussi le faire déclarer non-recevable dans sa demande. C'est ce que nous avons déjà vu dans la dernière disposition de l'article 336 du code pénal qui, dans un cas analogue, doit être aussi appliqué à la femme. L'effet des torts réciproques est de se détruire les uns les autres ; et les juges, par exemple, peuvent trouver dans l'inconduite de la femme une cause ou une atténuation des excès graves commis par le mari et qui d'ailleurs auraient été une juste cause de séparation [2]. Cependant quelle que soit la gravité des causes qui ont provoqué les excès, la séparation doit être ordonnée si la vie commune met en danger l'existence de l'un des époux.

330. De nombreux arrêts [3] ont jugé que l'article 269 n'était pas applicable à la femme demanderesse en séparation de corps. Suivant cet article, la femme demanderesse en divorce, à laquelle le tribu-

---

(1) Sirey, 1807, page 661.

(2) Dalloz, jurisp. génér., tom. 11, pag. 897, note 1.

(3) Sirey, 1817, 1-8. — *Id.*, 1819, 1-166. etc. . etc.

nal avait indiqué la maison dans laquelle elle était
tenue de résider pendant la poursuite, pouvait être
déclarée non recevable dans son action, si elle ne jus-
tifiait pas de sa résidence dans la maison indiquée.
Outre qu'il est de principe que les fins de non recevoir ne doivent pas s'étendre facilement d'un cas à
un autre, on conçoit que le législateur avait pu
vouloir rendre plus difficile le divorce qui était
irrévocable que la séparation de corps que les époux
peuvent faire cesser à leur gré.

331. On jugeait anciennement que la femme qui
avait formé une demande en séparation de biens ne
pouvait pas intenter l'action en séparation de corps,
à raison de faits antérieurs à sa première demande.
Cette fin de non recevoir n'est plus admissible aujourd'hui [1].

332. La demande en séparation de corps est portée
devant le tribunal du domicile conjugal qui est celui
du mari. Elle est soumise aux règles ordinaires de
la procédure pour tout ce qui n'est pas réglé par des
dispositions spéciales.

L'époux demandeur présente requête au président
du tribunal qui rend une ordonnance portant que
les parties comparaîtront devant lui. Elles doivent
y comparaître en personne, sans être assistées d'avoués

_____

(1) Toullier, tome. 2, n° 763. — M. Duranton, tome 2, n° 579.

ni de conseils. Ce magistrat leur fait les représentations propres à opérer un rapprochement ; et, s'il ne peut y parvenir, il rend une seconde ordonnance par laquelle il les renvoie à se pourvoir devant le tribunal, sans qu'il soit besoin de l'essai préalable de la conciliation devant le juge de paix (art. 875, 876, 877, 878 du code de procéd.).

333. Les époux mineurs peuvent procéder par eux-mêmes, sans assistance de curateur ni de conseil de famille, et la femme demanderesse n'a pas besoin d'être autorisée pour présenter sa requête. La marche qu'elle doit suivre remplace assez l'autorisation.

334. Si les faits allégués se trouvent suffisamment établis, la séparation peut être prononcée par le premier jugement qui intervient. Mais le seul aveu de l'époux défendeur ne saurait être considéré comme une preuve suffisante ; car il en résulterait une extrême facilité pour la séparation volontaire que la loi défend. Il ne faut pourtant pas conclure de là que la séparation ne peut être prononcée que lorsque le défendeur a sérieusement combattu l'attaque ; nul n'est forcé de se défendre en justice, et les condamnations peuvent être rendues par défaut aussi bien que contradictoirement. Mais la loi offre des garanties contre les surprises par la disposition qui ne permet aux juges d'accueillir les demandes contre les défaillans qu'autant qu'elles se trouvent justes et bien vérifiées (art. 150 cod. de procéd.).

Si les faits sur lesquels la demande est fondée ne sont pas établis, le demandeur est admis à les prouver tant par actes que par témoins et le défendeur à faire la preuve contraire (art. 247).

335. Les enquêtes se font en la forme ordinaire (art. 252 et suiv. du cod. de procéd.). Seulement, par exception à l'article 283 de ce code, les parens des parties, à l'exception de leurs enfans et descendans, ne sont pas reprochables du chef de la parenté, non plus que les domestiques des époux, en raison de cette qualité (art. 251). Si ces témoignages n'étaient pas admis, il serait souvent impossible de constater de justes causes de séparation, résultant de faits qui se passent dans l'intérieur des familles et hors de la présence des étrangers. Quoique l'article 251 soit expressément fait pour le divorce, de nombreuses décisions universellement approuvées ont jugé qu'il était applicable à la séparation de corps [1].

336. Suivant l'article 261 lorsque le divorce était demandé par la raison que l'un des époux avait été condamné à une peine infamante, les seules formalités à remplir consistaient à présenter au tribunal le jugement de condamnation non susceptible de réformation. Cette disposition doit évidemment être appliquée à la séparation de corps, moyen moins

---

[1] Voyez notamment Sirey, 1810, 1-229.

extrême que le divorce, et, dans ce cas, il ne sera pas nécessaire de recourir aux formes ordinaires. C'est vainement que, pour l'opinion contraire, on argumenterait de ce que l'article 261 est exprès pour le divorce, et n'est pas déclaré par la loi applicable à la séparation de corps, alors que tout le monde reconnaît qu'un grand nombre de dispositions faites pour le divorce doivent, malgré le silence de la loi, s'appliquer à la séparation [1].

337. La séparation produisant des conséquences qui peuvent intéresser les tiers, la loi veut que le jugement qui la prononce soit rendu public, suivant les moyens indiqués aux articles 880 et 872 du code de procédure.

338. Le premier effet de la séparation de corps est le droit qu'ont les époux de résider dans des lieux divers, et celui qu'a même la femme de prendre un domicile distinct de celui de son mari, comme je l'ai dit au n° 115.

339. D'ailleurs, le lien du mariage subsistant encore continue de produire ses conséquences. Ainsi la femme porte toujours le nom du mari, les époux se doivent mutuellement des alimens; l'autorisation

---

(1) M. Duranton, tom. 2, n° 586. — Toullier, tom. 2, n° 771, exprime une opinion contraire, mais presque dubitativement.

maritale est nécessaire à la femme, sauf les modifications qui seront signalées lorsque je parlerai de la
séparation de biens; la présomption légale de la paternité du mari s'applique aux enfans qui naissent
de la femme après la séparation; la jouissance légale
que l'article 384 attribue aux père ou mère des
biens de leurs enfans s'exerce encore, ainsi que le
droit de successibilité entre époux établi par les articles 723 et 767.

J'ai fait connaître au n° 315 les effets du jugement
de séparation prononcé pour adultère de la femme.

340. Le Code ne s'est pas occupé expressément
du sort des enfans nés de deux époux séparés de
corps. Mais il avait disposé à cet égard, au cas de
divorce, que les enfans devaient être confiés à
l'époux qui l'avait obtenu, à moins que le tribunal
n'ordonnât, pour le plus grand avantage des enfans,
que tous ou quelques-uns d'eux seraient confiés aux
soins de l'autre époux ou d'une tierce personne
(art. 302), et il ajoutait que, dans tous les cas,
les père et mère conservaient respectivement le droit
de surveiller l'entretien et l'éducation de leurs enfans
et étaient tenus d'y contribuer à proportion de leurs
facultés (art. 303).

Ces sages dispositions commandées surtout par
l'intérêt des enfans sont manifestement applicables
aux cas de séparation de corps [1]. C'est en vain que

(1) Toullier, tom. 2, n° 777. — M. Duranton, tom. 2, n° 636.

le père voudrait se prévaloir, d'une manière absolue, de l'article 373, au titre de la puissance paternelle, qui attribue au père seul l'exercice de cette puissance, durant le mariage que la séparation de corps ne dissout pas. Cette prétention a été proscrite par plusieurs arrêts qui ont établi en principe que le plus grand intérêt des enfans étant la plus impérieuse des considérations, les questions de cette nature devaient être décidées d'après les circonstances.

341. La séparation de biens est une conséquence forcée de la séparation de corps (art. 311). Je n'anticiperai pas sur les sujets à venir en expliquant les règles qui la concernent et ses conséquences. Nous les retrouverons dans les articles 1443 et suivans.

342. Dans les anciens principes, l'époux contre lequel la séparation de corps avait été prononcée perdait les avantages qui lui avaient été faits par l'autre époux, même par contrat de mariage. L'article 299 du Code soumet à la même peine l'époux contre lequel le divorce a été admis. D'un autre côté, l'article 953 déclare en principe les donations révocables pour cause d'ingratitude.

De là est née une question des plus controversées qui consiste à savoir si les donations faites par son époux à celui contre lequel la séparation de corps a été prononcée, sont, par cela seul, révocables.

J'ai toujours pensé qu'elle devait être résolue négativement. Cette opinion est principalement fondée sur ce que l'article 299 prononce pour un cas une pénalité qui ne doit pas être étendue à un autre cas, et sur ce que l'article 959 dispose que les donations en faveur de mariage ne sont pas révocables pour cause d'ingratitude.

Cependant l'opinion contraire a été embrassée par quelques auteurs, et sanctionnée par plusieurs arrêts de cour royale [1].

La première a pour elle le suffrage de plusieurs auteurs et plusieurs arrêts de la cour de cassation[2].

343. Mais il résulte de l'article 1518 que l'époux contre lequel la séparation a été prononcée perd ses droits au préciput conventionnel en cas de survie.

344. En règle générale, un jugement est la loi des parties entre lesquelles il a été rendu, et il ne dépend pas même de celle qui a obtenu gain de cause de faire, contre le gré de l'autre, qu'il soit comme non avenu. Cette règle a paru à quelques auteurs [3] devoir recevoir exception en matière de séparation de corps, et ils ont pensé que celui qui a obtenu la

---

(1) Proudhon, tom. 1, p. 342. — Sirey, 1813, 2-69. — *Id.*, 1820, 2-246. — *Id.*, 1821, 2-325. — *Id.*, 1831, 2-72.

(2) Merlin, rép., v⁰ séparation de corps, § 4. — Toullier, tome 2, n⁰ 781. — M. Duranton, tom. 2, n⁰ 659. — Sirey, 1815, 1-115. — *Id.*, 1822, 1-359. — *Id.*, 1826, 1-265. — *Id.*, 1836, 1-728, etc.

(3) Locré, esp. du Cod. civ., t. 4, page 496. — M. Duranton, tom. 2, n⁰ 618, etc.

séparation peut la faire cesser et forcer l'autre époux
à se réunir à lui. C'est en effet une satisfaction toute
personnelle qui lui a été donnée, que seul il pouvait
demander, et à laquelle il semble qu'il a le droit de
renoncer en mettant un terme aux graves inconvéniens qui peuvent résulter de la séparation.

TITRE VII.

De la paternité et de la filiation.

SOMMAIRE.

345. La paternité et la filiation sont des termes
corelatifs exprimant les qualités réciproques qui
unissent les pères et les enfans. Les auteurs du Code
nous ont donné à cet égard un système complet de
législation qu'on chercherait en vain dans les codes
antérieurs et dans la jurisprudence, dont ils ont
consacré les bons principes et rectifié les erreurs.

346. La paternité et la filiation sont *naturelles
seulement* entre le père et les enfans nés hors mariage, *civiles seulement* entre le père et les enfans
adoptifs, *naturelles et civiles* à la fois entre les
époux et leurs enfans. C'est de la paternité et de la

filiation *naturelles et civiles* à la fois et *naturelles seulement* que s'occupe notre titre. L'adoption est réglée par le titre suivant.

347. Les dispositions qui concernent cette importante matière sont divisées dans trois chapitres dont le premier traite de la filiation des enfans légitimes, le second des preuves de cette filiation, le troisième des enfans naturels.

CHAPITRE PREMIER.

De la filiation des enfans légitimes ou nés [1] *dans le mariage.*

SOMMAIRE.

---

(1) Au lieu de *nés*, il faudrait *conçus*, ainsi qu'on l'a remarqué. Car tous les enfans légitimes ne naissent pas dans le mariage, et tous ceux qui naissent dans le mariage ne sont pas légitimes. Notre titre le prouve.

354. *En principe, l'impossibilité morale de cohabitation n'est pas une cause de désaveu.*

355. *Seule exception dans le cas de recèlement de la naissance et d'adultère de la femme.*

356. *Il n'est pas nécessaire que l'adultère ait été préalablement constaté par un jugement.*

357. *L'enfant né moins de cent quatre-vingts jours après le mariage peut être désavoué.*

358. *Circonstances qui font cesser cette faculté.*

359. *De l'enfant conçu lorsqu'il existait entre ses père et mère un empêchement dirimant au mariage qui avait cessé lors de sa naissance.*

360. *De l'enfant né trois cents jours après la dissolution du mariage. Véritable sens de l'article 315.*

361. *En quoi diffèrent le désaveu et la contestation de légitimité.*

362. *De l'enfant de la femme remariée moins de trois cents jours après la dissolution de son premier mariage et qui peut avoir été conçu, d'après la présomption légale, indistinctement, pendant le premier ou le second mariage.*

363. *Délais pendant lesquels l'action en désaveu doit être intentée soit par le mari, soit par ses héritiers.*

364. *Les héritiers du mari peuvent fonder leur désaveu sur l'adultère de la femme joint au recèlement de la naissance, comme sur les autres causes.*

365. *L'acte extrajudiciaire contenant désaveu doit être suivi, dans un court délai, de l'action en justice.*

348. La maternité qui se manifeste par des signes non équivoques peut être toujours certaine dans le mariage et hors le mariage. Mais la paternité n'a pas le même avantage ; elle est toujours *naturellement* incertaine. Aussi les législateurs anciens et nouveaux, dans l'impossibilité de proclamer à cet égard une vérité générale, ont-ils reconnu la nécessité de poser une règle fixe qui prévînt le désordre et l'incertitude dans l'état des personnes, règle fondée sur la morale et les probabilités, suivant lesquelles la présomption de paternité s'attache à celui dont l'épouse est devenue mère. L'ancienne maxime : *Pater is est quem nuptiæ demonstrant* est traduite par ces expressions du Code : *L'enfant conçu pendant le mariage a pour père le mari* (art. 312). Le mariage est donc le fondement de la filiation des enfans légitimes.

349. Mais cette présomption légale, toute puissante qu'elle est, ne devait pas être tellement absolue que la règle dont elle est la base ne dût recevoir aucune exception. Il en est que l'équité réclamait, et que la loi consacre.

Ainsi, le mari peut désavouer l'enfant, c'est-à-dire soutenir et prouver qu'il ne lui appartient pas, s'il établit que pendant le temps qui a couru depuis le trois centième jusqu'au cent quatre vingtième jour avant la naissance de l'enfant, il était, soit pour cause d'éloignement, soit par l'effet de quelque accident, dans l'impossibilité physique de cohabiter avec sa femme (*id.*).

Il n'est pas une disposition de ce texte important applicable aux enfans conçus pendant le mariage qui ne demande une attention toute particulière.

350. Il en résulte : 1° que la loi a légalement fixé le temps le plus long et le temps le plus court de la grossesse de la femme. Le premier est de trois cents jours, environ dix mois ; le second de cent quatre-vingts jours, environ six mois. Ce n'est encore ici qu'une probabilité fondée non sur l'universalité, mais sur la presque généralité des cas constatés par une observation longue et soutenue. Une règle fixe était indispensable, et il était impossible de l'asseoir sur une invariable vérité. Les lois romaines et nôtre ancienne jurisprudence admettaient une base à peu près semblable. Ainsi la loi ne suppose pas qu'un enfant vienne au monde plus de trois cents jours et moins de cent quatre-vingts jours après sa conception. Telle est la base du système.

351. 2° Que l'éloignement, pendant le temps déterminé qui doit constituer une impossibilité physique de cohabitation entre les époux, est la première cause de désaveu. Mais quand y aura-t-il éloignement dans le sens de la loi ?

Anciennement, quelques auteurs voulaient que les époux fussent séparés par les mers. On avait aussi pensé que si l'un d'eux était en prison cette position devait être assimilée à l'absence [1]. Mais aucune de ces opinions ne doit être adoptée d'une manière trop

---

(1) Ce n'est pas de l'absence dans le sens légal de ce mot qu'il s'agit ici ; mais de la non-présence résultant de l'éloignement.

absolue. N'est-il pas possible, en effet, que les époux, quoique séparés par les mers, se soient rapprochés un moment pendant les quatre mois qui s'écoulent entre le terme le plus long et le terme le plus court de la grossesse, et ne pourrait-il pas arriver que la preuve négative de ce rapprochement ne pût pas être certainement rapportée? Serait-il impossible qu'un geolier corrompu ou complaisant réunit un moment l'époux libre à celui qui est privé de sa liberté?

C'est donc aux tribunaux que la loi s'en remet pour qu'ils décident, selon les circonstances, s'il y a eu éloignement suffisant pour constater l'impossibilité physique de cohabitation. La cour de Paris a jugé, le 9 août 1813 [1], que le mari qui est à cent soixante lieues de sa femme à l'époque où la loi présume qu'elle a pu concevoir, n'est pas, à raison de cette distance, dans l'impossibilité physique de cohabitation avec elle, et qu'il est réputé père de l'enfant qu'elle a mis au monde. Mais, dans le sens contraire, le tribunal de Toulouse a rendu, sur ma plaidoirie, un jugement dont il n'y eut pas appel, qui a décidé que le mari habitant de Toulouse était recevable dans le désaveu d'un enfant né de sa femme qui habitait Strasbourg. A la vérité, la séparation de corps avait été antérieurement prononcée pour cause d'adultère de la femme, et cette circonstance

---

[1] Sirey, 1813, 2-310.

fit-elle peut-être fléchir la rigueur du principe.

352. 3° Que l'impossibilité physique de cohabitation suite d'un *accident* est la seconde cause du
désaveu.

Remarquons bien ici que l'impossibilité physique
qui serait *naturelle* ne produit pas le même effet.
C'est ce que la loi déclare d'ailleurs expressément
dans l'article 313 portant que le mari ne peut, en
alléguant son impuissance naturelle, désavouer l'enfant. Ainsi des questions aussi difficiles à bien juger
qu'elles seraient scandaleuses, et dont l'ancienne
jurisprudence offre des exemples, ne pourront plus
se présenter. On a reconnu combien il pourrait être
difficile de constater l'impuissance naturelle et que
*dans ce cas, s'il existe, l'homme doit supporter
toutes les charges de la paternité dont il a témé-
rairement affecté la puissance et dévorer la honte
d'un enfant qu'il peut n'avoir pas fait, mais qu'il
a eu la frauduleuse audace de promettre à sa
femme et à la société* [1].

Au surplus, l'appréciation de l'accident qui produirait l'impossibilité physique de cohabitation et
qui peut, à la différence de l'impuissance naturelle,
être constaté d'une manière certaine, est aussi laissée aux tribunaux. L'impuissance accidentelle peut
donc être, selon les circonstances, le résultat, ou

---

[1] Discours du Tribun Duveyrier.

d'une mutilation, ou d'une blessure, ou d'une maladie grave.

353. Mais l'impuissance accidentelle qui serait antérieure au mariage pourrait-elle être cause de désaveu ?

Quoique les termes de l'article 312 ne distinguent pas l'accident postérieur de l'accident antérieur, l'ensemble de sa rédaction et les motifs qui l'ont dicté doivent faire résoudre cette question négativement. Il suppose en effet un événement nouveau qui, de même que l'éloignement, rend impossible la cohabitation du *mari* et de la *femme*, et par conséquent que le mariage avait précédé cet événement. D'ailleurs, et cette raison suffirait, si la loi présentait quelque doute, celui qui, dissimulant son impuissance accidentelle, a osé se marier et a trompé le vœu du mariage, serait-il écouté plus favorablement, dans son désaveu, que celui qui allègue son impuissance naturelle et qu'un texte de loi repousse ? Il me semble qu'il devrait être encore plus sévèrement traité, s'il était possible.

354. L'impossibilité morale de cohabitation entre les époux n'est pas, en règle générale, une cause de désaveu de paternité, et ce n'est qu'à l'impossibilité physique que cet effet est attribué. Il en était différemment dans les principes du droit romain, qui n'avaient pas été admis dans notre ancienne jurisprudence. Cependant, sous son empire, et sous la loi transitoire du 12 brumaire an 2 , l'enfant né d'une femme séparée de corps pour cause d'adultère pouvait être désavoué par le mari.

355. Aujourd'hui le Code n'admet l'impossibilité morale que dans un seul cas; c'est celui de l'adultère de la femme , réuni à la circonstance que la naissance de l'enfant a été cachée au mari (art. 313). Encore même , ces deux circonstances constatées ne suffisent pas pour faire accueillir le désaveu, de plein droit. Il faut, en outre, que le mari propose tous les faits propres à justifier qu'il n'est pas le père de l'enfant (*id.*). Il suit de là que , dans certaines circonstances, malgré l'adultère de la femme et le recèlement de la naissance , la présomption légale de la paternité du mari produira ses effets. C'est le seul cas admis d'impossibilité morale , et l'aveu même que ferait la femme de sa faute serait inefficace.

356. Quelques personnes avaient pensé que le désaveu ne peut pas être reçu , si l'adultère de la femme n'avait pas été constaté par un jugement antérieur à la demande. Telle était notamment l'opinion de Merlin dans l'affaire sur laquelle intervint l'arrêt que je vais citer. Mais la cour de cassation [1] a décidé que l'article 313 soumettant le mari à prouver qu'il n'était pas le père de l'enfant dont la nais-

[1] Sirey, 1812, 1-377.

sance lui avait été cachée , et l'adultère de la femme devant être la conséquence forcée de cette preuve , il était inutile qu'une preuve juridique antérieure en fût rapportée , et que d'ailleurs il ne faut pas ajouter à cet article qui n'exige pas que l'adultère ait été préalablement jugé. Ces raisons me paraissent concluantes.

357. Jusqu'à présent j'ai parlé de l'enfant conçu pendant le mariage. Je m'occuperai maintenant de celui qui est né pendant le mariage ; mais qui a été conçu avant sa célébration. Le fait de sa naissance ne lui donne pas moins la possession d'état d'enfant légitime ; mais il peut être désavoué par le mari , si le temps qui s'est écoulé depuis le mariage jusqu'à la naissance n'est pas celui qui justifie la présomption légale de la durée de la gestation. L'enfant né avant le cent quatre-vingtième jour (moins de six mois environ) du mariage est sujet à ce désaveu facultatif de la part du mari. C'est la règle ; et le mari a fait toutes ses preuves pour le faire accueillir , par le seul rapprochement des dates.

358. Mais ce droit cesse pour lui , 1° s'il a eu connaissance de la grossesse avant le mariage : on doit supposer qu'en se mariant il s'en est reconnu l'auteur ; et s'il alléguait son opinion contraire , par conséquent son propre deshonneur , il ne devrait pas être écouté ; 2° s'il a assisté à l'acte de naissance et si cet acte est signé de lui , ou contient sa déclaration qu'il ne sait pas signer. On ne peut pas admettre qu'il ait été assez bénévole pour laisser consigner sur les regîtres qui font foi jusqu'à inscription de faux, la déclaration de sa fausse paternité ; 3° si l'enfant n'est pas déclaré viable (*vitæ habilis*). Dans ce cas, l'état de l'enfant peut justifier l'idée d'une naissance prématurée, et d'ailleurs l'action en désaveu ne serait qu'un scandale sans objet (art. 314).

Des raisons d'ordre public doivent faire reconnaître que les dispositions de cet article ne sont pas limitatives, et que le désaveu ne sera pas recevable toutes les fois que le mari aura reconnu d'une manière quelconque, expressément ou tacitement, sa paternité.

359. Plusieurs auteurs anciens ont résolu, d'une manière diverse, l'importante question de savoir quel est l'état de l'enfant conçu à une époque où ses père et mère n'étaient pas libres, lorsque l'un d'eux, par exemple, était engagé dans les liens d'un autre mariage, mais né pendant le mariage de ses père et mère. Il me paraît sans difficulté que, sans qu'il soit même besoin du désaveu, cet enfant ne pourra jamais être réputé légitime. En attribuant en effet sa paternité à l'époux, il serait adultérin. Si l'on supposait qu'un autre est son père, il serait enfant naturel. On peut donc le considérer comme enfant illégitime de plein droit [1].

_____

[1] M. Duranton, tom. 3, n° 24.

360. La rédaction de l'article 315 a fait naître des difficultés. Il est conçu en ces termes : *La légitimité de l'enfant né trois cents jours après la dissolution du mariage pourra être contestée.* De cela que cette contestation est présentée comme facultative, quelques-uns ont pensé que, dans certaines circonstances, les tribunaux peuvent déclarer l'enfant légitime quoiqu'il soit né trois cents jours après la dissolution du mariage. Mais il est évident que cette opinion ne doit pas être suivie, et que la loi n'a voulu dire autre chose sinon qu'il dépendra des intéressés de contester ou non la légitimité de cet enfant, que si la contestation n'est pas élevée l'enfant sera considéré comme légitime ; mais si la contestation a lieu, il suffira que l'époque de la naissance et celle de la dissolution du mariage soient bien constatées pour que l'enfant doive nécessairement être déclaré illégitime. La grossesse la plus longue est, en effet, d'après la présomption légale, de trois cens jours et, par conséquent, l'enfant dont il s'agit ne peut pas être supposé appartenir au mari.

361. Dans l'article précité, la loi parle de contestation de légitimité et il est question de désaveu dans ceux qui le précèdent. C'est qu'il y a une notable différence entre le désaveu et la contestation.

Le désaveu a pour objet d'enlever à l'enfant né ou conçu pendant le mariage l'état dont il est en possession. Le but de la contestation est d'empêcher celui qui n'a pas en sa faveur la présomption légale de la légitimité d'en usurper les prérogatives.

Le désaveu n'appartient qu'au mari ou à ses héritiers qui représentent sa personne ; il ne peut donc pas être exercé par la femme ou les héritiers de celle-ci , ni par l'enfant lui-même qui ne doit pas être écouté si , outrageant ce qu'il doit le plus respecter , il se présente comme le fruit de l'adultère. Mais la contestation peut être élevée par tous ceux qui ont intérêt à la faire , quelle que soit la source de cet intérêt.

Enfin le temps pendant lequel la contestation peut être agitée n'est pas limité. Elle a autant de durée que peut en avoir l'intérêt de celui qui la soulève , tandis que ce n'est que dans un temps déterminé , comme nous allons le voir , que le désaveu peut avoir lieu.

Ces différences se justifient par celle qui a été déjà signalée entre les deux positions. Autre chose est , en effet , dépouiller l'enfant de son état, autre chose en prévenir l'usurpation.

362. Nous avons vu plus haut (n° 311) qu'il est défendu à la veuve de se remarier moins de dix mois après la dissolution du mariage. Si, méconnaissant cette disposition de loi qui ne prononce pas la nullité d'une union nouvelle , la veuve s'est remariée peu de temps après son veuvage et met au monde un enfant qui , d'après la présomption légale de l'époque de la conception , peut appartenir indistinc-

tement au premier comme au second mari ; quel
sera l'état de cet enfant ?

Je ne rappellerai pas les divers systèmes qui ont
été émis sur cette question délicate et qui , ne fût-
ce que parce qu'ils sont trop absolus , ne doivent pas
être admis ; et je pense que les circonstances devront
influer sur sa solution. Mais à défaut de circonstances particulières résultant ou de l'état de la femme ,
ou de la position des deux maris ou de l'un d'eux ,
je crois qu'il est convenable d'admettre la présomption naturelle fondée sur la durée ordinaire de la
gestation qui est de neuf mois , et de déterminer la
paternité d'après cette base [1].

363. L'état de l'enfant sujet au désaveu ne devant pas être laissé long-temps dans l'incertitude , le
délai pendant lequel l'action peut être exercée , soit
par le mari , soit par ses héritiers , a été déterminé.
Si le mari se trouve sur les lieux , ce qui s'entend
aussi bien d'une faible distance qui n'interromprait
pas les communications avec le lieu de la naissance ,
la réclamation doit être faite dans le mois. Si , à la
même époque , il est absent , c'est-à-dire non présent , dans les deux mois après son retour ; et si la
naissance de l'enfant lui a été cachée , dans les deux
mois après la découverte de la fraude (art. 316).

Si , pendant ces divers délais , le mari garde le

---

[1] M. Duranton, tom. 3, n° 63.

silence , il encourt déchéance et ne peut pas proposer plus tard le désaveu. Ses héritiers n'ont pas à cet égard plus de droits qu'il n'en aurait eu lui-même., et ils ne peuvent réclamer que lorsque le mari est mort dans le délai utile pour le faire. Dans tous les cas ils ont , pour intenter l'action , deux mois qui ne courent qu'à dater de l'époque où ils ont un véritable intérêt à agir , c'est-à-dire du moment où l'enfant s'est mis en possession des biens du mari , ou de celui où les héritiers sont troublés par lui dans cette possession (art. 317).

364. On a écrit [1] que les héritiers du mari ne sont pas recevables à désavouer l'enfant pour cause d'adultère de la mère et de recèlement de la naissance , parce que , suivant l'article 336 du code pénal , l'adultère de la femme ne peut être dénoncé que par le mari. Mais c'est là confondre l'action criminelle attribuée au mari seul avec l'action civile. Cette dernière peut être exercée par les héritiers du mari comme elle aurait pu l'être par lui même [2].

365. La raison qui a fait donner une courte durée à la faculté d'exercer le désaveu explique la disposition suivant laquelle on doit considérer comme non avenu tout acte extrajudiciaire contenant le

---

(1) M. Proudhon , tom. 2 , pag. 41 et 42.

(2) Toullier , tom. 2 , n° 841.

désaveu de la part du mari ou de ses héritiers s'il n'est suivi, dans le délai d'un mois, d'une action en justice dirigée contre un tuteur *ad hoc* donné à l'enfant, et *en présence de sa mère* (art. 318). Ces derniers mots doivent néanmoins être raisonnablement entendus ; et si la mère, assignée dans l'instance, ne se présente pas, fait défaut, le désaveu n'en pourra pas moins être jugé. Car l'action ne peut pas être rendue impossible par le seul effet de la volonté de celle qui est si fort intéressée à ce qu'elle n'ait pas lieu.

CHAPITRE II.

Des preuves de la filiation des enfans légitimes.

SOMMAIRE.

366. La filiation et la légitimité sont, comme nous l'avons déjà vu (n° 346), deux choses bien distinctes et qu'il ne faut pas confondre. La filiation peut être en effet ou seulement naturelle, ou seulement civile, ou naturelle et civile tout à la fois. Cette dernière est la filiation légitime, et elle ne peut avoir d'autre fondement que le mariage des père et mère de l'enfant. C'est de cette filiation que notre chapitre s'occupe. Ses dispositions supposent le mariage prouvé et non contesté, et, partant de ce point, elles font connaître par quelles preuves s'établit la filiation légitime.

367. La première que la loi mentionne est l'acte de naissance (art. 319) dont les conditions sont exprimées n° 88 et suivans. Mais, privé de tout autre appui, cet acte est insuffisant pour constater l'état de celui qui veut se l'appliquer. L'acte de naissance ne peut prouver en effet par lui-même autre chose, sinon qu'il est né un enfant des époux qui y sont dénommés. Mais il ne prouve pas que celui qui veut se l'approprier soit le même que l'enfant dont la naissance est constatée. Il reste donc encore à établir l'*identité* du réclamant avec celui dont la naissance a été inscrite sur le regître de l'état civil. Tant que cette *identité* ne sera pas reconnue ou justifiée, l'acte de naissance n'établira pas plus la légitimité d'un individu que d'un autre ; il ne sera donc pas, sans le secours de l'*identité*, une preuve de la filiation des enfans légitimes.

568. Mais de quelle manière devra se faire la preuve de l'identité qui doit compléter l'acte de naissance ? Sera-t-il nécessaire que, comme dans le cas de l'article 323, le réclamant qui veut prouver son identité par témoins présente un commencement de preuve par écrit, ou bien des présomptions ou indices résultant de faits dès lors constans ?

Je ne le pense pas. L'article 323 régit le cas où le réclamant ne peut invoquer ni acte de naissance, ni possession d'état. Dans une telle position, il eût été trop dangereux d'admettre facilement la preuve testimoniale. Mais lorsqu'il existe un acte de naissance qui n'est pas démenti par un acte de décès, et qu'aucun autre individu vivant ne s'applique, cet acte peut bien au moins produire l'effet d'un commencement de preuve par écrit, et rendre la preuve par témoins admissible, sans autre secours [1].

569. Il n'est pas même absolument indispensable

---

[1] Toullier, t. 2, n° 885. — M. Duranton, t. 3, n° 125.

pour que l'acte de naissance établisse la filiation légitime d'un enfant, que son père y soit désigné. Il suffit qu'il fasse connaître la mère, et, par une conséquence de la règle *pater is est, etc.*, l'époux de celle-ci est, de plein droit, réputé le père de l'enfant, sauf le désaveu dans les cas où il est autorisé. Il en est ainsi, que l'enfant ait été déclaré comme né d'un père inconnu, ou d'un autre que l'époux de sa mère [1].

370. Il doit être bien entendu que, pour qu'un tel acte produise son effet et fasse foi jusqu'à inscription de faux, il doit être rédigé suivant les prescriptions de la loi et notamment de l'article 56. Encore même, toutes les formalités voulues eussent-elles été observées, la véracité de la déclaration faite à l'officier de l'état civil pourrait être contestée sans recourir à l'inscription de faux. Si, par exemple, tout en reconnaissant qu'il a été présenté un enfant, on demandait de prouver qu'il a un père et une mère autres que ceux qui ont été déclarés [2].

371. Mais nous avons vu, que pour des causes diverses, les actes de l'état civil peuvent n'être pas représentés. L'enfant privé d'un acte de naissance

---

(1) Sirey, 20-2-7. — Toullier, tome 2, n° 858. — M. Duranton, tome 3, n°° 114 et 115.

(2) Toullier, tom. 2, n° 852.

peut prouver sa légitimité par la possession constante de l'état d'enfant légitime (art. 320).

La loi fait connaître ce qu'elle entend dans ce cas par possession d'état (art. 321). Elle en désigne les principaux caractères qui sont renfermés dans ces mots : *nomen, tractatus, fama.* Mais il faut bien remarquer que ses dispositions à cet égard ne sont qu'énonciatives et non pas limitatives, et que le concours de toutes les circonstances qu'elle énumère n'est pas indispensable pour constituer la possession d'état.

572. Cette possession, quoique, dans l'ordre des dispositions du Code, elle ne vienne qu'en second rang dans les preuves de la filiation, est cependant plus avantageuse que l'acte de naissance considéré isolément. Car elle prouve ordinairement à la fois et la filiation et l'identité.

573. Les faits qui l'établissent sont de nature à être prouvés par témoins, et la preuve testimoniale est admissible sans commencement de preuve par écrit ou présomptions résultant de faits constans. Car l'article 323 qui exige l'une de ces circonstances suppose qu'il n'existe pas de possession d'état.

574. Mais, pour qu'elle suffise à la preuve de la filiation légitime, il faut qu'il n'existe pas d'acte de naissance. C'est ce qui résulte bien évidemment du rapprochement de termes des articles 320 et 197.

375. Il suit de ce qui précède que le concours du mariage des père et mère, de l'acte de naissance et de la possession d'état forme la preuve la plus complette de la filiation légitime, et la rend inattaquable. Aussi, « nul ne peut réclamer un état con-
» traire à celui que lui donnent son acte de nais-
» sance et la possession conforme à ce titre, et
» réciproquement nul ne peut contester l'état de
» celui qui a une possession conforme à son acte de
» naissance. » (art. 322).

La première disposition de cet article ferait donc écarter aujourd'hui une prétention qui serait semblable à celle qu'éleva autrefois une personne que son acte de naissance et la possession d'état conforme présentait comme fille de deux époux, et qui poursuivit et obtint un jugement qui la déclara bâtarde du maréchal de Saxe [1].

376. Malgré la généralité des termes de la seconde disposition de l'article précité, il est un cas où le mariage, l'acte de naissance et la possession d'état réunis ne constituent pas la légitimité; c'est celui où il existe des enfans nés de deux individus qui se sont mariés ayant l'un et l'autre la connaissance d'un empêchement dirimant à leur mariage, qui

---

[1] Nouveau Denisart, au mot *bâtard*, § 2.

dès-lors ne peut pas produire les effets civils que la
bonne foi seule produit , aux termes des articles
201 et 202.

377. Il ne faut pas conclure du même article
qu'il n'y aurait pas moyen de contester l'état d'un
enfant qui serait en possession de l'état d'enfant de
deux époux , et qui s'appliquerait un acte de naissance , alors qu'on prétendrait que cet enfant a été
substitué à l'enfant légitime. Ce ne serait pas , dans
ce cas , une question de filiation proprement dite ,
mais une question d'identité ; et d'ailleurs la possession d'état ne remonterait pas à la naissance , n'aurait
pas été *constante* , caractère exigé par l'article 320
pour qu'elle établisse la légitimité , et qui n'est pas
moins nécessaire dans le cas de l'article 322.

378. Un malheur ou un crime peuvent avoir
privé un enfant des moyens ordinaires de constater
sa filiation légitime. Les regîtres de l'état civil peuvent n'avoir pas existé , avoir été détruits ou altérés ;
l'enfant peut avoir été déplacé et n'avoir pas la possession de son véritable état ; il peut avoir été inscrit sous de faux noms , ou comme né de père et
mère inconnus. Dans ces divers cas , la loi vient à
son secours en lui permettant de prouver sa filiation
par témoins (art. 323). Mais de tous les temps on
a reconnu combien ce genre de preuve était suspect
et combien il serait dangereux de faire dépendre
l'état des hommes de simples déclarations qu'il est

souvent facile d'obtenir de la complaisance ou de la corruption. *Soli testes ad ingenuitatis probationem non sufficiunt,* disait la loi 2 au code *de testibus.* Aussi, dans le cas prévu par notre article, cette preuve par témoins n'est admissible que lorsqu'il y a commencement de preuve par écrit, ou lorsque les présomptions et indices résultant de faits dès-lors constans sont assez graves pour en déterminer l'admission (*id.*).

La loi fait connaître ce qu'elle entend ici par commencement de preuve par écrit (art. 324); et elle réserve la preuve contraire à ceux qui ont intérêt à contester la réclamation (art. 325).

379. Je répéterai ici ce que j'ai déjà dit ailleurs (n° 373), que le commencement de preuve par écrit, les présomptions ou indices ne sont nécessaires que lorsque le titre et la possession d'état manquent à la fois ; d'où suit que lorsqu'il existe un acte de naissance d'un individu dont le décès n'est pas prouvé, la preuve par témoins de l'identité est admissible, sans que celui qui l'invoque soit tenu de remplir aucune condition préalable. Dans le cas où l'acte de naissance semblerait détruit par un acte de décès, la voie de l'inscription de faux pourrait être prise contre ce dernier, et il serait laissé aux tribunaux d'admettre ou de rejeter cette voie, selon les circonstances [1]. Une fois l'acte de décès emporté par le

(1) Sirey, 1820, 1-520.

succès de l'inscription de faux, la preuve testimoniale, sans autre document ou circonstance, serait parfaitement admissible.

380. En attribuant la preuve contraire aux parties intéressées, l'article 325 leur permet de faire usage de tous les moyens propres à établir que le réclamant n'est pas l'enfant de la mère qu'il prétend avoir, *ou même, la maternité prouvée, qu'il n'est pas l'enfant du mari de la mère.*

La première partie de cette disposition ne peut donner lieu à aucune difficulté. Il était juste que tous les moyens possibles fussent accordés à ceux qui s'opposent à une déclaration de maternité qui n'est constatée ni par un titre, ni par la possession.

Mais il n'en est pas de même de la seconde partie, de celle qui permet de prouver que l'enfant n'appartient pas au mari de la mère. Ici la présomption légale, *pater is est, etc.*, pourra-t-elle être détruite autrement que par le désaveu, conformément aux principes qui le régissent, par exemple, par la preuve de faits établissant l'impossibilité morale de cohabitation entre les époux, dans des cas autres que ceux de l'article 313?

Reconnaissons d'abord que la présomption légale de paternité, tant qu'elle ne sera pas emportée, produira son effet, et qu'il s'agit seulement de préciser les moyens à l'aide desquels elle peut être détruite, lorsque l'enfant n'a pour lui ni titre ni possession d'état.

Dans ce cas, l'article 325 doit être entendu en ce sens que la paternité peut être contestée par toute sorte de moyens, sans qu'il soit besoin de recourir à la voie difficile et limitée du désaveu. Ici, en effet, il ne s'agit pas, comme dans le désaveu, de dépouiller un enfant de l'état dont il jouit, mais d'empêcher un étranger de s'introduire dans une famille. On conçoit donc très-bien que la première de ces voies doit être entourée de plus grandes difficultés que la seconde. Cette opinion, au surplus, est généralement admise (1).

381. L'enfant auquel son état aura été ravi par l'effet d'un accident ou d'un malheur qui ne constituent pas un crime, n'aura que la voie civile pour réclamer (art. 326), et nous venons de voir sous quelles conditions son action sera recevable. S'il en a été privé par un crime, la réparation pourra être poursuivie non-seulement par la voie civile, mais encore par la voie criminelle.

Mais devant cette dernière juridiction les faits imputés se prouvent par témoins sans commencement de preuve par écrit. La disposition de loi qui l'exige pour faire admettre la preuve par témoins serait donc toujours éludée, si l'action pouvait être intentée au criminel avant d'avoir été jugée au civil. Voilà pourquoi l'action criminelle contre un délit

---

(1) Merlin, rép. v° légitimité, section 2, § 4. — Toullier, tome 2, n° 894. —M. Duranton, tom. 3, n°s 137 et suiv.

de suppression d'état ne peut commencer qu'après le jugement définitif sur la question d'état toujours soumise à la juridiction civile (art 327). L'intérêt des familles qu'il a fallu préserver des tentatives d'intrigans qui viendraient les troubler, en cherchant à s'y introduire, méritait assez de faveur pour faire suspendre, dans ce cas, l'exercice de l'action publique. Mais il ne faut pas conclure de là qu'il soit interdit au ministère public de poursuivre avant toute action civile le crime de suppression d'état ou d'exposition d'enfant; il n'y a pas alors de question d'état. Il s'agit seulement de punir un crime, et non de savoir à qui appartient l'enfant.

382. S'il n'en est pas de même dans le cas de l'article 198 qui permet la preuve directe du mariage par une procédure criminelle, c'est parce que le mariage étant un fait notoire et public, la preuve qui en est faite n'offre pas les dangers de celle de la filiation, qui souvent résulte d'un fait secret ou équivoque.

383. L'état étant pour tout individu le premier des biens et l'intérêt de la société voulant que chacun conserve le sien, l'action dont il est l'objet n'est pas présumée abandonnée par l'effet du plus long silence de celui qui en a été privé. Elle est imprescriptible à l'égard de l'enfant (art. 328).

C'est par application du même principe d'ordre public qu'il faut reconnaître que l'état de l'enfant est inaliénable, qu'il ne peut pas être l'objet d'un compromis (art. 1004 , cod. de procéd.), ni d'une transaction , ni d'un acquiescement à une demande ; qu'enfin on ne peut pas renoncer expressément à l'appel d'un jugement rendu en cette matière [1].

Réciproquement, celui qui, pendant plus de trente ans , a joui d'un état qui n'est pas le sien , n'a pas pu le consolider par la prescription. Les intéressés seront toujours à temps de l'en dépouiller.

384. Mais les effets de cette imprescriptibilité ne s'étendent pas aux biens qui restent soumis aux règles générales de la prescription. L'enfant qui a été privé de son état pourra donc toujours le recouvrer; mais il aura perdu tout droit aux biens qui lui auraient appartenu et que celui qui avait usurpé sa place aurait possédé pendant plus de trente ans. De même, celui qui, pendant ce laps de temps, aurait joui d'un état qui ne lui appartenait pas et qui lui est ravi , conserve les biens qui, dans le principe de sa possession , n'étaient pas à lui.

385. Il faut bien remarquer néanmoins que ce n'est qu'en faveur de l'enfant lui-même que, par exception à la règle ordinaire, l'action en réclamation d'état est déclarée imprescriptible. Car ses héritiers ne peuvent l'intenter lorsqu'il n'a pas réclamé lui-

[1] M. Durantou , tom. 5 , n° 144.

même qu'autant qu'il est décédé mineur, ou dans les cinq ans qui ont suivi sa majorité (art. 329). Il importait, pour prévenir de trop longues incertitudes, de limiter l'exercice de l'action des héritiers qui n'ont en général qu'un intérêt pécuniaire à satisfaire; et dans les cas où l'action leur est accordée, ils doivent, sous peine de déchéance, l'intenter dans les trente ans qui suivent la mort de l'enfant. Le silence gardé par ce dernier, dans les autres cas, doit faire présumer sa renonciation à son droit.

Mais si l'enfant avait commencé l'action, elle peut être suivie par ses héritiers, à moins qu'il ne s'en fût formellement désisté, ou qu'il n'eût laissé passer trois années sans poursuites, à compter du dernier acte de procédure (art. 330).

586. Ainsi, d'après cet article, le désistement de l'action de la part de l'enfant qui serait inefficace en ce qui le concerne personnellement, parce que, comme je l'ai déjà dit, il ne peut pas aliéner son état, produit son effet à l'égard de ses héritiers, qu'il rend non recevables : différence qui s'explique par celle de l'intérêt qui peut s'attacher à la prétention des uns et des autres.

587. Le même article assimile le défaut de poursuites pendant trois années au désistement formel de l'action. Cependant il a été prétendu [1] que la

_____

[1] M. Duranton, tom. 3, n° 157.

18

discontinuation de poursuites de la part de l'enfant qui meurt moins de cinq ans après sa majorité ne rend pas les héritiers non recevables dans l'action. Cette opinion contrarie le texte de la loi qui n'est pas équivoque. C'est ici une déchéance, un désistement tacite de l'action, qui résulte de la discontinuation des poursuites pendant trois ans. Ce n'est donc pas une péremption d'instance ordinaire, mais la reconnaissance, de la part de l'enfant, que son action était mal fondée [1].

388. En attribuant l'action aux *héritiers*, d'une manière générale, la loi n'a entendu établir aucune différence entre les diverses espèces d'héritiers. Elle appartient donc aux héritiers directs ou collatéraux, légitimes ou testamentaires, réguliers ou irréguliers.

389. Elle peut aussi, comme sous l'ancienne jurisprudence, être exercée par les créanciers de l'enfant. C'est une conséquence du principe écrit dans l'article 1166 du Code [2].

---

[1] Toullier, tome 2, nº 914. — Delvincourt, page 86, nº 3. —Dalloz, jurispr. génér., tome 8, page 593.

[2] Merlin, rép. vº légitimité, section 4, § 1. — Toullier, tome 2, nº 914. — Pour l'opinion contraire, M. Duranton, tome 3, nº 160.

CHAPITRE III.

Des enfans naturels.

SOMMAIRE.

390. *Des enfans naturels. Ils sont divisés en trois clas-*
ses : les naturels simples , les adultérins et les in-
cestueux.

390. On appelle enfans naturels ceux qui sont
nés hors le mariage. Il en est de trois sortes : les
enfans naturels simples , qui sont nés de personnes
non mariées et non parentes ou alliées au degré
prohibé pour le mariage ; les enfans adultérins dont
les père et mère ou l'un d'eux étaient engagés dans
les liens du mariage avec d'autres personnes ; enfin
les enfans incestueux nés de personnes que les liens
du sang ou de l'affinité empêchaient de se marier.
C'est l'époque de la conception et non celle de la naissance de l'enfant qu'il faut considérer pour fixer son
état , et déterminer celle de ces trois classes à laquelle
il appartient.

SECTION PREMIERE.

De la légitimation des enfans naturels.

SOMMAIRE.

394. *Le mariage subséquent est le seul mode actuel de*
légitimation.

392. *Les enfans nés d'un commerce adultérin ou inces-*
    tueux ne peuvent jamais être légitimés.
393. *Lors même que le mariage des père et mère des*
    incestueux a lieu moyennant dispenses.
394. *Modes ou conditions de la légitimation.*
395. *Elle a lieu de plein droit, si la reconnaissance est*
    suivie du mariage.
396. *Elle ne peut pas avoir lieu après le mariage.*
397. *En règle générale, la reconnaissance du père et de*
    la mère est indispensable.
398. *Cas où la reconnaissance du père peut suffire. Com-*
    binaison des articles 331 et 341.
399. *Un mariage intermédiaire n'empêche pas la légi-*
    timation. Mais elle ne rétroagit pas. Elle ne produit
    ses effets qu'à dater du mariage.
400. *Les enfans légitimés ont les droits des enfans lé-*
    gitimes.
401. *Le mariage putatif n'opère pas la légitimation.*
    Renvoi.
402. *Elle peut avoir lieu en faveur des enfans décédés.*
    Ses effets dans ce cas.

391. La légitimation est le fait légal qui attribue
aux enfans naturels la qualité et les droits des enfans légitimes.

Dans le droit romain, il était plusieurs modes de
légitimation : l'oblation à la curie, l'adoption, le
mariage subséquent, le rescrit du prince, le testament, l'acte public. En France on n'admettait anciennement que le mariage subséquent, et le rescrit
du prince ou lettres de légitimation dont l'effet était

de détruire les conséquences de l'incapacité dont les enfans naturels étaient frappés par les anciennes lois qui les déclaraient incapables de remplir des emplois publics.

Aujourd'hui , il n'est qu'un seul mode de légitimation de l'enfant naturel , qui est le mariage subséquent de ses père et mère (art. 331).

392. Il faut voir maintenant quels sont , parmi les enfans naturels , ceux qui peuvent être légitimés, et quelles sont les conditions de la légitimation.

La loi défend la légitimation des enfans incestueux ou adultérins (*id.*). Les enfans naturels simples sont donc les seuls qu'elle admette à profiter de ce bienfait. Son motif tout moral est que ceux dont un crime a causé la naissance ne doivent pas avoir les avantages qu'elle accorde à ceux qui sont le fruit d'une faiblesse.

393. La généralité des termes de la loi qui prohibe la légitimation des enfans incestueux rend-elle impossible celle de l'enfant né de parens ou alliés au degré prohibé , mais qui ont ensuite obtenu des dispenses pour le mariage ?

Dans l'ancienne jurisprudence , cet enfant était légitimé par le mariage subséquent. M. Toullier [1] pense qu'il en doit être de même sous le Code, parce qu'il ne définit pas l'inceste.

---

[1] Tome 2 , n° 953.

Il serait à désirer que cette opinion pût être suivie ; car elle est aussi raisonnable qu'humaine. C'est en effet pour donner un état aux enfans nés d'unions illicites , que souvent les dispenses sont sollicitées ; et puis , que n'offre pas d'affligeant le spectacle d'une famille composée de plusieurs enfans nés du même père et de la même mère , dont les uns, ceux qui sont nés après le mariage , ont toutes les prérogatives de la légitimité , dont les autres , ceux dont la naissance a précédé le mariage , sont réduits à la condition d'enfans incestueux !

Mais , si elle est incontestablement raisonnable et humaine , cette opinion ne me paraît pas légale. L'article 331 déclare que le mariage subséquent ne légitimera pas les enfans incestueux. Il suppose donc que ces enfans sont nés de parens ou alliés qui pouvaient se marier moyennant dispenses. Il n'est donc applicable qu'aux enfans nés de beaux-frères et belles-sœurs , oncles et nièces , tantes et neveux , puisque ceux-là seuls peuvent obtenir des dispenses. Cette décision est bien rigoureuse sans doute ; mais tant que l'article 331 ne sera pas modifié , il est impossible de méconnaître que c'est la seule fondée en loi [1].

394. Les enfans naturels ne peuvent être légitimés qu'autant qu'ils ont été légalement reconnus

_____

(1) Merlin, rép. v° légitimation. — M. Duranton, tome 3 , n°ˢ 176-177.

avant le mariage, ou qu'ils le sont dans l'acte même de célébration (*id.*). La légitimation n'est donc plus de plein droit, comme elle l'était autrefois, la conséquence du mariage.

595. Mais lorsque la reconnaissance légale de l'enfant a précédé le mariage, il n'est pas besoin de la renouveler, ni même de mentionner l'enfant, dans l'acte de célébration, pour que la légitimité lui soit acquise. Dans ce cas, elle a lieu de plein droit.

596. Il résulte donc de la loi que la légitimation ne peut pas avoir lieu postérieurement au mariage. Dans une telle hypothèse, la fraude se présumerait facilement ; et des époux qui n'ont pas d'enfans pourraient ainsi s'en créer, sans remplir les conditions voulues pour l'adoption, tandis que cette fraude ne peut pas se supposer au moment même du mariage dont les enfans à naître sont le but et l'espoir.

597. La reconnaissance de l'enfant par les deux époux est nécessaire pour opérer la légitimation (*id.*), et il importe peu, lorsqu'elle est antérieure à la célébration du mariage, qu'elle soit faite par les deux dans le même acte ou par des actes séparés.

598. Cependant, en rapprochant la nécessité de cette double reconnaissance du principe de l'article 341 qui permet la recherche de la maternité, on peut être amené à penser que la seule reconnaissance

du père , antérieure au mariage suffit, pour la légitimation de l'enfant qui , postérieurement au mariage, prouve qu'il est aussi l'enfant de l'épouse. Cette
reconnaissance forcée rétroagit en effet au moment
de la naissance , d'où la conséquence que c'est comme
si la mère eût reconnu l'enfant à cette époque [1].

399. Un obstacle postérieur à la naissance de l'enfant et qui , pendant sa durée , en rendrait la légitimation impossible, ne fait pas qu'elle ne puisse pas
s'opérer lorsqu'il n'existe plus. L'enfant pourra donc
être légitimé quoique ses père et mère ou l'un d'eux
aient, depuis sa naissance , contracté un autre mariage. Mais , en aucun cas , la légitimation ne
rétroagit pour ses effets à l'époque de la naissance.
L'enfant ne peut être que réputé né du mariage
(art. 333),c'est-à-dire pendant le mariage. Ainsi, par
exemple , l'enfant naturel né avant un mariage intermédiaire duquel il existe des enfans, et légitimé
par un mariage subséquent , quoique plus âgé , ne
serait pas considéré comme l'aîné pour recueillir un
majorat affecté à ce titre.

400. D'ailleurs , les enfans légitimes exercent,
tous les autres droits appartenant aux enfans légitimes (*id.*) , tels que droits de succession , d'opérer la
révocation des donations , etc. , etc.

---

(1) M. Duranton , tome 3 , n° 180 , est formel à cet égard. La
même opinion peut s'induire d'un passage de Toullier , t. 2 , n° 927.

401. Nous avons vu , au n° 264 , que le mariage putatif ne légitime pas les enfans qui étaient nés antérieurement.

402. La légitimation peut avoir lieu en faveur des enfans décédés qui ont laissé des descendans et , dans ce cas , elle profite à ces derniers (art. 332).

SECTION II.

De la reconnaissance des enfans naturels.

SOMMAIRE.

aux alimens accordés aux enfans adultérins ou incestueux.

413. La reconnaissance d'un enfant naturel n'oblige que son auteur.

414. La seule déclaration de la mère n'ôte pas son effet à la reconnaissance du père.

415. De la reconnaissance faite pendant le mariage par les époux ou par l'un d'eux, d'un enfant naturel né avant le mariage.

416. L'article 337 ne s'applique pas à une reconnaissance postérieure au mariage, lors même qu'il en resterait des enfans.

417. Cet article s'applique à la reconnaissance forcée, comme à la reconnaissance volontaire.

418. La femme mariée peut, sans l'autorisation de son mari, reconnaître l'enfant qu'elle a eu avant son mariage.

419. La reconnaissance d'un enfant naturel ou sa réclamation peuvent être contestées par ceux qui y ont intérêt.

420. Par l'enfant lui-même.

421. Par la mère et par le père.

422. Par leurs héritiers.

423. La recherche de la paternité est interdite, par voie d'action ou d'exception de la part de l'enfant, ou contre lui.

424. Exception au cas d'enlèvement ou de viol. Conditions. Pouvoir discrétionnaire qu'ont les tribunaux à cet égard.

425. La recherche de la maternité est permise.

426. La preuve de l'accouchement est admissible aussi bien que celle de l'identité du réclamant.

403. La reconnaissance des enfans naturels est l'acte qui établit les rapports de paternité et de filiation entre l'enfant et celui ou ceux à qui il doit le jour.

Elle peut être volontaire ou forcée.

Je m'occuperai d'abord de la reconnaissance volontaire. J'examinerai la forme en laquelle elle peut être faite, et quels sont les enfans en faveur de qui elle peut avoir lieu.

404. De même que tous les actes qui servent à constater l'état des personnes, la reconnaissance d'un enfant naturel doit être faite authentiquement, lorsqu'elle ne l'a pas été dans son acte de naissance (art. 334), qui est lui-même un acte authentique.

Elle peut donc être faite, soit par acte devant notaires, soit par acte devant le juge de paix assisté de son greffier, comme devant les officiers de l'état civil, et il n'est pas même nécessaire que l'acte ait exclusivement la reconnaissance pour objet (art. 1320).

405. Il résulte donc de la loi qu'une reconnaissance par acte sous seing privé ne peut pas conférer les droits de la filiation naturelle à celui qui en est l'objet. C'est un point hors de toute controverse ; mais on a demandé si elle pourrait au moins lui donner droit à des alimens.

On ne conçoit pas trop sur quoi on se fonderait pour admettre que, nulle en ce qui concerne le nom et les droits de succession, une telle reconnaissance vaudrait pour assurer à l'enfant des alimens qui ne seraient que la conséquence de sa filiation. Ne doit-elle pas être indivisible ? Frappée dans son objet essentiel elle ne doit pas produire des effets indirects; *quod nullum est, nullum producit effectum.* Des considérations de pure humanité ne sauraient l'emporter sur une loi qu'on peut considérer comme d'ordre public. Cette opinion au surplus, est généralement admise [1].

406. Néanmoins, si l'acte de reconnaissance sous seing privé contenait en même temps une promesse

---

[1] Sirey, 1811, 2-15. — *Id.*, 1813, 1-159. — Toullier, t. 2, n° 951. — M. Duranton, t. 3, n° 231. — Pour l'opinion contraire : M. Proudhon, tom. 2, pag. 112.

formelle de fournir des alimens à l'enfant , cette promesse devrait recevoir son exécution. Elle pourrait être considérée comme l'acquittement d'une obligation naturelle [1].

407. Toutefois , il ne faut admettre le principe qui frappe de nullité la reconnaissance sous seing privé , qu'en faisant une distinction entre le père et la mère. La recherche de la paternité étant interdite , cet acte émané du père serait absolument nul; mais s'il émanait de la mère , il pourrait servir à établir la filiation , parce que , comme nous le verrons bientôt , la recherche de la maternité est permise.

408. On ne saurait conclure du principe de l'incapacité générale des mineurs , qu'un mineur , même non émancipé , ne peut pas reconnaître son enfant naturel. Il ne fait , par l'acte de reconnaissance , que déclarer un fait , accomplir un devoir. Cet acte ne serait donc susceptible d'être annulé qu'autant que le consentement de son auteur n'aurait pas été libre [2].

409. Une conséquence de la règle suivant laquelle l'enfant conçu est réputé né , s'il s'agit de son intérêt , est que l'enfant peut être reconnu lors-

(1) M. Duranton , tome 3 , n° 229-230. Art. 1235 du Code civil.
(2) Sirey , 1808 , 2-199. — *Id.* , 1813 , 1-281. — Toullier , tome 2 , n° 962.

qu'il est encore dans le sein de sa mère. On doit aussi conclure par analogie de l'article 322 qu'il en est de même de l'enfant naturel décédé qui aurait laissé des descendans.

410. La loi , par une disposition de morale et d'ordre public , défend la reconnaissance des enfans incestueux ou adultérins (art. 335). Les motifs de cette prohibition ont déjà été exprimés au n° 392 où nous avons vu que ces enfans ne peuvent pas être légitimés.

411. Mais s'il est vrai de dire que les enfans incestueux ou adultérins ne peuvent jamais tirer avantage d'une reconnaissance volontaire , il ne l'est pas moins qu'elle ne peut pas préjudicier à ceux qui sont désignés comme tels , pour leur ravir les avantages auxquels d'ailleurs ils pourraient avoir droit.

Ainsi un individu se déclarera le père adultérin d'un enfant et lui transmettra tous ses biens, ce qui serait contraire à l'article 762 si la reconnaissance devait produire un effet. La déclaration de paternité étant absolument nulle , aux termes de l'article précité , la disposition relative aux biens sera valable , comme si elle eût été faite à un étranger , comme si la reconnaissance n'avait pas eu lieu. La jurisprudence est aujourd'hui fixée sur ce point important [1].

(1) Sirey , 1815, 1-529. — *Id.* , 1820 , 1-222. — *Id.* , 1824 , 1-114. — *Id.* , 1855 , 2-548, etc. — M. Duranton , tom. 3 , n° 206.

412. Cependant l'article 762 accorde des alimens aux enfans adultérins ou incestueux, en leur refusant tout autre droit, sur les biens de ceux à qui ils doivent le jour. Comment cette disposition pourra-t-elle être appliquée, si ces enfans ne peuvent pas être reconnus; comment leur qualité pourra-t-elle être constatée?

Pour concilier les articles 335 et 762, il faut se rappeler ce que j'ai dit plus haut, que la reconnaissance des enfans nés hors mariage peut être forcée, ce qui a lieu notamment dans les cas de désaveu de paternité où la maternité adultérine de l'épouse est démontrée contre sa volonté; dans le cas encore d'un mariage qui a été contracté de mauvaise foi par des parens au degré prohibé et qui a été annulé. Dans ces diverses hypothèses, la filiation adultérine produit les effets exprimés dans l'article 762, sans qu'il soit porté atteinte au principe général de l'article 335.

413. La reconnaissance d'un enfant naturel ne peut obliger que celui qui la fait, et l'indication du père ou de la mère, dans un acte qui leur serait étranger, serait comme non avenue, si elle n'était pas fondée sur leur aveu. Ce n'est pas légèrement en effet qu'il doit être permis d'attribuer à une personne le titre et les conséquences de la paternité ou de la maternité. Cette observation justifie la disposition de loi qui ôte tout effet à la reconnaissance du père, en ce qui concerne la maternité, sans

l'aveu de la mère (art. 336). Il a été jugé plusieurs
fois que l'aveu de la mère fait par acte sous seing
privé est valable, lorsqu'il vient compléter la reconnaissance authentique du père [1].

414. Mais aussi, la mère de l'enfant naturel ne
peut pas désavouer, par sa seule déclaration, la
reconnaissance du père. C'est là ce qui résule non
seulement du texte de l'article précité, mais encore
de sa discussion au conseil d'état [2]. Quels que
puissent être les inconvéniens de ce système, il
fallait bien établir une règle, et ceux du système
opposé pouvaient être encore plus graves.

415. Nous avons vu que la reconnaissance que
feraient deux époux, postérieurement au mariage,
d'un enfant naturel qu'ils auraient eu antérieurement, ne le rendrait pas légitime, parce qu'il ne
doit pas dépendre de leur seule volonté de se donner
des enfans légitimes. L'enfant qui, dans une telle
position, serait reconnu, n'aurait que le titre et les
droits d'enfant naturel.

Mais la reconnaissance que ferait pendant le mariage l'un des époux d'un enfant qu'il aurait eu avant
le mariage d'un autre que de son époux, ne pourrait
nuire ni à celui-ci, ni aux enfans nés de ce mariage

---

(1) Sirey, 1813, 1-281. — *Id.*, 1824, 1-317.

(2) Locré sur l'art. 336.

(art. 337). Cet enfant n'aura donc, sur les biens de
celui qui l'aura reconnu, aucun droit qui puisse diminuer ceux de l'autre époux ou des enfans nés du
mariage. Je pense même, quoique le contraire ait
été écrit [1], qu'il ne pourrait pas demander des
alimens, si cette demande préjudiciait, d'une manière quelconque, à l'époux ou aux enfans légitimes. Les termes de la loi sont en effet absolus, et
n'admettent pas de tempéramment. Il devait en être
ainsi, afin que celui qui, ayant des enfans naturels,
en aurait dissimulé l'existence pour faire un mariage
plus avantageux, fût retenu, dans son projet frauduleux, par l'affection paternelle.

Ce n'est qu'à l'intérêt des époux et des enfans
légitimes que cet enfant naturel est sacrifié. Il résulte
de là deux conséquences, la première, que sa reconnaissance produit ses effets à l'égard de son auteur,
la seconde qu'elle les produit aussi si, à la dissolution
du mariage, il n'en reste pas d'enfans (*id.*).

416. Il est à remarquer que l'article 337, ne
s'occupant que de la reconnaissance qui serait faite
pendant le mariage, ne saurait s'appliquer à une
reconnaissance postérieure au mariage, lors même
qu'il en resterait des enfans [2]. Celle-ci produirait
donc les effets ordinaires.

---

[1] M. Duranton, t. 3, n° 252.

[2] Toullier, tome 2, n° 959. — M. Duranton, tome 5,
n° 254.

417. Mais y a-t-il, dans l'application de cet article, une distinction à faire entre la reconnaissance volontaire et la reconnaissance forcée ? L'affirmative est professée par un auteur recommandable [1] qui pense que la reconnaissance forcée, pendant le mariage, peut nuire à l'autre époux et aux enfans de ce mariage. Cette distinction ne me paraît pas dans l'esprit de la loi. C'est le défaut de reconnaissance avant le mariage qu'elle a voulu punir, et, sous ce rapport, il est indifférent que la reconnaissance postérieure au mariage soit volontaire ou forcée. D'ailleurs, dans ce système, la règle serait trop facilement éludée pour les enfans nés antérieurement de l'épouse, en vertu du principe qui permet la recherche de la maternité.

418. De même que l'incapacité du mineur ne fait pas obstacle à la reconnaissance qu'il fait de son enfant naturel, de même celle de la femme mariée ne l'empêche pas de reconnaître, sans l'autorisation de son mari, l'enfant qu'elle aurait eu avant son mariage. Il ne s'agit pas en effet alors d'un engagement, d'une aliénation pour lesquels l'autorisation maritale est requise, mais de la simple déclaration d'un fait.

419. Si, dans l'intérêt de l'enfant naturel, la loi

---

(1) Toullier, t. 2, n° 958.

a dû permettre sa reconnaissance, elle devait aussi venir au secours de ceux dont des reconnaissances frauduleuses pourraient compromettre les droits. Aussi, en principe, toute reconnaissance et toute réclamation de la part de l'enfant peut-elle être contestée par tous ceux qui y ont intérêt (art. 339).

420. L'enfant peut donc lui-même, dans certains cas, contester la reconnaissance dont il est l'objet. Car, on conçoit que, suivant les circonstances, il peut avoir un grand intérêt à le faire. Mais la simple dénégation de la paternité ou de la maternité alléguées ne suffirait pas au succès de sa réclamation. Elle ne devrait être accueillie qu'autant que les moyens invoqués par l'enfant établiraient le fondement de la contestation, et c'est à la sagesse des tribunaux qu'est laissée l'appréciation de ces moyens que la loi n'a ni limités, ni même indiqués.

421. Le même droit est attribué à la mère, pour contester la paternité de l'auteur de la reconnaissance. Sans doute qu'ainsi que je l'ai dit au n° 414, la simple dénégation de la mère ne suffirait pas pour ôter son effet à la reconnaissance du père; mais elle serait admise à faire valoir les circonstances qui tendraient à établir la fausseté de la paternité alléguée. Le père de l'enfant naturel peut, par la même raison et de la même manière, contester la reconnaissance qui serait faite par une fausse mère.

422. Ceux qui sont appelés à recueillir les biens des auteurs de la reconnaissance peuvent aussi élever la contestation. Mais leur droit, à cet égard, ne commence que lorsque leur intérêt prend naissance, c'est-à-dire à l'ouverture des successions qui leur sont dévolues.

423. Suivant les anciens principes, les enfans naturels étaient admis à la recherche de la paternité. Mais, outre le scandale inséparable des actions de cette nature, leur résultat ne pouvait jamais être qu'incertain, parce qu'il ne peut pas exister de preuve irrécusable de la paternité. La loi du 12 brumaire de l'an II avait commencé de remédier à cet abus que le Code a fait entièrement disparaître, en interdisant la recherche de la paternité (art. 340).

Cette prohibition est absolue. La paternité ne peut pas être recherchée mieux par voie d'exception que par voie d'action. Elle ne peut pas mieux être recherchée contre l'enfant que par lui.

424. Ainsi, en principe, l'aveu du père peut seul établir la paternité. Cependant nous avons vu la faveur du mariage justifier une première exception en établissant une présomption légale de la paternité du mari. Il en est une seconde que la faute volontaire du père, les probabilités, la réparation due à la mère, devaient aussi faire admettre. Dans le cas d'enlèvement, lorsque l'époque de cet enlèvement se rapportera à celle de la conception, le ravisseur peut être, sur la demande des parties intéressées, déclaré père de l'enfant (*id.*). Dans ce cas il s'agit, comme on voit, d'une reconnaissance forcée.

On doit reconnaître, malgré le silence de la loi, qu'au cas de viol il en est comme au cas d'enlèvement [1].

Mais remarquons que, dans ces deux cas, non-seulement l'époque du viol ou de l'enlèvement doit se rapporter à celle de la conception qui doit être fixée de la manière la plus avantageuse à l'état de l'enfant, conformément aux règles déjà connues, mais que cette coïncidence ne suffit pas toujours pour établir la paternité. La loi n'ordonne pas aux tribunaux de la consacrer ; elle se contente de leur en donner la faculté. Ils ont donc, en outre, à apprécier les circonstances.

425. Occupons-nous maintenant de la recherche de la maternité, à laquelle ne sauraient être applicables les motifs qui ont fait interdire celle de la paternité. Car la grossesse, l'accouchement, sont des faits dont la preuve peut être certaine et facilement faite. La recherche de la maternité est donc permise (art. 341).

426. La rédaction de cet article peut faire naître

---

[1] Toullier, tome 2, n° 941.

une difficulté qui consiste à fixer le vrai sens de la disposition suivant laquelle *l'enfant qui réclamera sa mère sera tenu de prouver qu'il est identique-ment le même que l'enfant dont elle est accouchée.* Il semble résulter de ces mots, que la loi suppose établi le fait de l'accouchement, et que la seule preuve qu'elle autorise est celle de l'identité du réclamant. C'est ainsi en effet que quelques auteurs l'ont interprété [1].

Mais on ne peut pas restreindre à ce point le principe qui permet la recherche de la maternité, et ce n'est pas de cette manière que les auteurs de la loi l'ont entendu. M. Bigot-Préameneu s'exprimait ainsi dans l'exposé des motifs de notre titre : *L'accouchement de la mère et l'identité de l'enfant sont des faits positifs et qui peuvent être constatés* [2]. Il est donc bien évident que la preuve de l'acouchement est admissible aussi bien que celle de l'identité. Cette opinion, au surplus, est généralement admise [3].

427. L'enfant qui voudra rechercher sa mère sera admis à la preuve testimoniale de la maternité. mais il ne sera reçu à la faire que lorsqu'il aura déjà

---

(1) Toullier, tome 2, n°s 942 et suiv. — Merlin, réquis. Dalloz, tome 8, page 672.

(2) Locré, esprit du Code civil, sur l'art. 341.

(3) M. Duranton, tome 3, n° 240, etc., etc.

un commencement de preuve par écrit (*id.*). L'art. 324 nous a fait connaître ce qu'on doit entendre par là. Il est à remarquer que, dans notre cas, les présomptions ou indices résultant de faits constans ne rendent pas la preuve testimoniale admissible comme lorsqu'il s'agit de la filiation légitime. La raison de cette différence est que la loi a voulu traiter plus favorablement l'enfant né du mariage que celui qui est né d'un commerce réprouvé par les mœurs.

428. L'acte de naissance, ainsi que je l'ai déjà dit, est insuffisant pour constater la filiation, sans la preuve de l'identité du réclamant (n° 367). La raison sur laquelle est fondée cette opinion doit aussi faire reconnaître qu'un acte de naissance ne peut pas constituer un commencement de preuve par écrit pour faire admettre la preuve de la maternité, puisqu'il ne prouve rien sur l'identité. Il ne prouve pas même la maternité de celle qui est désignée comme mère de l'enfant, si elle n'y est pas intervenue.

429. Mais dans les cas où la reconnaissance ne peut pas avoir lieu, c'est-à-dire lorsqu'il s'agit d'enfans incestueux ou adultérins (art. 335), la recherche de la maternité n'est pas admise, non plus que celle de la paternité, même dans les cas exceptionnels où elle est d'ailleurs autorisée (art. 342). La loi n'a pas dû permettre, en effet, que ce que, dans une

pensée toute morale, elle a défendu à la volonté
libre des personnes pût être le résultat d'une action
publiquement intentée qui aurait encore le scandale
de plus.

430. Le principe de réciprocité plus haut cité
qui ne permet pas la recherche de la paternité
contre l'enfant auquel elle est interdite, doit faire
accorder le droit de rechercher la maternité à ceux
qui ont un intérêt de s'opposer aux prétentions d'un
enfant non reconnu par sa mère, sauf l'exception
exprimée au n° précédent. Cette recherche, au surplus, ne sera admise que lorsqu'il existera un commencement de preuve par écrit, comme lorsqu'il
est question de la recherche faite par l'enfant lui-
même.

431. Nous avons vu que la possession d'état peut
établir la filiation légitime. En est-il de même pour
la filiation naturelle? La différence que met la loi
entre la recherche de la paternité et de la maternité
doit faire résoudre la question à l'aide d'une distinction. Nul doute que l'enfant naturel ne puisse pas établir sa filiation à l'égard de son père, au moyen de la
possession d'état, puisque rien ne peut suppléer la
reconnaissance authentique du père. Mais on ne voit
pas, alors qu'en principe la recherche de la maternité
est permise, sur quoi on pourrait se fonder pour
contester les effets de la possession d'état, en ce qui
concerne la maternité. Cette possession ne doit-elle

pas produire autant et plus d'effet qu'un simple commencement de preuve par écrit ? [1].

432. Il ne me reste qu'à dire un mot des effets
de la reconnaissance des enfans naturels. Elle ne
leur donne pas les droits d'enfans légitimes. Leurs
droits sont réglés au titre des successions (art 338).

Je n'examinerai pas ici en quoi consistent ces
droits. C'est ce que nous verrons en son lieu. Seulement je dirai que l'enfant naturel reconnu porte le
nom de son père ou de sa mère auteur de la reconnaissance ou contre qui la filiation a été constatée;
que, reconnu par son père et par sa mère, c'est le
nom du père qu'il porte, qu'il est placé sous la puissance de ses père ou mère, en ce qui concerne le
mariage et le droit de correction, mais qu'il est
considéré comme étranger à la famille de celui ou
de ceux qui l'ont reconnu. Car ce n'est que par le
mariage que la famille proprement dite se constitue,
et que s'établissent les rapports légaux entre ses
membres.

___

(1) M. Duranton et les auteurs qu'il cite, tome 3, n° 238.

TITRE VIII.

De l'adoption et de la tutelle officieuse.

CHAPITRE PREMIER.

De l'adoption.

SOMMAIRE.

433. La loi, comme je l'ai déjà dit plus haut, reconnaît une paternité et une filiation purement civiles dont l'adoption est le fondement. L'ordre des idées amenait donc après les dispositions relatives à la paternité et à la filiation, celles qui règlent ce mode tout légal de créer, entre étrangers, des relations, résultat ordinaire de la parenté la plus proche. ·

434. On peut définir l'adoption : *un acte solennel sanctionné par l'autorité judiciaire qui établit entre l'adopté et l'adoptant et certains parens ou alliés de l'un et de l'autre, des droits ou des devoirs semblables à ceux qui dérivent de la paternité et de la filiation légitimes.*

435. L'adoption était connue chez plusieurs an-

ciens peuples tels que les égyptiens , les grecs et les
romains. Il paraît aussi que très-anciennement elle
fut admise en France. Mais il est certain qu'elle y
était tout à fait tombée en désuétude jusques à la loi
du 18 janvier 1792 qui en consacra le principe.
Il n'a été définitivement régularisé que par le Code
civil dont les dispositions principales à cet égard
sont extraites du code prussien , adopté en 1791
et promulgué en 1794.

SECTION PREMIÈRE.

De l'adoption et de ses effets.

SOMMAIRE.

436. *L'adoption est ordinaire , rémunératoire ou testamentaire. De l'adoption ordinaire.*
437. *L'adoptant doit avoir la jouissance des droits civils.*
438. *Age qu'il doit avoir.*
439. *Il ne doit avoir ni enfans ni descendans légitimes.*
440. *Il doit avoir quinze ans de plus que l'adopté.*
441. *Il doit jouir d'une bonne réputation.*
442. *S'il est marié , il doit avoir le consentement de son
conjoint.*
443. *Secours et soins qu'il doit avoir donné à l'adopté.*
444. *L'adopté doit avoir la jouissance des droits civils et
être majeur. Du consentement de ses père et mère.*
445. *Il n'a pas besoin de celui d'autres ascendans.*
446. *Après vingt-cinq ans il doit requérir le conseil de
ses père et mère , mais par un seul acte.*

436. Il est trois sortes d'adoption : l'ordinaire, la rémunératoire, la testamentaire.

Je m'occuperai d'abord de l'adoption ordinaire, et j'examinerai quels sont ceux qui peuvent adopter, quels sont ceux qui peuvent être adoptés, les conditions de l'adoption et quels en sont les effets.

437. L'adoption étant un contrat de droit civil et non pas du droit des gens, il s'ensuit que nul ne peut adopter s'il n'a la jouissance des droits civils.

438. Le but de l'adoption est de remplacer autant que possible les enfans légitimes. Elle n'est donc permise qu'à ceux qui auraient pu en avoir, et qui, dans l'ordre de la nature, ne sont plus en présomption d'être pères ou mères. Pour adopter, il faut donc être âgé de plus de cinquante ans (art. 343).

439. Par le même motif, l'adoption n'est permise qu'à ceux qui n'ont ni enfans ni descendans *légitimes* (*id.*). Car la réalité doit exclure la fiction. L'enfant conçu ferait obstacle à l'adoption puisqu'il s'agit ici de son intérêt. Les termes de la loi prouvent qu'elle ne serait pas empêchée par l'existence d'enfans naturels ou d'autres enfans adoptifs. C'est un hommage de plus à la dignité du mariage.

440. L'adoption confère une paternité fictive ; aussi, dans tous les cas, la loi veut-elle que l'adoptant soit plus âgé que l'adopté. Dans l'adoption ordinaire, il doit avoir quinze ans de plus (*id.*).

441. Celui qui se propose d'adopter doit jouir d'une bonne réputation (art. 355). Ainsi celui qui aurait subi une condamnation infamante et qui ne serait pas réhabilité n'aurait pas ce droit. Dans toute autre circonstance, les tribunaux sont appréciateurs souverains de la moralité de l'adoptant.

Telles sont les conditions inhérentes à la personne de l'adoptant. Il en est d'autres qui sans s'y rattacher aussi immédiatement n'en sont pas moins indispensables.

442. Ainsi , lorsque l'adoptant est marié , le consentement de son conjoint est nécessaire (art. 344). L'adoption qui établit des liens et des obligations que je ferai bientôt connaître ne doit pas être une source de divisions domestiques.

443. Il faut encore que l'adoptant ait fourni des secours à l'adopté dans sa minorité et pendant six ans au moins , et lui ait donné des soins non interrompus (art. 345). On n'a pas à craindre alors qu'un acte de cette importance soit causé par un caprice , un mouvement irréfléchi ou une surprise.

444. Voyons maintenant quels sont ceux qui peuvent être adoptés , et n'oublions pas que nous nous occupons encore de l'adoption ordinaire.

L'adopté doit jouir des droits civils, par la raison qui les fait exiger de l'adoptant. Il doit être majeur (art. 346) : car il faut qu'il soit en état de donner un consentement réfléchi à l'adoption. S'il n'a pas accompli sa vingt-cinquième année , il est tenu de rapporter le consentement donné à l'adoption par ses père et mère , ou par le survivant d'entr'eux (*id.*), nécessité qui se justifie par la continuation des liens qui unissent encore l'adopté à sa famille naturelle. Il est même à remarquer qu'à la différence des règles du mariage (art. 148), qui au cas de dissenti-

ment entre le père et la mère, se contentent du
consentement du père, l'adopté doit justifier du consentement de l'un et de l'autre. La raison de cette
différence est que la loi a dû se montrer moins exi-
geante pour le mariage que pour l'adoption.

445. Mais le consentement des aïeul et aïeule
n'est pas exigé, à défaut de père et de mère, la sé-
duction n'étant pas à redouter pour l'adoption comme pour le mariage.

446. Après vingt-cinq ans, le consentement des
père et mère de l'adopté ou du survivant d'entr'eux
ne lui est plus indipensable; mais il doit au moins
requérir leur conseil (art. 346). Un seul acte respectueux suffit à cet effet.

447. Pour pouvoir être adopté, il faut ne l'avoir
pas été déjà par une autre personne, si ce n'est par
l'époux de l'adoptant (art. 344). La règle et l'exception se justifient assez d'elles-mêmes.

448. La femme mariée ne peut pas être adoptée
sans le consentement de son mari, et à défaut, sans
l'autorisation de la justice. On a fondé une décision conforme [1] sur le texte de l'article 219 qui
exige le consentement du mari ou de la justice pour

[1] M. Duranton, tome 3, n° 292.

la femme mariée qui veut *passer un acte.* Cette raison me toucherait peu ; car très-certainement, dans la rédaction de cet article et en parlant des actes, le législateur n'a pas eu en vue un contrat aussi solennel et aussi important que l'adoption. Mais c'est précisément sur cette importance et sur les conséquences légales de l'adoption que cette opinion repose. Par l'adoption, en effet, l'adopté peut aliéner indirectement ses biens puisque, entr'autres conséquences, elle le soumet à fournir des alimens à l'adoptant (art. 349).

449. L'enfant naturel reconnu peut-il être adopté par son père ou par sa mère ?

Peu de questions ont été aussi controversées et ont fait naître autant d'hésitations. Après l'avoir d'abord résolue négativement, Merlin adopte l'affirmative (Répert. v° adoption, § 4), et puis revient à sa première opinion (Répert. t. 16 v° adoption). Toullier qui, dans sa première édition, l'avait résolue affirmativement, change tout-à-fait d'avis dans la troisième (t. 2, n° 988). M. Grenier [1] laisse la question indécise et semble s'en remettre à la sagesse des tribunaux ; M. Duranton [2] reconnaît aussi que les tribunaux ont un pouvoir discrétionnaire à cet égard. Enfin les cours royales ont résolu la question

___

(1) Traité de l'adoption, n° 35.

(2) Tome 3, n° 293.

en sens divers, et la cour de cassation ne l'a pas ex-
plicitement décidée.

Le principal argument contre l'adoption est dans
l'article 908 de notre Code, suivant lequel l'enfant
naturel ne peut rien recevoir au-delà de ce qui lui
est accordé au titre des successions. Or, dit-on, son
adoption serait un moyen indirect de violer la loi,
puisque l'enfant adoptif peut avoir tous les biens de
l'adoptant.

Mais on répond que c'est comme enfant adoptif et
non comme enfant naturel qu'il jouit de cet avantage, et que c'est par les principes de l'adoption et
non par ceux de la transmission des biens que cette
question doit être résolue. Cette objection principale
ainsi écartée, dans le silence de la loi qui ne défend
pas l'adoption des enfans naturels, et en présence
des nombreuses considérations qui militent en sa
faveur, je ne saurais hésiter à résoudre la question
affirmativement. Au surplus la jurisprudence paraît
se fixer en ce sens, et il est impossible d'ailleurs de
n'être pas frappé, comme l'avait d'abord été M. Merlin, du rejet prononcé au conseil d'état d'un article
qui défendait l'adoption des enfans naturels [1].

450. Cependant l'adoption procurant à l'adopté
les principales prérogatives de l'enfant légitime, ce

---

[1] Sirey, 1835, 2-553, où trois arrêts sont cités. — Dalloz,
jurisp. gén., tom. 1, page 292.

n'est qu'en faveur des enfans naturels qui pourraient
être légitimés qu'elle peut avoir lieu. Les enfans incestueux ou adultérins reconnus ne pourront donc
pas être adoptés; mais cette opinion doit se concilier avec ce que j'ai dit (n° 411) des effets de
semblables reconnaissances volontaires; et elle ne
pourra s'appliquer qu'aux cas de reconnaissances
forcées.

451. Les règles de l'adoption ordinaire sont mo-
difiées pour l'adoption rémunératoire qui ne peut
être que la récompense d'un grand service. Elle peut
avoir lieu, d'après les termes de la loi (art. 345), en
faveur de celui qui aurait sauvé la vie à l'adoptant ,
soit dans un combat , soit en le retirant des flammes
et des flots. Mais il est reconnu que ces précisions
de l'article ne sont pas limitatives, et qu'il suffit que
celui qu'on veut adopter ait exposé sa vie , d'une
manière quelconque , pour arracher l'adoptant à un
danger imminent.

Il suffit , pour cette adoption , que l'adoptant soit
majeur (*id.*) et, lors même qu'il serait âgé de moins
de vingt-cinq ans , il n'a pas besoin du consentement
de ses père et mère. Il faut encore qu'il soit plus âgé
que l'adopté, ne fût-ce que d'un jour, qu'il n'ait ni
enfans , ni descendans légitimes et , s'il est marié ,
que son conjoint consente à l'adoption (*id.*).

452. Passons aux effets de l'adoption.
L'adopté prendra le nom de l'adoptant , quel que

soit le sexe de celui-ci, et l'ajoutera à son nom pro-
pré (art. 347).

453. Mais il n'en reste pas moins dans sa famille
naturelle où il conserve tous ses droits (art. 348). Il
a aussi, sur les biens de l'adoptant, les droits d'un
enfant légitime, lors même qu'il y aurait des enfans
de cette qualité nés depuis l'adoption (art. 350).

454. L'adoption ne pouvant pas produire en faveur de l'adopté des obligations de la part des parens
de l'adoptant qui y sont étrangers, l'adopté n'obtient
aucun droit de successibilité sur les biens de ceux-ci
(*id.*). Il y aurait même une raison de plus de le décider ainsi, au cas d'adoption, qu'au cas de reconnaissance de l'enfant naturel qui est soumis à la
même restriction.

455. Puisque l'adopté reste dans sa famille naturelle, l'obligation réciproque entre lui et ses père
et mère naturels continue de subsister après l'adoption ; et de plus, elle devient commune à l'adoptant et à l'adopté l'un envers l'autre (art. 349).

456. Si l'adopté meurt sans descendans légitimes,
les biens qui lui sont advenus du chef de l'adoptant
sont distingués des autres biens qu'il délaisse. Les
premiers qui existent encore en nature retournent
à l'adoptant ou à ses descendans, à la charge de
contribuer aux dettes, et sans préjudice des droits

des tiers (art. 351). Les autres appartiennent aux propres parens de l'adopté qui excluent même, pour les biens provenant de l'adoptant , tous héritiers de ce dernier autres que ses descendans (*id.*). Enfin l'adoptant qui a survécu à l'adopté et aux enfans ou descendans qu'il a laissés, succède aux choses par lui données , pourvu que ces enfans ou descendans meurent eux-mêmes sans postérité. Ce droit au surplus est inhérent à la personne de l'adoptant et n'est pas transmissible à ses héritiers , même en ligne descendante (art. 352).

Ce droit de retour établi, dans un cas, en faveur de l'adoptant et de ses descendans , et dans un autre cas, en faveur de l'adoptant seul, offre beaucoup de ressemblance avec le retour légal réglé par l'article 747 , quoiqu'il en diffère sous certains rapports qui seront facilement saisis lorsque cet article sera expliqué.

457. L'adoption produit une affinité civile dont la conséquence est la prohibition de mariage entre l'adoptant , l'adopté et ses descendans , entre les enfans adoptifs du même individu, entre l'adopté et les enfans qui pourraient survenir à l'adoptant , entre l'adopté et le conjoint de l'adoptant , et réciproquement entre l'adoptant et le conjoint de l'adopté (art. 348). Mais il ne résulte pas de ces prohibitions que deux époux ne puissent pas être adoptés par la même personne.

SECTION II.

Des formes de l'adoption.

SOMMAIRE.

458. L'adoption est un acte trop important pour qu'il suffise à sa validité du consentement des parties, exprimé dans la forme ordinaire des contrats. Elle exige des formes plus solennelles. Observons, avant tout, qu'il ne s'agit dans cette section que des formes de l'adoption ordinaire ou rémunératoire. Je m'occuperai , dans le chapitre suivant , de celles de l'adoption testamentaire.

459. D'abord les parties doivent se présenter devant le juge de paix du domicile de l'adoptant pour y passer acte de leurs consentemens respectifs (art. 353). Ce n'est donc pas un officier ministériel, mais un magistrat qui doit intervenir dans ce premier acte. On doit le considérer comme le fondement de l'adoption , et les formalités suivantes , quoique également nécessaires , n'en sont que le complément ; d'où la conséquence que c'est à cette époque que la capacité des parties et les conditions voulues doivent exister.

460. Dans les dix jours qui suivent cet acte , une expédition en est remise , par la partie la plus diligente , au procureur du roi près le tribunal du domicile de l'adoptant , pour être soumis à l'homologation de ce tribunal (art. 354).

Quoique cet article exige que la remise qu'il prescrit ait lieu dans les dix jours , je ne pense pas que ce délai emporte déchéance. Le tribunal se réunit, sur la demande du procureur du roi , en la chambre du conseil ; car la procédure doit être secrète. Là, il vérifie si les conditions de la loi sont remplies , et ses membres se communiquent le résultat des renseignemens qu'ils ont jugé convenable de prendre , sans enquête et sans formalité de justice. Ils vérifient aussi si celui qui se propose d'adopter jouit d'une bonne réputation, condition nécessaire, comme je l'ai déjà dit (art. 355).

Après ces préalables, le procureur du roi ayant été entendu, et sans aucune autre procédure, le tribunal prononce en ces termes : Il y a ou il n'y a pas lieu à l'adoption (art. 356). Le jugement, quel qu'il soit, ne doit pas énoncer de motifs (*id.*). La raison en est que le refus du tribunal de prononcer l'adoption ne doit rien contenir de nature à porter atteinte à la réputation de celui qui se proposait d'adopter, dont le projet par conséquent avait toujours un motif louable.

Ce jugement, comme les autres actes de la procédure, devant être secret, c'est à la chambre du conseil qu'il doit être prononcé, par exception à la règle générale suivant laquelle les jugemens doivent être prononcés en audience publique.

461. Au reste, il ne statue pas définitivement sur l'adoption, et la loi exige encore davantage. Dans le mois qui le suit (délai qui n'est pas non plus prescrit à peine de déchéance) il est, sur les poursuites de la partie la plus diligente, soumis à la cour royale qui instruit dans les mêmes formes que le tribunal de première instance et prononce sans énoncer de motifs : Le jugement est confirmé, ou, le jugement est réformé; en conséquence il y a lieu ou il n'y a pas lieu à l'adoption (art. 357). Il est raisonnable d'admettre, malgré

le silence de cet article , et par analogie de ce qui
se pratique en première instance , que la cour doit
être nantie par l'intermédiaire de son procureur
général.

Devant la cour comme devant le tribunal, la procédure est secrète , et si l'adoption est rejetée , l'arrêt , par les motifs déjà énoncés , est prononcé à la
chambre du conseil. Mais ces motifs n'existent plus
lorsque l'adoption est admise. Il importe alors de
donner à l'arrêt qui la prononce et dont les conséquences peuvent intéresser beaucoup de personnes ,
la plus grande publicité. Aussi cet arrêt doit-il être
prononcé à l'audience et affiché en tels lieux et en
tel nombre d'exemplaires que le tribunal juge convenable (art. 358).

462. La déclaration devant le juge de paix , le
jugement et l'arrêt ne complètent pas encore l'adoption. Il faut une quatrième formalité qui est l'inscription de l'arrêt sur le regître de l'état civil du
lieu du domicile de l'adoptant. Cette inscription qui
est faite à la réquisition de l'une ou de l'autre des
parties , ne peut avoir lieu que sur le vu d'une
expédition en forme de l'arrêt. Elle doit être faite
dans les trois mois de sa prononciation, sinon l'adoption reste sans effet (art. 359). Ici , ce délai emporte déchéance ; l'état des personnes ne doit pas en
effet rester long-temps dans l'incertitude , et trois
mois d'inaction autorisent bien à penser que le projet
d'adoption a été abandonné.

463. La mort de l'adoptant, après la déclaration de sa volonté devant le juge de paix , qui est le premier acte de la procédure, et qui constitue principalement l'adoption , et après que cet acte a été porté devant les tribunaux , n'empêche pas qu'elle reçoive son complément. Cet acte peut être porté devant les tribunaux , comme si l'adoptant vivait encore ; l'instruction est continuée dans les formes indiquées , et l'adoption admise ou rejetée, comme il a été dit. Si les héritiers de l'adoptant croient l'adoption inadmissible , ils ont la faculté de remettre au procureur du roi tous mémoires ou observations à ce sujet (art. 360), et le procureur du roi doit en donner communication au tribunal. C'est au procureur général que cette remise doit être faite si , à la mort de l'adoptant , le tribunal de première instance a déjà statué.

Il est à remarquer que l'article précité exige, pour que l'adoption soit poursuivie après la mort de l'adoptant , que le contrat ait été reçu par le juge de paix et porté devant les tribunaux, d'où il faut conclure , quelque rigoureux que cela paraisse , que s'il n'a été fait autre chose que la déclaration devant le juge de paix , l'adoption ne peut pas avoir des suites [1].

464. L'adoption prononcée après l'accomplisse-

---

[1] Malleville sur l'art. 360. — Grenier , de l'adoption , n° 24. — M. Duranton , tome 5 , page 296 à la note.

ment des formalités voulues peut-elle être attaquée et rendue sans effet, par qui et par quelle voie peut-elle l'être ?

Il faut d'abord reconnaître que les parties qui ont figuré au contrat d'adoption et dans les formalités qui le suivent ne sont pas recevables à contester, lors même que les conditions exigées n'auraient pas été remplies. L'adoption n'a été que le résultat de leurs vœux et de leurs actes communs, et elles se sont irrévocablement liées par leur consentement manifesté à diverses reprises. Ce n'est que dans les cas où il y aurait dol ou surprise et, par suite, défaut de consentement, qu'en excipant de ce défaut, les parties pourraient se pourvoir contre l'adoption.

465. Mais les héritiers de l'adoptant pourraient, après son décès et seulement lorsqu'ils auraient intérêt, élever la contestation. D'abord, dans le cas de l'article 360, de cela que la loi les autorise à remettre des mémoires et observations contre l'adoption, elle les considère comme parties dans la procédure, d'où il résulte que, si l'adoption est admise malgré leur opposition, ils peuvent, suivant les règles ordinaires, se pourvoir en cassation contre l'arrêt d'homologation. Ce cas me paraît ne pas offrir de difficulté.

466. Il n'en est pas de même de celui où, l'adoption ayant été consommée du vivant de l'adoptant, ses héritiers veulent la quereller après son décès. Il est évident qu'ils ont intérêt à le faire puisque l'adoption donne à l'adopté des droits qui viennent diminuer les leurs, et que l'adoption peut avoir été illégalement admise. On est donc généralement d'accord de l'existence de ce droit en faveur des héritiers de l'adoptant ; mais on ne l'est pas sur le mode de l'exercer.

Les uns [1] veulent que l'adoption soit attaquée par la voie du recours en cassation.

D'autres [2] ont écrit que c'est au tribunal qui a prononcé l'adoption que doit être demandée, par les héritiers, la nullité de cette même adoption comme subreptice. Certains accordent aux héritiers la voie de la tierce-opposition. Il en est enfin [3] suivant lesquels c'est par action principale qu'ils peuvent se pourvoir, action qui doit être portée devant le tribunal de première instance, sans doute du domicile du défendeur, puisqu'il s'agit d'une action personnelle.

467. Parmi ces divers systèmes qui reproduisent toutes les manières possibles de se pourvoir, je crois devoir accorder la préférence à celui qui ouvre aux héritiers la voie de la tierce opposition.

En effet, le recours en cassation n'est accordé qu'à

---

(1) Toullier, tome 2, n° 1019.

(2) M. Grenier, de l'adoption, n° 22.

(3) M. Duranton, tom. 5, n° 551.

ceux qui ont été parties dans le jugement ou l'arrêt attaqués, et telle n'est pas ici la position des héritiers de l'adoptant.

L'action principale et directe ne doit pas non plus leur être accordée, parce qu'un tribunal ne peut pas réformer la décision d'un autre tribunal, si ce n'est par les voies légales de l'appel ou de la tierce opposition. Vainement on objecte que ce n'est pas l'arrêt qui a prononcé l'adoption, mais le contrat devant le juge de paix qui est attaqué. Sans doute que ce contrat est le fondement de la procédure; mais il n'a rien d'obligatoire pour les tribunaux qui, en appréciant les circonstances, peuvent admettre ou rejeter l'adoption. Leur décision a donc beaucoup plus d'importance qu'on ne suppose, et, quoi qu'on en puisse dire, c'est cette décision qu'il s'agit d'annuler. La tierce opposition est le moyen légal de parvenir à ce but. Ce moyen est accordé par l'article 474 du code de procédure civile à ceux qui n'ont pas été parties ou représentés dans le jugement attaqué. Or, les héritiers de l'adoptant n'ont pas été parties dans la procédure en adoption, et bien que, sous plusieurs rapports, ils représentent leur auteur, et aient été par conséquent représentés par lui, ils ne l'ont pas été, ils n'ont pas pu l'être dans l'adoption dont au contraire l'objet a été manifestement contraire à leur intérêt. Leur position et leurs droits sont absolument identiques, sous ce rapport, avec ceux des héritiers qui peuvent contester la reconnaissance d'un enfant naturel faite par leur auteur (art. 339), et de ceux qui peuvent faire réduire les libéralités excessives faites par ceux dont ils héritent.

468. Il me reste à examiner si l'adoption consommée peut être révoquée du consentement des parties.

On a pensé [1], en se fondant sur la maxime : *nihil tàm naturale est quàm eo genere quidquid dissolvere quo colligatum est* , que l'adoption peut être révoquée en observant, en sens inverse, les formalités voulues pour sa perfection, et on ajoute que le code prussien suivi à peu près par nos législateurs pour l'adoption, autorise formellement cette révocation.

Mais la maxime citée est inapplicable aux questions qui tiennent à l'ordre public, comme les questions d'état. Or, il est incontestable que ce qui se rattache à l'adoption participe de cet ordre, et cela suffit pour que l'adoption ne puisse pas être révoquée du consentement des parties, plus que le mariage ou la reconnaissance d'un enfant naturel [2].

Si le système contraire pouvait prévaloir, certaines prohibitions toutes morales et qui résultent de l'adoption, pourraient être trop facilement éludées. Ainsi, par exemple, le mariage est prohibé entre l'adoptant et l'adopté ; et pour se soustraire à l'application de cette loi, celui qui aurait adopté une fille

---

(1) Toullier, tome 2, n° 1018.

(2) M. Duranton, tom. 3, n° 326.

pourrait, même plusieurs années après, révoquer l'adoption, d'accord avec elle, et l'épouser ensuite. Une telle conséquence qu'il faudrait bien admettre suffirait pour démontrer le vice de l'opinion que je combats.

Quant au code prussien, ne pourrait-on pas dire que de cela que notre législateur qui en' a consacré plusieurs dispositions n'a' pas reproduit celle qui permet la révocation de l'adoption, c'est parce qu'il a eu l'intention de la proscrire?

CHAPITRE II.

De la tutelle officieuse.

SOMMAIRE.

469. Nous avons vu que la majorité de l'adopté est une des conditions nécessaires à l'adoption. Mais on peut aussi s'attacher des mineurs par un titre légal qui prépare les voies à l'adoption, et qui est appelé *tutelle officieuse.*

Cette institution tout-à-fait inconnue des anciens et des peuples voisins, n'appartient qu'à notre nouvelle législation. C'est un contrat de bienfaisance par lequel on s'oblige d'entretenir et d'élever gratuitement un mineur, de le mettre en état de gagner sa vie et d'administrer aussi gratuitement ses biens. Ce moyen est fort rarement employé, et jusqu'à présent je n'en connais pas d'exemple.

470. La tutelle officieuse est permise, comme l'adoption, aux femmes aussi bien qu'aux hommes.

Les conditions exigées dans ceux qui veulent en être investis sont : 1° qu'ils soient âgés de plus de cinquante ans ; 2° qu'ils n'aient ni enfans ni descendans légitimes (art. 361) ; 3° que l'époux qui veut devenir tuteur officieux ait le consentement de son conjoint (art. 362).

Les raisons qui rendent ces conditions nécessaires sont les mêmes que pour l'adoption où elles sont également exigées.

471. Le mineur peut être soumis à la tutelle

officieuse dès l'âge le plus tendre, au moment même de sa naissance. Mais il doit être âgé de moins de quinze ans (art. 364). Cette tutelle est en effet un moyen de parvenir à l'adoption qui ne peut avoir lieu qu'en faveur d'un majeur auquel des soins ont été fournis durant sa minorité pendant six ans au moins; et cette dernière condition deviendrait impossible si la tutelle pouvait avoir lieu en faveur d'un mineur âgé de plus de quinze ans. Le consentement du père et de la mère de l'enfant ou du survivant d'entr'eux est indispensable. Il peut être remplacé par celui du conseil de famille, s'il les a perdus l'un et l'autre; et si l'enfant n'a pas de parens connus, il faut le consentement des administrateurs de l'hospice où il a été recueilli, ou de la municipalité du lieu de sa résidence (art. 361).

472. Les formes de la tutelle officieuse sont extrêmement simples. Il suffit d'un procès verbal du juge de paix qui constate les demandes et consentemens respectifs. Ici c'est le juge de paix du domicile de l'enfant auquel la loi attribue compétence, par application du principe général de l'article 406, suivant lequel la tutelle ordinaire s'organise devant le juge du domicile du mineur (art. 363). Il ne faut pas autre chose pour consommer la tutelle officieuse.

473. Voici maintenant quels sont les effets de cette tutelle.

Le tuteur officieux est tenu, de plein droit, de l'obligation de nourrir et d'élever à ses frais le pupille, de le mettre en état de gagner sa vie (art. 364); il doit administrer ses biens sans pouvoir imputer sur ses revenus les dépenses de l'éducation (art. 365).

Si le pupille était antérieurement en tutelle, elle cesse de produire ses effets, et les charges en passent au tuteur officieux (*id.*). Cependant s'il a ses père et mère, ou l'un d'eux, les effets de la puissance paternelle qui seront expliqués dans le titre suivant continuent de subsister. Ils ne doivent pas être confondus, comme nous le verrons en son lieu, avec ceux de la tutelle.

474. On s'est demandé si, dans la tutelle officieuse, un subrogé tuteur doit être nommé en exécution de l'article 420 portant que dans toute tutelle il y aura un subrogé tuteur. Mais, dans notre titre, la loi ne contient pas une semblable disposition qui, venant embarrasser la tutelle officieuse toute volontaire, l'aurait rendue plus difficile, et aurait pu ainsi préjudicier à ceux en faveur de qui elle peut avoir lieu. D'ailleurs il paraît certain que l'article 420 n'entend parler que des tutelles organisées par le titre 10 dont il fait partie [1].

_____

(1) M. Duranton, tome 3, n° 310.

475. Il est généralement reconnu que, de même que ceux de tous les tuteurs, les biens du tuteur officieux sont soumis à l'hypothèque légale en faveur de son pupille.

476. J'ai annoncé au n° 436 que l'adoption pouvait être testamentaire. Voici dans quels cas.

Après cinq ans de tutelle officieuse, le tuteur, dans la prévoyance de son décès avant la majorité du pupille, peut lui conférer l'adoption par testament, et cette disposition est valable pourvu que le tuteur ne laisse pas d'enfans ou de descendans légitimes (art. 366).

C'est là un des principaux objets de la tutelle officieuse, et, dans ce cas, l'adoption peut être conférée à un mineur. Il n'est pas même besoin que l'adoptant ait le consentement de son conjoint déjà exigé pour la tutelle officieuse.

Mais comme cette adoption produit des obligations réciproques, elle ne devient parfaite que lorsque l'adopté devient capable d'exprimer légalement un consentement, c'est-à-dire à sa majorité. Ce n'est qu'alors en effet qu'il peut y avoir contrat, d'où il résulte que si l'adopté meurt en minorité, l'adoption testamentaire est comme non avenue. Pour produire ses effets, elle devra donc être formellement acceptée à la majorité de l'adopté, et je pense que c'est devant le juge de paix que la déclaration de cette acceptation devra être faite. Le consentement des arens déjà donné pour la tutelle officieuse, n'aura pas besoin d'être réitéré. Pour compléter cette adoption, le testament et l'acceptation doivent être inscrits sur les regîtres de l'état civil.

De son côté, le tuteur peut révoquer son testament, et rendre sans effet l'adoption qu'il contenait.

477. La tutelle officieuse, indépendamment de l'adoption qu'elle rend plus facile, a encore d'autres résultats dans l'intérêt du pupille. Si le tuteur meurt sans l'avoir adopté, il doit être fourni au pupille durant sa minorité, par les héritiers du tuteur, des moyens de subsister dont la quotité et l'espèce, s'il n'y a été antérieurement pourvu par une convention formelle, sont réglés soit amiablement entre les représentans respectifs du tuteur et du pupille, soit judiciairement en cas de contestation (art. 367).

478. Le tuteur n'est pas tenu d'adopter le pupille lorsque celui-ci est parvenu à sa majorité, et il ne peut pas l'adopter si le pupille n'y consent. S'ils sont d'accord sur l'adoption, elle doit alors avoir lieu selon les formes de l'adoption ordinaire, et les effets en sont, en tous points, les mêmes (art. 368).

479. La majorité du pupille ne délie pourtant pas le tuteur de toute obligation envers lui. Si dans les trois mois qui ont suivi cette majorité, les réquisitions du pupille au tuteur, à fin d'adoption, sont restées sans effet, et que le pupille ne se trouve point en état de gagner sa vie (circonstance dont l'appréciation est laissée aux tribunaux), le tuteur officieux peut être condamné à indemniser le pupille de l'incapacité où celui-ci pourrait se trouver de pourvoir à sa subsistance. Cette indemnité se résout en secours propres à lui procurer un métier; le tout sans préjudice des stipulations qui auraient pu avoir lieu dans la prévoyance de ce cas (art. 369).

La loi ne dit pas que le tuteur sera mais qu'il pourra être condamné; d'où il suit que si le pupille, par son inconduite et non par la faute du tuteur, se trouve hors d'état de gagner sa vie, l'indemnité ne devra pas lui être nécessairement accordée.

480. Le tuteur officieux qui aura administré les biens du pupille devra, comme tous les tuteurs, lui en rendre compte à sa majorité, dans tous les cas (art. 370), c'est-à-dire qu'il adopte ou n'adopte pas le pupille.

TITRE IX.

De la puissance paternelle.

SOMMAIRE.

les. *Terme de cette autorité. Ses attributs. C'est le père qui l'exerce pendant le mariage.*

485. *L'enfant mineur ou non émancipé ne peut pas quitter la maison paternelle sans la permission du père, sauf une exception, moyen d'exécution de cette règle, et réciproquement, droits de l'enfant.*

486. *Les droits de correction et de jouissance sont les principaux effets de la puissance ou de l'autorité paternelle.*

487. *Dans quels cas le droit de correction peut être exercé.*

488. *En quel lieu l'enfant peut être détenu. Deux modes de détention.*

489. *De la détention par voie d'autorité.*

490. *De la détention par voie de réquisition.*

491. *Cas où l'enfant qui n'a pas seize ans commencés ne peut être détenu que par voie de réquisition.*

492. *Faculté de réclamer accordée à l'enfant détenu par voie de réquisition.*

493. *Le père ou la mère peuvent abréger la durée de la détention.*

494. *Du droit de correction attribué à la mère survivante.*

495. *Cas où la mère peut l'exercer, même pendant le mariage.*

496. *La détention a lieu sans écritures ni formalités. Pourquoi.*

497. *Quelles sont les dispositions de notre titre applicables aux enfans naturels.*

498. *La puissance paternelle est exercée indistinctement par le père et par la mère naturels, d'après les circonstances, sans préférence légale pour le père.*

499. *De la jouissance qu'ont les père et mère des biens des enfans.*

481. Si le mariage crée la famille, si la paternité et la filiation en constituent les liens, la puissance paternelle y maintient l'ordre sans lequel on ne peut concevoir l'existence d'aucune société, sans lequel, par conséquent, la famille, la première des sociétés, ne serait pas possible. Telle est la liaison d'idées qui a marqué, dans le Code, la place de notre titre.

482. La puissance paternelle est un droit, fondé sur la nature et confirmé par la loi, qu'exercent les père et mère sur la personne et sur les biens de leurs enfans.

Je m'abstiendrai de développemens historiques sur cette puissance telle qu'elle existait chez les anciens peuples, notamment chez les romains, ou en France dans les premiers temps de la monarchie, et ensuite dans les pays de droit écrit et dans les pays coutumiers. Ces recherches, quelque intéressantes qu'elles soient, m'écarteraient trop du plan de travail que j'ai adopté. Qu'il me suffise de dire que, bien différent des vieilles législations, le Code civil ne fait qu'exprimer, en les régularisant, les véritables effets que la nature attribue à cette puissance. Déjà nous avons vu plusieurs dispositions dont elle est le principe aux titres du mariage et de l'adoption, et nous en retrouverons d'autres dans des titres subséquens, notamment dans celui de la tutelle.

483. Ce n'est pas seulement un précepte de morale dont l'application est laissée à la volonté des enfans que la loi exprime, en disant qu'à tout âge l'enfant doit honneur et respect à ses père et mère (art. 371). Il en résulte, dans l'exercice du droit commun, des conséquences que la loi et la jurisprudence ont consacrées. Aussi, outre celles dont j'ai déjà parlé aux titres du mariage et de l'adoption, il en est d'autres que l'enfant ne doit pas méconnaître. Il ne doit pas intenter une action déshonorante contre ses père et mère (argument de l'article 380 du code pénal), ni exercer contr'eux la contrainte par corps. D'ailleurs, il [1] peut faire toutes exécutions sur leurs biens.

484. La loi elle-même a pris soin de distinguer *l'autorité* de la *puissance* paternelle. Après avoir exprimé les conséquences de la puissance dont l'enfant est tenu à tout âge, elle ajoute qu'il reste sous l'autorité de ses père et mère jusqu'à sa majorité ou son émancipation (art. 372). Ainsi, tandis que la puissance n'a pas de terme, l'autorité en a un. Le droit de correction ci-après mentionné en constitue l'exercice. Tant que dure le mariage ce n'est qu'au père qu'il est attribué (art. 373). Car il peut être aussi considéré comme un des effets de la puissance maritale. Ce droit est si sacré que le père ou la mère ne peuvent pas en être privés, même dans le cas où ils le seraient de la tutelle de leurs enfans.

485. Tant que l'enfant reste soumis à cette autorité, il ne peut pas quitter la maison paternelle sans la permission de son père. La seule exception qu'exprime la loi à cette prohibition, et qui est fondée sur l'intérêt public, est l'enrôlement volontaire permis à l'enfant âgé de dix-huit ans révolus (art. 374). Cette disposition est applicable au cas où c'est la mère qui exerce la puissance paternelle,

---

(1) Sirey, 28-2-56. — M. Duranton, t. 3, n° 350. — Dalloz, jurisp. génér., tom. 11, pag. 490.

ainsi qu'à ceux où l'enfant aurait été placé par le père ou la mère dans une maison d'éducation ou d'apprentissage. Pour son exécution, le père ou la mère peuvent employer les moyens communs d'exécution forcée des jugemens, en les conciliant autant que possible avec les règles qui défendent de porter arbitrairement atteinte à la liberté individuelle, ou même en faisant usage du droit de correction dont il va être question. Il faut également reconnaître que si l'enfant éprouvait injustement des mauvais traitemens, il pourrait être autorisé par la justice à vivre ailleurs que dans la maison paternelle où son existence serait en danger.

486. Les effets principaux de la puissance paternelle, qui ont été réglés par notre titre, sont le droit de correction et le droit de jouissance attribué au père ou à la mère, des biens de leurs enfans. Je m'en occuperai successivement.

487. Pour que le droit de correction puisse être exercé, il faut que le père ait des sujets de mécontentement très-graves sur la conduite de l'enfant (art. 375). Tantôt il en est seul juge, tantôt il a besoin de faire sanctionner sa volonté par une autorité publique, comme nous allons le voir.

488. La détention de l'enfant dans une prison publique est le moyen de correction que la loi donne

au père. Elle peut avoir lieu par voie d'autorité ou par droit de réquisition.

489. Si l'enfant est âgé de moins de seize ans commencés, le père a le droit de le faire détenir pendant un temps qui ne peut excéder un mois (art. 376). Dans ce cas il ne doit compte à personne de ses motifs. L'âge tendre de l'enfant, le peu de durée de la peine, lui ont fait attribuer à cet égard une pleine autorité. Cependant l'ordre d'arrestation ne peut recevoir d'exécution que lorsqu'il a été délivré par le président du tribunal de l'arrondissement, qui d'ailleurs ne peut pas refuser de donner satisfaction à la demande du père (*id.*). Le ministère du magistrat est donc purement passif, et son intervention n'est exigée que pour rendre hommage au principe suivant lequel la liberté des individus ne peut recevoir aucune atteinte sans le concours de l'autorité publique.

490. Mais si l'enfant encore mineur et non émancipé a seize ans commencés, le droit de détention ne peut plus avoir lieu par la seule autorité du père. Celui-ci ne peut agir alors que par voie de réquisition, parce que l'âge plus avancé de l'enfant demande de plus grandes précautions avant que sa liberté soit suspendue. Le père doit donc requérir la détention de l'enfant, et à cet effet il doit s'adresser au président du tribunal, qui, après en avoir conféré avec le procureur du roi, délivre ou refuse l'ordre d'arrestation, selon qu'il le juge convenable.

Le temps de la détention peut être de six mois au plus ; et quelle que soit la demande du père, il peut être réduit à une moindre durée par le président (art. 377). Nous verrons bientôt que les décisions de ce magistrat qui seraient contraires à l'enfant ne sont pas en dernier ressort.

491. Il est trois cas où la détention de l'enfant ne peut avoir lieu que par voie de réquisition, quoiqu'il n'ait pas seize ans commencés : 1º lorsque le père est remarié. La loi a craint que dans ce cas l'enfant du premier lit ne pût être victime de l'influence injustement exercée par la nouvelle épouse du père, et elle a voulu l'en préserver (art. 382); 2º lorsque l'enfant a des biens personnels. Il ne fallait pas que le père, dans des vues intéressées, pour son propre compte, employât un moyen que l'intérêt seul de l'enfant doit commander (art. 382); 3º lorsque l'enfant exerce un état. Cette circonstance suppose en lui une intelligence précoce, et d'ailleurs son industrie pourrait être utile à la société qui éprouverait un préjudice d'une peine mal à propos infligée à l'un de ses membres (*id.*). Observons néanmoins que, dans ces trois cas, quoique la détention ait lieu par voie de réquisition, elle ne peut pas excéder un mois.

492. Dans tous les cas où l'enfant sera détenu par cette voie, il pourra adresser un mémoire au procureur général près la cour royale. Celui-ci se fera rendre compte par le procureur du roi près le tribunal de première instance, et fera son rapport au président de la cour royale qui, après en avoir donné avis au père (lequel pourra fournir les explications qu'il jugera convenables), et après avoir recueilli tous les renseignemens, pourra révoquer ou modifier l'ordre délivré par le président du tribunal de première instance (*id.*).

493. Dans tous les cas, que la détention de l'enfant ait lieu par voie d'autorité ou par voie de réquisition, le père est le maître d'en abréger la durée. Si, après la sortie de l'enfant, de nouveaux motifs surviennent, la détention peut avoir lieu de nouveau, suivant les formes exprimées (art. 379). Ce qu'il faut aussi bien entendre du cas où le temps de la détention aurait été accompli. Malgré le silence de la loi, je pense que cette faculté d'abréger la durée de la détention de l'enfant appartient à la mère comme au père, dans les cas où elle a pu exercer les droits de correction.

494. Les droits de la mère survivante sont bien différens à cet égard de ceux du père. D'abord, si elle est remariée, elle perd la faculté d'exercer le droit de correction qui en réalité appartiendrait alors plutôt à son second mari qu'à elle (argum. de l'art. 381); et si elle n'est pas remariée, elle ne peut faire détenir l'enfant qu'avec le concours des deux plus proches parens paternels, et par voie de réquisition,

quel que soit l'âge de l'enfant (art. 381). Ce concours des deux plus proches parens paternels est
indispensable à la mère, si elle n'a pas conservé la
tutelle de l'enfant. Cependant M. Toullier [1] pense
qu'à défaut de ces parens, elle peut recourir à deux
amis du père. Je ne saurais adopter cette opinion.
Il s'agit en effet ici de la mère non remariée et tutrice légale. Si la tutelle ne lui a pas été enlevée,
elle peut toujours provoquer la détention de l'enfant,
conformément à l'article 468, droit qui peut aussi
être exercé par la mère remariée qui a conservé la
tutelle. Mais si elle a été destituée de ses fonctions
de tutrice, ce n'est sans doute que pour des motifs
graves qui devraient plutôt faire restreindre qu'étendre les facultés que la loi lui donne.

495. Quoique, en principe, la mère n'ait aucune
part à l'exercice de la puissance paternelle tant que
dure le mariage, la nécessité a fait admettre quelques exceptions. Ainsi la femme exerce à cet égard
les droits du mari qui a disparu (art. 141); mais
elle ne le fait qu'avec les conditions qui en accompagnent l'exercice de son chef. Elle les exerce encore
lorsque le mari est interdit pour cause de démence
ou par suite d'un crime, ainsi que cela résulte de
plusieurs textes de loi (art. 28, etc.).

496. Toutes les fois qu'il y aura lieu à la déten-

---

(1) Tome 2, n° 1057, à la note.

tion d'un enfant, il n'y aura aucune écriture ni formalité judiciaire, si ce n'est l'ordre même d'arrestation qui ne doit pas énoncer de motifs (art 378). Il s'agit en effet d'une peine domestique dont les causes doivent être renfermées dans la famille, et l'enfant ne doit pas être condamné à rougir, dans un âge plus avancé, des fautes ou des erreurs de son premier âge. Mais le père qui ordonne ou qui requiert cette détention, qui n'a lieu que dans un intérêt privé, est tenu de souscrire une soumission de payer tous les frais et de fournir les alimens convenables (*id.*).

497. Le Code déclare applicables aux enfans naturels légalement reconnus les articles 376, 377, 378 et 379 (art. 383). Mais de ce qu'il ne mentionne pas à cet égard l'article 382 qui ne permet que la détention par voie de réquisition, lorsque l'enfant même au-dessous de seize ans a des biens personnels, ou exerce un état, faut-il conclure que ce dernier article ne s'applique pas à l'enfant naturel ? Je ne saurais le croire ; et, d'après les motifs qui l'ont dicté, il me semble encore plus applicable à l'enfant naturel qu'à l'enfant légitime. Un auteur a pourtant décidé le contraire, mais sans donner aucune raison de cette opinion [1]. Il est encore hors de doute, malgré le silence de l'art 383, que les articles 371, 372 et 374 sont applicables à l'enfant naturel.

_____

(1) M. Duranton, tome 3, n° 360.

498. Ainsi que nous l'avons vu, ce n'est qu'à défaut du père légitime que la mère est investie de la puissance paternelle même modifiée. Faut-il, par analogie, reconnaître que ce n'est qu'à défaut du père naturel que la mère naturelle en jouit et qu'elle en est privée tant que le père peut l'exercer lui-même ? Plusieurs arrêts ont jugé que la loi qui règle à cet égard les droits des père et mère légitimes ne s'applique pas aux père et mère naturels, et que la question dépend du plus grand intérêt de l'enfant et des circonstances dont l'appréciation est laissée aux tribunaux [1].

499. Après avoir fixé les règles du droit de correction, notre titre détermine celles de la seconde prérogative de la puissance paternelle, du droit de jouissance des biens des enfans attribué, durant le mariage, au père, et après sa dissolution au survivant des époux, jusqu'à ce que les enfans aient dix-huit ans accomplis, ou jusqu'à leur émancipation qui pourrait avoir lieu avant cet âge (art. 384).

500. Cette jouissance étant établie par la loi et non par une volonté particulière, est appelée *usufruit légal.* Son origine est dans la législation romaine dont plusieurs coutumes de France avaient admis le principe sous le nom de *droit de garde.* Ses motifs

---

[1] M. Duranton, tom. 3, n° 360. Toullier, t. 2 n° 1076.

sont d'indemniser les parens des sacrifices qu'ils font pour leurs enfans, et de les dispenser d'un compte rigoureux des revenus, qui pourrait produire des discussions fâcheuses.

504. Tous les biens dont les enfans ont la propriété personnelle sont sujets à cette jouissance des père et mère, sauf les exceptions prévues par la loi et qui reposent sur des motifs tout-à-fait raisonnables. Ainsi les biens que les enfans peuvent acquérir par un travail et une industrie séparés n'y sont pas sujets (art. 387). S'il en était autrement, on aurait peut-être mis des bornes à l'activité et à l'émulation de l'enfant qui doivent toujours être encouragées. Ainsi encore sont exceptés de cette jouissance les biens donnés ou légués aux enfans sous la condition expresse que les père et mère n'en jouiront pas. (*id.*); car chacun est libre d'imposer à ses libéralités les conditions qu'il lui plaît. Mais pour que l'exception soit applicable, il faut que la transmission de biens faite à l'enfant constitue une véritable libéralité ; d'où il suit que la condition est comme non écrite s'il s'agit de biens que l'enfant prend à titre de réserve dans une succession. Il les tient alors en effet plutôt de la loi que de la volonté de celui auquel il succède [1].

---

(1) Toullier, tome 2, n° 1067. — M. Duranton, tome 5, n° 376.

502. Observons que si, en thèse générale, l'auteur de la libéralité faite à l'enfant peut, en exprimant sa volonté à cet égard, priver le père ou la mère de la jouissance, il ne peut pas leur enlever l'administration des biens donnés ou légués. Le droit de leur ôter cette jouissance est fondé en effet sur un texte formel de la loi qui ne contrarie d'ailleurs aucun principe d'ordre public, tandis que la disposition qui leur interdirait l'administration serait réprouvée par les principes de cet ordre. C'est un point sur lequel les auteurs sont d'accord.

503. Cette jouissance des père et mère leur impose certaines obligations qui diminuent les avantages qu'elle leur procure. L'article 385 en énumère les charges, ce sont : 1° celles auxquelles sont tenus les usufruitiers. Sans anticiper sur les matières à venir par des développemens qui trouveront ailleurs leur place, je dois dire qu'à la différence des usufruitiers ordinaires, les père et mère sont dispensés de donner caution (art. 601); 2° la nourriture, l'entretien et l'éducation des enfans selon leur fortune. Déjà l'article 203 avait imposé la même obligation aux époux. Il y a cependant cette différence entre les cas régis seulement par cet article et celui de la disposition que j'examine, que tandis que, dans les premiers, l'enfant qui aurait une industrie profitable ne pourrait pas invoquer le bénéfice de la loi (art. 208), dans le second, la nourriture et autres dépenses de l'enfant devraient être supportées par le

22

père et la mère comme condition de leur jouissance ,
quoique l'enfant fût en position de se passer de leur
secours; 3° le paiement des arrérages ou intérêts
des capitaux. On entend par arrérages le produit des
rentes ; les intérêts sont ceux des capitaux. Il est
évident qu'il ne peut être question ici que des arrérages ou intérêts courus durant la jouissance des
père et mère et non de ceux qui étaient échus auparavant ; 4° enfin , les frais funéraires et ceux de
dernière maladie. On s'est demandé si c'est des frais
funéraires et de dernière maladie de l'enfant ou de
celui duquel proviennent les biens de l'enfant qu'il
s'agit dans cette disposition. Quelques auteurs ont
résolu la question dans le premier sens [1] ; mais
l'autre opinion me paraît préférable , soit parce que
telle était anciennement la conséquence du droit de
garde que nos législateurs paraissent avoir voulu
maintenir , soit parce qu'une disposition expresse
aurait été superflue pour charger les père et mère
des enfans qui meurent avant dix-huit ans de fournir à leurs frais funéraires et à ceux de leur dernière maladie [2].

504. Diverses causes font cesser la jouissance des
père et mère. Nous avons déjà vu qu'elle prend fin

[1] Delvincourt.— M. Duranton , t. 3, n° 402 , laisse la question indécise.

[2] Toullier, t. 2, n° 1069.

lorsque les enfans ont dix-huit ans accomplis ou à leur émancipation (art. 384). Elle n'avait pas lieu au profit de celui des père et mère contre lequel le divorce avait été prononcé (art. 386), disposition que l'abolition du divorce rend aujourd'hui sans application. Car il ne faut pas conclure des points de ressemblance qu'il y a entre le divorce et la séparation de corps qu'elle puisse être appliquée à ce dernier cas ; c'est une peine en effet , et ce n'est pas par analogie d'un cas à un autre que les peines peuvent être prononcées.

505. La mère qui se remarie perd cette jouissance (*id.*), lors même qu'elle conserverait la tutelle dont , comme je l'ai déjà dit , elle est tout-à-fait indépendante. Ce droit , éteint par le second mariage de la mère , ne revivrait pas si elle redevenait veuve.

506. Il n'a pas lieu encore dans le cas où l'indignité de succéder des père et mère appelle les enfans à la succession (art. 730), non plus que lorsqu'il y a défaut d'inventaire, conformément à l'article 1442.

507. Les père et mère qui ont favorisé la prostitution ou la corruption de leurs enfans en sont aussi privés par l'article 335 du code pénal , ainsi que des autres attributs de la puissance paternelle.

508. Si l'enfant meurt avant dix-huit ans accomplis, la jouissance des père et mère prend fin. Vainement voudrait-on appliquer à ce cas la disposition de l'article 620, suivant laquelle l'usufruit accordé jusqu'à ce qu'un tiers ait atteint un âge fixe dure jusqu'à cette époque, encore que le tiers soit mort avant l'âge indiqué, pour en conclure que l'usufruit des père et mère doit durer jusqu'à l'époque à laquelle l'enfant aurait eu dix-huit ans. Dans les cas pour lesquels est fait l'article 620 la durée de l'usufruit est réglée d'avance et c'est pour l'indiquer et non pour la soumettre à une condition que l'âge d'un tiers est mentionné, tandis que l'usufruit des père et mère n'est qu'une conséquence de la puissance paternelle ; or elle finit à la mort de l'enfant, et l'effet ne doit pas survivre à la cause [1].

509. Les avantages de la jouissance dont je viens de m'occuper ne sont pas accordés aux père et mère naturels. C'est dans le mariage qu'elle a son principe ; et ce que la loi considère comme un bienfait ne devait pas récompenser une faute.

---

[1] Toullier, t. 2, n° 1072. — M. Duranton, tome 3, n° 392.

TITRE X.

*De la minorité, de la tutelle et de l'éman-
cipation.*

CHAPITRE PREMIER.

De la minorité.

SOMMAIRE.

510. *Définition de la minorité.*
511. *Aperçu historique à cet égard.*
512. *De la minorité actuelle.*
513. *Dans notre titre, la minorité n'est considérée que
dans ses rapports avec la tutelle. Renvoi pour ses
autres conséquences.*

510. La minorité est l'état des individus que, par
une présomption naturelle et légale, la loi considère,
à cause de la faiblesse de leur âge, comme incapables de se gouverner eux-mêmes, de disposer con-
venablement de leurs biens et de les administrer.

La nature n'ayant pas assigné un terme bien fixe
à l'incapacité résultant de l'âge, il était nécessaire
que le droit positif établît une régle uniforme. Elle
a existé en effet dans toutes les législations.

511. A Rome la minorité était divisée en deux

époques , la pupillarité et la puberté. La pupillarité encore subdivisée était d'abord l'enfance qui finissait à sept ans, et la puérilité qui commençant à cet âge, finissait à la puberté fixée à quatorze ans pour les garçons et à douze ans pour les filles. Mais la minorité proprement dite avait un seul terme qui était l'âge de vingt-cinq ans révolus.

Anciennement , dans la majeure partie de la France , ce terme était aussi celui de la minorité. Cependant quelques coutumes l'avaient admis à vingt-un ans. Ce système a prévalu dans la législation nouvelle. La loi du 20 septembre 1792 avait fixé la majorité civile à vingt-un ans ; et la constitution de l'an VIII attribuait au même âge la majorité politique qui , depuis cette époque , a reçu diverses modifications, des lois constitutionnelles dont je n'ai pas à m'occuper ici.

512. Aujourd'hui, et d'après le Code, le mineur est l'individu de l'un et de l'autre sexe qui n'a point encore l'âge de vingt-un ans accomplis (art. 388). La minorité n'offre plus que deux situations distinctes, celle du mineur émancipé et celle du mineur non émancipé.

513. La minorité donne des priviléges nombreux et tout particuliers que réclamait l'intérêt de ceux qu'il fallait préserver des dangers de leur inexpérience. Ce n'est pas encore le moment de leur donner les développemens qui se reproduiront souvent dans le cours de cet ouvrage. Dans notre titre, la minorité n'est considérée que dans ses rapports avec la tutelle. C'est donc ailleurs que j'aurai à parler des incapacités qu'elle produit, des nullités dont elle est l'origine et des priviléges qui s'y rattachent.

CHAPITRE II.

De la tutelle.

SOMMAIRE.

514. *Ce que c'est que la tutelle. Il en est de quatre espèces dont deux sont légitimes et deux datives.*

514. La tutelle (de *tueri*, défendre) est une charge personnelle qu'imposent la loi ou la volonté de l'homme sanctionnée par la loi , pour la protection ou la défense de la personne et des intérêts du mineur.

Nous avons quatre espèces de tutelle : 1º celle des père et mère ; 2º celle qui est déférée par le survivant d'entr'eux ; 3º celle des ascendans ; 4º celle qui est déférée par le conseil de famille. On voit donc qu'il y a deux tutelles légitimes et deux datives. Je vais examiner successivement les règles particulières à chacune d'elles. Les quatre premières sections de ce chapitre ont pour objet de les faire connaître.

SECTION PREMIÈRE.

De la tutelle des père et mère.

SOMMAIRE.

515. Cette tutelle n'a lieu qu'à la dissolution du mariage. Car, tant qu'il subsiste, la puissance paternelle produit ses effets sur le mineur et le père est, non le tuteur, mais l'administrateur des biens de son enfant. Il est comptable quant à la propriété et aux revenus des biens dont il n'a pas la jouissance, et quant à la propriété seulement, de ceux des biens dont la loi lui donne l'usufruit (art. 389). La loi n'a pas voulu soumettre les père et mère, pendant le mariage, à toutes les charges de la tutelle et leur en imposer les conditions, parce que leur affection réunie sur l'enfant lui a paru offrir assez de garantie dans l'intérêt de celui-ci.

516. De cette différence entre l'administration du père et la tutelle résultent plusieurs conséquences. Au premier cas, point de conseil de famille, point de subrogé-tuteur dont la nomination n'est nécessaire que lorsqu'il y a tutelle (art. 420), à moins que le père et l'enfant n'aient des intérêts opposés [1]. De là est aussi née la question contro-

---

(1) M. Duranton, t. 3, n° 415. — Toullier, t. 2, n° 1090, pense que, dans ce cas, c'est un tuteur *ad hoc* qu'il faut nommer. Cette différence d'opinions est dans les mots plutôt que dans les choses.

versée et que j'examinerai en son lieu, de savoir si,
durant le mariage, l'enfant a une hypothèque légale
sur les biens de son père administrateur.

517. Ce n'est donc qu'à la dissolution du mariage
arrivée par la mort naturelle ou civile de l'un des
époux que commence la tutelle légale des père et
mère. Nulle autre circonstance, ni la disparition du
père, ni son interdiction, n'y donnent ouverture.
Seulement il est pris, dans ces cas, des mesures dont
j'ai déjà parlé et que commande l'intérêt des enfans.
Cette tutelle appartient, de plein droit, au survivant des père et mère, s'il y a des enfans mineurs et
non émancipés (art. 390). On l'appelle aussi *tutelle
naturelle.* Rien de plus naturel en effet que les soins
donnés aux enfans par les auteurs de leur existence.

518. Si le mariage est dissous par la mort de la
mère, la tutelle du père n'est en quelque sorte que
la continuation de son droit antérieur, et ce droit
ne peut être limité par personne. Il ne subit que les
modifications que la loi rend inséparables de toute
tutelle et dont j'aurai bientôt à m'occuper.

519. Du reste, la tutelle du père est un droit
moins absolu pour lui que son administration qui
résulte de la puissance paternelle. Car tandis qu'il
peut être privé de la tutelle, pour certaines des causes qui seront ci-après exprimées, il ne peut pas
l'être de son administration. Cette différence est

principalement fondée sur ce que la tutelle est une
charge imposée à tout tuteur dans l'intérêt de l'enfant, tandis que les effets de la puissance paternelle
sont aussi dans l'intérêt de celui qui l'exerce dont
ils constituent une prérogative.

520. Mais on conçoit sans peine les motifs de la
loi qui permet au père de limiter le pouvoir tutélaire
de la mère, sans que cependant il ait le droit de lui
ôter la tutelle. Il peut lui nommer un conseil spécial,
sans l'avis duquel elle ne peut faire aucun acte relatif à la tutelle, comme il peut spécifier les actes pour
lesquels le conseil est nommé ; et dans ce cas, la
mère tutrice est habile à faire les autres sans son
assistance (art. 391). Cette nomination ne peut
avoir lieu que par testament, ou par une déclaration
faite devant le juge de paix assisté de son greffier,
ou devant notaires (art. 392).

521. Le conseil spécial n'a pas le droit d'agir pour
le mineur. Il doit seulement être consulté et il peut
s'opposer aux actes qui, d'après l'acte de sa nomination, doivent être revêtus de son approbation et qui
restent sans effet s'ils ont eu lieu au mépris de son
opposition et même sans son avis. En aucun cas, les
attributions de ce conseil ne peuvent aller jusqu'à
porter atteinte aux droits dérivant de la puissance
paternelle qui après le père passent à la mère, laquelle ne peut pas en être privée par la volonté de
son mari.

522. La nomination de ce conseil appartient au père seul, d'où il résulte que le conseil de famille ni aucune autre autorité ne peuvent le nommer, et que si la personne désignée n'accepte pas les fonctions qui lui sont dévolues, meurt ou est incapable, elle ne peut pas être remplacée.

523. Si, lors du décès du mari, la femme est enceinte, le conseil de famille nomme un curateur au ventre. A la naissance de l'enfant, la mère en est tutrice, et le curateur en est de plein droit le subrogé-tuteur (art. 393).

Le principe de la nomination de ce curateur est dans les lois romaines. On ne l'appelle pas curateur de l'enfant à naître, parce qu'il doit veiller non seulement aux intérêts du posthume, mais encore à ceux des héritiers du mari ainsi que des tiers. Il doit prévenir, autant que possible, la suppression et la supposition de part. Il fait les actes conservatoires dans l'intérêt des uns et des autres et même, au cas d'urgence, il peut faire les actes d'administration. Il est comptable de sa gestion lorsqu'elle prend fin.

Je ne saurais partager l'opinion d'un auteur [1] qui, se fondant sur ce que la crainte d'une supposition de part ne pouvait pas exister lorsqu'il y a d'autres enfans, a écrit que, dans ce cas, il n'est

---

(1) M. Duranton, tom. 5, n° 429.

pas nécessaire de nommer un curateur au ventre. Outre que la crainte de cette supposition n'est pas l'unique motif de cette nomination, la loi ne fait aucune distinction. Il suffit donc, pour qu'elle ait lieu, que la femme se trouve enceinte au décès du mari.

524. Le père ne peut pas refuser la tutelle de ses enfans. Mais la loi qui a présumé l'insuffisance de la capacité de la mère, en autorisant le père à restreindre son pouvoir tutélaire, se fonde sur le même motif pour autoriser la mère à refuser la tutelle; mais dans ce cas, elle doit en remplir les devoirs jusqu'à ce qu'elle ait fait nommer un tuteur (art. 394).

525. On ne doit pas conclure de ce que la mère peut refuser la tutelle, qu'elle peut l'abdiquer sans des raisons graves et jugées suffisantes, après l'avoir acceptée d'une manière non équivoque. Il résulte des articles 438 et 439 que c'est dès le principe que la qualité de tuteur doit être fixée. Les motifs de la loi sont de prévenir des incertitudes de nature à préjudicier aux intérêts du mineur qui pourraient être plus lésés encore par la substitution d'un tuteur à un autre [1].

526. C'est le conseil de famille qui, au cas de

_____

[1] M. Duranton, tome 5, n° 423.

refus de la mère , doit nommer le tuteur. Quoique
la mère doive en remplir les devoirs jusqu'à cette
nomination , elle ne doit pas être réputée tutrice avec
toutes les conséquences de cette qualité , et ses obligations ne vont pas au-delà de celles d'un mandataire
ordinaire. S'il en était autrement , la faculté que lui
donne la loi de refuser la tutelle pourrait être illusoire , surtout dans les cas où des circonstances indé-
pendantes de sa volonté retarderaient l'entrée en
fonctions du tuteur nommé.

527. Le second mariage du père qui a des enfans
mineurs d'un premier lit ne change rien à son droit
et à son devoir de tutelle , parce qu'il reste toujours
le chef de la famille. Mais il n'en est pas de même de
la mère tutrice qui se remarie. Elle se soumet à
l'influence de son nouvel époux qui pourrait devenir préjudiciable aux enfans du premier lit. C'est
pour prévenir ces inconvéniens possibles, que la loi a
voulu que la mère tutrice qui veut se remarier convoque, avant l'acte de mariage , le conseil de famille
qui décide si la tutelle doit lui être conservée (art.
395).

Si la mère se remarie sans avoir fait cette convocation , elle perd la tutelle de plein droit , et son
nouveau mari est solidairement responsable de toutes les suites de la tutelle qu'elle a induement conservée (*id.*).

528. Ainsi , dans ce cas , par le seul fait de son

second mariage, la mère cesse d'être tutrice légale ;
mais elle ne devient pas nécessairement incapable de
gérer la tutelle, car il n'y a, dans la loi, ni disposition
ni motif qui empêche le conseil de famille de lui
conférer la tutelle dative.

529. Si, après avoir perdu la tutelle de plein
droit, elle en continue l'administration, le nouveau
mari en subit la responsabilité solidaire (voyez
sur ce qu'il faut entendre par là l'article 1200),
parce que la loi suppose que c'est son influence qui
a empêché la mère de convoquer le conseil de famille. Cette responsabilité qui est une peine de cette
infraction s'étend même aux suites de la gestion antérieure au mariage, ce qui résulte non seulement
des termes de notre article *toutes les suites*, mais
encore de la précision que fait l'article suivant, pour
un autre cas, de la gestion *postérieure au mariage* [1].

Mais cette responsabilité ne va pas jusqu'à attribuer au nouveau mari la qualité de tuteur que la
mère elle-même a perdue. Ses biens ne sont donc
pas sujets à l'hypothèque légale qui, sans augmenter
ses obligations, ne ferait que préjudicier à ses autres
créanciers.

---

[1] MM. Grenier, des hyp., n° 280. — Rolland de Villargues,
v° tutelle, n° 40. — Duranton, tome 3, n° 426.

530. Si le conseil de famille convoqué par la mère tutrice avant son second mariage, lui conserve la tutelle, il lui donne nécessairement pour cotuteur le second mari, qui devient solidairement responsable avec sa femme, de la gestion postérieure au mariage. (art. 396).

Dans ce cas, le second mari est bien réellement tuteur et sujet à l'hypothèque légale ; mais sa tutelle n'est qu'accessoire à celle de la femme et cesse de produire ses effets si, pour une cause quelconque, la femme perd la qualité de tutrice.

531. Le père ou la mère de l'enfant naturel reconnu ont-ils la tutelle légale de leur enfant ?

On dit, pour la négative [1] que la tutelle légitime des père et mère n'ayant lieu qu'à la dissolution du mariage, ne saurait être attribuée au père ou à la mère naturels, et que, dans le silence de la loi, il ne faut pas créer une espèce nouvelle de tutelle légale.

Mais on doit remarquer qu'il existe, dans le code, plusieurs dispositions qui déclarent communes aux enfans naturels légalement reconnus, les conséquences de la paternité et de la filiation. Tels sont notamment les articles 158, 383 et 765. Un autre texte de loi, l'article 405 fournit même, contre cette première opinion un argument plus direct, en

_____

(1) Sirey, 11-2-475. — M. Duranton, tom. 3, n° 431.

n'autorisant la dation d'un tuteur par le conseil de famille, que lorsque le mineur est sans père ni mère, sans distinguer les père et mère naturels des légitimes. Mais ce qui surtout, dans le doute qui résulterait de la loi, doit faire attribuer la tutelle légale au père ou à la mère naturels, c'est l'intérêt de l'enfant dont la fortune, d'où qu'elle lui advienne, sera presque toujours administrée par son père ou sa mère, et serait trop facilement compromise sans la garantie de la tutelle. On peut ajouter encore à ces raisons, la difficulté qui sans être insurmontable n'est pas moins réelle, qu'il y aurait souvent à composer un conseil de famille chargé de la nomination du tuteur [1].

532. Une loi du 15 pluviôse an XIII, confie la tutelle des enfans admis dans les hospices, aux commissions administratives de ces établissemens.

SECTION II.

De la tutelle déférée par le père ou la mère.

SOMMAIRE.

533. *C'est improprement que, dans notre droit, cette tutelle est désignée sous le nom de* testamentaire. *Par quels actes elle peut être constituée.*

---

(1) En ce sens voyez Sirey, 11-2-476.

534. *Elle ne peut commencer qu'après le décès du survi-vant des père ou mère.*

535. *Divers cas où le dernier mourant des père et mère n'a pas le droit de nommer un tuteur.*

536. *La mère qui a refusé la tutelle le conserve.*

537. *Modification de ce droit, en ce qui concerne la femme remariée maintenue dans la tutelle.*

538. *Le tuteur peut être nommé par le dernier mourant des père et mère à temps ou conditionnellement.*

539. *Le tuteur nommé par le père ou la mère peut, dans les cas prévus, se faire excuser, aussi bien que celui qui a été nommé par le conseil de famille.*

533. Cette tutelle tient le second rang, parce que, émanée de la volonté du père ou de la mère, en qui la loi trouve la meilleure garantie de l'intérêt des enfans, elle participe, en quelque sorte, de la tutelle qu'elle leur attribue.

Chez les Romains cette tutelle était désignée sous le nom de *testamentaire*, et souvent elle est qualifiée, dans notre droit, de la même manière. Mais cette locution est inexacte, puisque la tutelle dont il s'agit peut être déférée non-seulement par testament, mais encore par une déclaration devant le juge de paix ou devant notaires (art. 398).

534. Le droit de choisir un tuteur est attribué *au dernier mourant* des père et mère (art. 397). Il s'ensuit que cette nomination, qui ne peut être faite que par le survivant d'entr'eux, ne peut produire son effet qu'après son décès. Cependant M. Toullier [1], quoiqu'il considère la question comme douteuse, pense qu'aucune disposition de loi ne défend au survivant qui a un motif d'excuse légitime de nommer un tuteur qui le remplace de son vivant. Mais il est évident que le texte cité répugne à une telle interprétation.

535. Cependant le dernier mourant des père et mère n'a pas toujours le droit de nommer un tuteur à ses enfans mineurs. La femme remariée et non maintenue dans la tutelle en est privée (art. 399). Il y aurait de l'inconséquence en effet à lui permettre d'attribuer à autrui un droit qu'elle ne peut pas exercer elle-même. La même prohibition s'applique, par la même raison, 1° au mort civilement (art. 25); 2° aux père ou mère qui ont facilité la corruption de leurs enfans ; car ils sont interdits de toute tutelle et , en outre, privés des prérogatives de la puissance paternelle (art. 335 du cod. pén.); 3° à l'interdit qui est lui-même en tutelle et dont la volonté n'est pas éclairée ; 4° à celui qui a été exclu ou destitué d'une tutelle, qui ne peut pas être même membre d'un conseil de famille (art. 445).

536. Il est sensible que les raisons qui ont fait priver du droit de nommer un tuteur la mère remariée non maintenue dans la tutelle , ne s'appliquent

---

(1) Tome 2 , n° 1102.

pas à la veuve qui , se méfiant de sa capacité , a usé
de la faculté que lui donne la loi de refuser la tutelle.
Elle n'a , par ce refus, encouru aucune peine , et il
n'y avait aucune raison d'étendre la prohibition
jusqu'à elle.

537. La femme remariée , maintenue dans la tutelle, peut incontestablement nommer un tuteur à ses
enfans du premier lit. Mais la loi qui a craint que
cette nomination n'eût trop à se ressentir de l'influence du second mari, n'approuve le choix fait par
la mère d'un tuteur, qu'autant qu'il est confirmé
par le conseil de famille (art. 400). Rien n'empêche
qu'avec cette approbation le second mari ne soit lui-
même investi des fonctions de la tutelle.

538. Le droit romain permettait au père ou à la
mère de nommer un tuteur à leurs enfans sous certaines conditions, ou pour un certain temps. Il doit
en être de même aujourd'hui; car notre droit n'a
rien de contraire à ces principes, et cette mesure
peut souvent être réclamée par l'intérêt des enfans[1].
En attendant l'événement de la condition, ou après
le temps fixé, il y a lieu à la tutelle déférée par le
conseil de famille, à l'exclusion de celle des ascendans, pour des motifs qui seront incessamment expliqués.

_____

(1) Toullier , tome 2, n° 1105. — MM. Duranton , tome 3,
n° 439. Rolland de Villargues, v° tutelle, n° 74.

539. Le choix d'un tuteur par le père ou la mère n'ajoute rien à l'obligation de celui qui en est l'objet, en ce sens qu'il n'est pas tenu d'accepter la tutelle, s'il n'est d'ailleurs dans la classe de ceux qu'à défaut de cette élection spéciale, le conseil de famille eût pu en charger (art. 401). Nous verrons plus tard quels sont ceux qui, par exception à la règle commune, peuvent refuser la tutelle.

SECTION III.

De la tutelle des ascendans.

SOMMAIRE.

540. *Cette tutelle n'appartient qu'aux ascendans mâles.*

541. *Si le tuteur choisi vient à manquer, c'est à la tutelle déférée par le conseil de famille et non à celle des ascendans qu'il faut recourir.*

542. *Dans quel ordre les ascendans sont appelés à la tutelle, dans les diverses hypothèses qui peuvent se présenter.*

542 (bis). *Aux cas d'excuse ou d'exclusion de l'ascendant appelé, la tutelle appartient à un autre ascendant, s'il en existe.*

540. Cette tutelle est la troisième dans l'ordre de la loi. C'est une tutelle légitime qui ne peut avoir lieu que lorsque le mineur n'a ni père ni mère, ou que le dernier mourant d'entr'eux ne lui a pas nommé un tuteur.

Observons qu'elle n'est attribuée qu'aux ascendans mâles, et que ce n'est que d'une autre manière
que les ascendantes peuvent parvenir à la tutelle,
comme nous le verrons au n° 588.

541. Suivant le Code, (art. 402), cette tutelle
n'a lieu que *lorsqu'il n'a pas été choisi au mineur
un tuteur par le dernier mourant de ses père et
mère.* On doit conclure de là que, si le tuteur
choisi ne peut accepter la tutelle, en est exclu, ou
cesse de la gérer pour une cause quelconque, il n'y
a pas lieu à la tutelle des ascendans, mais bien à
celle qui est déférée par le conseil de famille.

L'opinion contraire a pourtant été soutenue [1],
sur ce principal fondement que la non acceptation
ou l'exclusion du tuteur choisi ne devant produire
d'autre effet que de faire réputer non avenu l'acte
de sa nomination, la tutelle des ascendans a lieu de
plein droit. Mais indépendamment des termes de la
loi qui n'appellent les ascendans que lorsqu'il n'a pas
été choisi un tuteur, ses motifs doivent faire rejeter
une telle interprétation. Dans le choix d'un tuteur
par un père qui laisse des ascendans, il y a plus
qu'un motif de préférence pour celui qui en est
l'objet; il y a exclusion de l'ascendant fondée sans
doute sur des motifs graves, et qui se vérifie rare-

___

(1) M. Dalloz, jurisprudence générale, v° tutelle, page 706, où
il cite un arrêt de la cour de Bruxelles.

ment. La volonté du père doit donc être res-
pectée [1].

542. S'il y a un aïeul paternel et un aïeul maternel, la tutelle appartient au premier; s'il y a un
aïeul maternel et un bisaïeul paternel, c'est l'aïeul
maternel qui sera tuteur. Ces règles seront observées
en remontant, de manière que l'ascendant paternel
soit toujours préféré à l'ascendant maternel du même
degré (*id.*).

Au cas où la concurrence pour la tutelle se trouve
établie entre deux ascendans du degré supérieur
appartenant tous deux à la ligne paternelle du mineur, la tutelle passe de droit à celui qui se trouve
être l'aïeul paternel du père du mineur (art. 403).
Cette préférence est ainsi accordée à celui dont le
mineur descend de mâle en mâle, et dont il porte
le nom.

Enfin si la même concurrence a lieu entre deux
bisaïeuls de la ligne maternelle, les mêmes raisons
ne devant faire accorder la préférence à aucun des
deux, la nomination est dévolue au conseil de famille qui ne peut choisir que l'un de ces deux ascendans (art. 404).

542 (*bis*). Si lorsqu'il existe plusieurs ascendans,
celui auquel la loi attribue la tutelle a une excuse,

(1) Toullier, t. 2, n° 1107. — M. Durantou, t. 5, n° 447.

ou est sujet à exclusion, la tutelle appartiendra-t-elle à celui que la loi appelle après lui, ou devra-t-elle être attribuée par le conseil de famille ?

M. Duranton professe cette dernière opinion [1]. Il se fonde sur ce que, en matière de tutelle, il ne se fait pas de dévolution d'une personne à une autre, sur ce que les mots de l'article 402 *à défaut de l'aïeul paternel* ne doivent s'entendre que du cas de mort, et non de celui d'excuse ou d'exclusion, et sur les dernières expressions de l'article 405 qui admettent la tutelle dative lorsque le tuteur de l'une des qualités exprimées est exclu ou excusé.

On ne concevrait pas les motifs du législateur qui doivent avoir principalement pour objet l'intérêt du mineur, sur lesquelles aurait été fondée une semblable règle que la loi d'ailleurs n'a pas exprimée. C'est uniquement pour suivre l'ordre des degrés, et non pour établir une présomption du plus ou moins d'avantage du mineur, qu'elle accorde à certains ascendans la préférence sur d'autres. Ils lui inspirent tous d'ailleurs la même confiance. Dès-lors quelle raison plausible prise dans la situation des choses, à donner, pour préférer le tuteur datif à l'ascendant, lorsque celui que la loi appelait est exclu ou destitué ? Qu'importe que ce soit une excuse, l'exclusion ou la mort qui ne permettent pas à l'ascendant appelé de gérer la tutelle ? La situation, dans ces divers cas,

[1] Tome 3, n° 447.

n'est-elle pas la même au fond? Ici la raison qui sert de fondement à la solution de la question posée au n° 541, l'intention du père ou de la mère, ne saurait être invoquée. Reste donc l'objection de l'article 405. Mais d'abord ce même article n'admet la tutelle dative que lorsqu'il n'y a pas d'ascendans mâles, et ses dernières expressions ne sont manifestement applicables qu'au cas où tous les ascendans mâles seraient-excusés ou exclus. Ainsi la tutelle, au cas d'exclusion ou d'excuse de l'ascendant appelé, doit appartenir à un autre ascendant, s'il en existe, en suivant toujours l'ordre établi entr'eux.

SECTION IV.

De la tutelle déférée par le conseil de famille.

SOMMAIRE.

543. *Dans quels cas a lieu cette tutelle dative. Ce qu'on entend par conseil de famille.*

544. *Qui peut convoquer ce conseil ou en provoquer la convocation.*

545. *C'est toujours au domicile qu'a le mineur, à l'ouverture de la tutelle, qu'est convoqué le conseil de famille.*

546. *Composition du conseil de famille, dans les cas ordinaires.*

547. *La question de savoir si l'inobservation de l'ordre de parenté entraîne nullité des délibérations du conseil, dépend des circonstances.*

548. *Exceptions au mode de composition du conseil*, en
ce qui concerne les frères germains, les alliés
au même degré, les ascendantes veuves et les ascendans excusés.

549. *Quid des ascendans non excusés.*

550. *Dans quels cas le juge de paix peut appeler au
conseil des parens hors de la distance, ou des
amis, à son choix.*

551. *Faculté qui lui est donnée, dans certains cas, sur
le choix des parens.*

552. *Délai de la comparution après citation.*

553. *Les membres du conseil peuvent s'y faire représenter
par un mandataire spécial. Peine contre les défaillans.*

554. *S'ils sont légitimement excusés, le juge de paix
peut ajourner ou proroger l'assemblée. Sens de ces
mots.*

555. *Où se tient l'assemblée. Les trois-quarts des membres doivent être présens pour que la délibération
soit régulière.*

556. *Ce qu'il faut pour que la prépondérance de la voix
du juge de paix forme la décision du conseil, qui
peut être rendue à la majorité relative.*

557. *Un mineur ne peut avoir qu'un tuteur, sauf une exception.*

558. *Le tuteur peut être pris partout. Il ne peut pas être
nommé sous condition ou à temps par le conseil de
famille. Quand commence son administration.*

559. *Renvoi pour les attributions du conseil de famille.
Sa non-responsabilité.*

560. *La tutelle ne passe pas aux héritiers du tuteur. Leurs
obligations.*

543. Si le mineur a perdu le survivant de ses père et mère, et que celui-ci ne lui ait pas nommé un tuteur, et s'il est sans ascendans mâles, ou si le tuteur que lui donne la loi ou la volonté de son père ou de sa mère n'est pas capable de gérer la tutelle, un tuteur lui est nommé par le conseil de famille (art. 405).

On appelle ainsi une assemblée de parens ou d'amis présidée par le juge de paix, et qui a différentes attributions, dans l'intérêt du mineur, comme nous le verrons souvent.

Cette tutelle est donc dative. C'est la quatrième et la dernière dont la loi avait à s'occuper.

544. Le juge de paix du domicile du mineur a seul le droit de convoquer le conseil de famille, soit sur la réquisition et à la diligence des parens du mineur, de ses créanciers ou d'autres parties intéressées, soit d'office, c'est-à-dire sans avoir été requis ni même prévenu par personne (art. 406). Il ne peut pas se refuser à faire la convocation lorsqu'il en est requis par une des personnes qui viennent d'être dénommées. D'ailleurs qui que ce soit peut lui dénoncer le fait qui donne lieu à la nomination du tuteur (*id.*). Il est à remarquer que la loi ne donne pas dans ce cas le droit de réquisition au ministère public.

545. En attribuant juridiction au juge de paix du domicile du mineur, la loi entend parler du domicile où la tutelle s'ouvre pour la première fois. C'est là que devront avoir lieu toutes les convocations du conseil de famille, même postérieures à la nomination du tuteur, lors même que le tuteur aurait un autre domicile qui deviendrait celui du mineur. On sent en effet la difficulté, et souvent l'impossibilité qu'il y aurait à réunir un conseil de famille là où il plairait au tuteur de transporter son domicile [1].

546. Le conseil de famille est composé, non compris le juge de paix, de six parens ou alliés pris tant dans la commune où la tutelle sera ouverte, que dans la distance de deux myriamètres, moitié du côté paternel, moitié du côté maternel, et en suivant l'ordre de proximité dans chaque ligne. Le parent sera préféré à l'allié du même degré, et parmi les parens du même degré le plus âgé à celui qui le sera le moins (art. 407).

Telle est la composition du conseil dans les cas ordinaires. En exigeant un nombre égal de parens

---

(1) Sirey, 10-1-63. — Toullier, tome 2, n° 1114. — M. Duranton, tome 3, n°s 453 etc.

de chacune des deux lignes, la loi a voulu prévenir l'influence d'une ligne sur l'autre.

547. Si l'ordre de parenté prescrit par l'article précité n'a pas été observé, la nomination du tuteur est-elle nulle ; en d'autres termes, le conseil de famille est-il sans mission ? La jurisprudence a varié sur cette question. Mais il est reconnu qu'elle devra être résolue, suivant les circonstances, en prenant en considération soit l'intérêt des tiers qui ont traité de bonne foi avec le tuteur qu'ils ont cru légalement nommé, soit l'intérêt du mineur qu'il faut autant que possible concilier avec celui des tiers [1].

548. Dans certains cas que la loi fait connaître, le conseil de famille peut être différemment composé. Ainsi les frères germains du mineur et les maris des sœurs germaines sont seuls exceptés de la limitation de nombre posée en l'article 407. S'ils sont six, ou au delà, ils sont tous membres du conseil de famille qu'ils composeront seuls, avec les veuves d'ascendans et les ascendans valablement excusés, s'il y en a. S'ils sont en nombre inférieur, les autres parens ne seront appelés que pour compléter le conseil (art. 408).

On appelle frères germains les frères nés du même père et de la même mère ; consanguins, ceux

---

[1] Sirey, 1805, 1-130. — Toullier, tome 2, n° 1119. — M. Duranton, tome 3, n° 479.

qui sont nés du même père, mais d'une autre mère; utérins, ceux qui n'ont que la mère de commune. L'intimité du lien qui unit les frères germains au mineur a motivé l'exception qui les concerne. La même raison s'applique aux maris des sœurs germaines.

Quoique les termes de l'article cité appellent au conseil les *veuves d'ascendans*, il est reconnu [1] que la loi a voulu dire les *ascendantes veuves*. Car la veuve d'un ascendant du mineur peut lui être étrangère, et les ascendantes seules peuvent faire partie du conseil de famille (art. 442).

Les ascendantes veuves et les ascendans valablement excusés font donc partie de plein droit du conseil de famille; ce qu'il faut reconnaître même pour les cas où il se compose d'autres membres que des frères germains, quoique l'article 408 ne s'occupe que de cette hypothèse [2]. Mais ils ne comptent pas au nombre des six membres nécessaires pour la composition du conseil; et s'il n'y a pas six frères germains ou alliés à ce degré, le concours des ascendantes veuves et des ascendans excusés ne complétera pas le conseil auquel devront être appelés d'autres parens ou des amis.

549. Quant aux ascendans non excusés, ils n'ap-

---

(1) M. Duranton, tom. 5, nº 459, à la note 5.

(2) Delvincourt, tome 1, page 436, note 4. — Carré, tome 5, nº 2998, etc.

partiennent pas de droit au conseil; mais ils peuvent être compris au nombre des six parens qui le composent.

550. Le juge de paix ne doit nécessairement convoquer, pour le conseil de famille, que les parens ou alliés dont il vient d'être question qui habitent dans la commune où la tutelle s'est ouverte, ou dans la distance de deux myriamètres. Si ceux qui se trouvent sur les lieux ou dans cette distance sont en nombre insuffisant, le juge de paix doit appeler, soit des parens ou alliés domiciliés à de plus grandes distances, soit, dans la commune même, des citoyens connus pour avoir eu des relations habituelles d'amitié avec le père ou la mère du mineur (art. 409). Il résulte d'ailleurs des termes de cet article que s'il n'y a pas trois parens dans l'une des deux lignes, on ne peut pas prendre dans l'autre, pour compléter ce nombre. Il faut aussi remarquer que les amis *domiciliés dans la commune* peuvent seuls être convoqués.

551. Lors même qu'il y aurait sur les lieux un nombre suffisant de parens ou alliés, le juge de paix peut permettre de citer, à quelque distance qu'ils soient domiciliés, des parens ou alliés plus proches en degrés ou de mêmes degrés que les parens ou alliés présens; de manière toutefois que cela s'opère en retranchant quelques-uns de ces derniers et sans excéder le nombre prescrit (art. 410).

C'est le plus grand intérêt du mineur qui doit diriger le juge de paix, dans ce choix que la loi lui confie, et dont il ne doit user qu'avec réserve. Il est évident que cette faculté ne lui est pas laissée lorsqu'il se trouve sur les lieux ou dans la distance, des parens qui, comme les frères germains, font nécessairement partie du conseil de famille.

552. Le délai pour comparaître est réglé par le juge de paix à jour fixe, mais de manière qu'il y ait toujours, entre la citation notifiée et le jour indiqué pour la réunion du conseil un intervalle de trois jours au moins, quand toutes les parties citées résideront dans la commune ou dans la distance de deux myriamètres. Toutes les fois que, parmi les parties, il s'en trouvera de domiciliées au-delà de cette distance, le délai sera augmenté d'un jour par trois myriamètres (art. 411, 1033 cod. de procéd.). Il ne faut pas conclure de ce qui précède que des citations soient toujours nécessaires pour la convocation du conseil de famille. Les membres peuvent en être réunis, comme cela arrive le plus souvent, sur un simple avertissement verbal.

553. Les membres du conseil doivent se rendre en personne ou se faire représenter par un mandataire spécial qui ne peut pas représenter plus d'une personne (art. 412). S'il pouvait en représenter plusieurs, il serait possible qu'un seul individu

composât le conseil qui , ordinairement , doit offrir six votans, sans compter le juge de paix.

Ceux qui, après citation et sans excuse légitime, ne comparaissent pas, sont condamnés à une amende qui ne peut excéder cinquante francs et qui est prononcée sans appel par le juge de paix (art. 413).

On pense généralement que les ascendantes veuves et les ascendans excusés admis au conseil seulement par déférence, ne sont pas passibles de cette amende, le conseil se composant d'ailleurs de six autres membres.

554. Mais si les défaillans ont une excuse suffisante , non-seulement ils n'encourent pas l'amende , mais encore le juge de paix peut ajourner l'assemblée, c'est-à-dire, la renvoyer à un autre jour , et, dans ce cas, une nouvelle convocation est nécessaire, ou la proroger, c'est-à-dire en indiquer la continuation à un autre jour fixé , et alors on n'a pas besoin d'une autre convocation (art. 414).

555. L'assemblée se tient de plein droit chez le juge de paix , à moins qu'il ne désigne lui-même un autre local. Pour qu'il y ait délibération , il faut la présence au moins du trois quarts des membres *convoqués*, sans comprendre le juge de paix qui n'est pas convoqué, mais qui convoque (art. 415).

556. Le conseil de famille est présidé par le juge de paix. Il y a voix *délibérative.* On appelle ainsi la

24

voix qui compte pour la délibération, tandis que la voix consultative ne compte pas [1]. Enfin, la voix du juge de paix est prépondérante, en cas de partage (art. 416).

Ces derniers mots ont donné lieu à de sérieuses difficultés.

Dans quel cas y aura-t-il partage ? pourra-t-il se former plus de deux opinions, et s'il en est ainsi, les opinans en nombre inférieur seront-ils obligés de se réunir à l'une des deux opinions les plus nombreuses ? En d'autres termes, la majorité absolue, c'est-à-dire la moitié plus un des opinans sera-t-elle nécessaire pour la validité de la délibération du conseil; ou suffira-t-il de la majorité relative, c'est-à-dire de celle qui a réuni le plus de suffrages, quoique inférieurs à la moitié des opinans ?

M. Duranton [2] pense que la majorité absolue des membres présens, y compris le juge de paix est nécessaire et que, s'il se forme plus de deux opinions, les moins nombreuses sont obligées de se réunir à l'une des deux opinions qui ont obtenu le plus de suffrages, comme dans le cas de l'article 117 du code de procédure.

D'autres auteurs sont d'avis que la majorité relative suffit [3]. Cette dernière opinion me paraît pré-

---

(1) Comme dans l'art. 495.

(2) Tome 3, n° 466.

(3) Toullier, tome 2, n° 1121. — Locré, esprit du code civil sur l'art. 416. — M. Dalloz, tome 12, page 719, n° 16.

férable. Car il ne me semble pas possible de créer ,
dans le silence de la loi, une obligation pour certains
membres du conseil , et de les contraindre à abandonner leur opinion pour se ranger à l'une de celles
que d'autres membres ont embrassées. L'article 117
cité qui l'impose aux juges , est spécial pour eux
et ne doit pas être étendu à un autre cas.

Ainsi , le conseil de famille sera composé ,
par exemple , de six membres non compris le juge
de paix; trois d'entr'eux voteront d'une manière ,
deux d'une autre et un d'une troisième. Si le
juge de paix vote avec les deux , il y aura trois
voix contre trois d'un côté et contre une de l'autre.
L'opinion à laquelle se sera rangé le juge de paix
formera la décision du conseil , par l'effet de la
prépondérance que la loi attribue à la voix de ce
magistrat.

Il en sera de même dans le cas qui est sans difficulté où l'assemblée n'aura que cinq membres , sans
compter le juge de paix , s'il arrive que trois étant
d'un avis , deux d'un autre , le juge de paix se réunit à l'opinion de ces derniers.

Sans doute qu'en poussant jusqu'à la dernière extrémité les conséquences du système que j'ai cru
devoir adopter , on pourrait rigoureusement arriver
à ce résultat qu'une seule voix , celle du juge de
paix , formerait la décision du conseil ; mais cet inconvénient qui , dans la pratique , n'est guère de
nature à se réaliser , est moindre que celui de l'o-
pinion qui , comme je l'ai déjà dit , forcerait des

membres du conseil à voter pour une opinion qui n'est pas la leur.

Il est encore un motif qui vient confirmer cette opinion, c'est que les décisions du conseil de famille ne sont pas en dernier ressort ; que le tuteur, subrogé-tuteur, curateur et membres du conseil de famille peuvent se pourvoir contre la délibération devant le tribunal de première instance dont le jugement est encore sujet à appel (art. 883 , 889 code de procéd.).

537. Dans le droit romain, un mineur pouvait avoir plusieurs tuteurs ; mais, dans nos principes, il n'en peut avoir qu'un. Ils reçoivent une seule exception dans le cas où le mineur domicilié en France, possède des biens dans les colonies, ou réciproquement. Alors, l'administration spéciale de ces biens doit être donnée à un pro-tuteur. Celui-ci et le tuteur sont indépendans et non responsables l'un envers l'autre pour leur gestion respective (art. 417).

Si le tuteur est le père ou la mère du mineur qui, aux termes de l'article 384 , ont la jouissance personnelle des biens de leurs enfans, il ne doit pas être nommé de pro-tuteur. Ce serait ôter, en ce cas, au tuteur l'administration de ce qui lui appartient [1].

538. Le tuteur peut être pris indifféremment,

_____

(1) Toullier, tom. 2, n° 1123.

pourvu qu'il ait les qualités requises, dans le sein du conseil de famille comme parmi ceux qui sont étrangers à ce conseil ; mais il doit être nommé sans condition pour tout le temps que durera la minorité du pupille, à la différence de celui qui est nommé par le père ou la mère (n° 538). Les lois romaines ne donnaient pas cette faculté, dans les cas de tutelle dative autre que celle qui était déférée par le père ou la mère.

Le tuteur administre en sa qualité du jour de sa nomination, si elle a lieu en sa présence, ou du jour qu'elle lui est notifiée s'il est absent (art. 418). Cette notification lui est faite par un membre de l'assemblée (art. 882 du code de procéd.). Ainsi, la délibération qui nomme un tuteur n'est pas du nombre de celles qui doivent être homologuées, c'est-à-dire revêtues de la sanction de la justice.

559. Le conseil de famille, dont je viens de faire connaître l'organisation et l'une des attributions, le droit de nommer le tuteur, en a bien d'autres dont je m'occuperai à mesure que j'expliquerai les dispositions de loi qui leur sont applicables. Je dirai seulement ici que les membres qui le composent ne sont pas responsables de leurs décisions.

560. Le tuteur, quel qu'il soit, doit ce titre à la confiance qu'il inspire. La tutelle est donc une charge toute personnelle qui ne passe pas à ses héritiers (art. 419). Cependant les affaires du mineur

que la loi protége si spécialement, ne doivent pas
être laissées à l'abandon, à la mort du tuteur. Ses héritiers qui sont responsables de la gestion de leur
auteur, sont tenus, en outre de la continuer, s'ils
sont majeurs, jusqu'à la nomination d'un nouveau
tuteur (*id.*). Il est d'ailleurs évident que, n'étant
pas tuteurs, ils ne sont pas, pour leur gestion, soumis à toutes les conséquences de la tutelle, notamment à l'hypothèque légale sur leurs biens. Ce sont
de simples mandataires, légaux à la vérité, mais
qui ne sont tenus que des conséquences ordinaires
du mandat.

561. Nous avons vu que les enfans naturels sont
étrangers à la famille de leur père et de leur mère.
Il est donc impossible de leur donner un conseil de
famille composé de parens. Il le sera comme dans le
cas de l'article 409, d'amis de leur père ou de leur
mère ; c'est un point sans difficulté.

562. Suivant des statuts du 30 mars 1806, les
tuteurs des princes et princesses de la famille royale
sont nommés par le roi.

SECTION V.

Du subrogé-tuteur.

SOMMAIRE.

563. *Fonctions du subrogé-tuteur. Il est nécessaire dans*

563. On appelle subrogé-tuteur celui qui est chargé de défendre les intérêts du mineur lorsqu'ils sont en opposition avec ceux du tuteur.

L'institution des subrogés-tuteurs, telle qu'elle est organisée aujourd'hui, n'était pas connue à Rome où l'on nommait un curateur *ad hoc* au mi-neur au moment seulement où ses intérêts se trou-vaient en opposition avec ceux du tuteur, et dont la mission finissait avec la cause particulière qui l'a-vait fait nommer.

Maintenant les fonctions de subrogé-tuteur du-rent autant que la tutelle, c'est-à-dire la minorité

(art. 425). Car le subrogé-tuteur reste tel quoique la tutelle devienne vacante.

Un subrogé-tuteur doit être nommé dans toute tutelle ordinaire, même dans celle des père et mère. Mais il n'en est pas de même dans les tutelles spéciales, c'est-à-dire toutes les fois qu'un tuteur *ad hoc* est nommé au mineur, ni dans la tutelle officieuse (art. 420).

Nous avons vu que l'administration du père durant le mariage n'est pas une tutelle, aussi n'est-il pas nommé alors de subrogé-tuteur. Cependant si les intérêts de l'enfant mineur et du père sont opposés, un curateur *ad hoc* doit être nommé à l'enfant.

564. C'est toujours le conseil de famille qui nomme le subrogé-tuteur ; et le dernier mourant des père et mère qui a le droit de nommer un tuteur n'a pas celui de nommer un subrogé-tuteur.

565. Les père ou mère tuteurs, les tuteurs nommés par eux et les ascendans tuteurs légitimes doivent, avant d'entrer en fonctions, faire convoquer le conseil de famille pour la nomination du subrogé-tuteur. S'ils s'ingèrent dans la gestion avant d'avoir rempli cette formalité, le conseil de famille convoqué, soit sur la réquisition des parens, créanciers ou autres parties intéressées, soit d'office par le juge de paix, peut, s'il y a eu dol de la part du tuteur, lui retirer la tutelle, sans préjudice des indemnités dues au mineur (art. 421).

Dans les tutelles déférées par le conseil de famille, ce conseil nomme le subrogé-tuteur immédiatement après le tuteur (art. 422).

566. Une conséquence de la nature des fonctions du subrogé-tuteur est, qu'en aucun cas, le tuteur ne peut voter pour la nomination du subrogé-tuteur (art. 423). Il y aura ainsi moins à craindre qu'il ne s'établisse entr'eux une collusion préjudiciable aux intérêts du mineur ; et il n'est pas raisonnable que le tuteur concoure au choix de son contradicteur légal. Cette prohibition n'est pas réciproque, et rien n'empêche que le subrogé-tuteur vote pour la nomination du tuteur.

Il résulte encore de la nature de ces fonctions que, si le subrogé-tuteur est du nombre des parens du mineur et qu'il en soit de même du tuteur, le subrogé-tuteur doit être pris dans celle des deux lignes à laquelle le tuteur n'appartient pas (*id.*). Si donc, le tuteur, venant à cesser ses fonctions, il en est nommé un autre pris dans la ligne du subrogé-tuteur, celui-ci doit être remplacé.

Cette disposition de la loi qui veut que le tuteur et le subrogé-tuteur soient pris dans des lignes différentes, n'est pas applicable à des frères germains qui appartiennent aux deux lignes (*id.*)

Cette contrariété dans la nature des fonctions de tuteur et de subrogé-tuteur est encore le motif de la loi qui ne permet pas au tuteur qui serait intéressé à se défaire d'un surveillant trop vigilant, de provoquer la destitution du subrogé-tuteur, ni de voter dans les conseils de famille convoqués pour cet objet (art. 426). Mais ni le texte, ni l'esprit de la loi ne défendent au subrogé-tuteur de provoquer la destitution du tuteur, et de voter pour cette destitution.

Enfin cette position respective du tuteur et du subrogé-tuteur ne doit pas permettre à ce dernier d'accepter une procuration du tuteur pour gérer les affaires du pupille. Pourrait-il en effet contrôler des actes d'administration dont il aurait été l'agent?

567. L'administration n'étant pas dans les attributions du subrogé-tuteur, celui-ci ne remplacera pas de plein droit le tuteur lorsque la tutelle deviendra vacante, ou qu'elle sera abandonnée par absence; mais il devra, en ce cas, sous peine des dommages intérêts qui pourraient en résulter pour le mineur, provoquer la nomination d'un nouveau tuteur (art. 424).

568. Ici donc le subrogé-tuteur doit faire autre chose que de défendre les intérêts du mineur opposés à ceux du tuteur, et il doit agir sous sa responsabilité personnelle. Ce cas n'est pas le seul où elle puisse être engagée; il en est de même dans ceux qu'ont prévus les articles 1442 et 2137 de notre Code.

569. Je pense même que si la mauvaise admi-

nistration du tuteur était manifeste, le subrogé-tuteur, bien qu'il ne doive pas s'immiscer dans l'administration, serait tenu des conséquences de son inaction, s'il ne provoquait pas la destitution du tuteur. Car on pourrait dire avec raison, dans un tel cas, que les intérêts du tuteur et du mineur sont opposés.

570. Les motifs sur lesquels les tuteurs peuvent se fonder pour refuser la tutelle, les causes qui doivent les en exclure ou les faire destituer, s'appliquent aux subrogés-tuteurs (art. 426).

Nous retrouverons dans plusieurs textes de loi qu'il est inutile de citer ici, des cas nombreux qui nécessitent l'intervention du subrogé-tuteur.

SECTION VI.

Des causes qui dispensent de la tutelle.

SOMMAIRE.

571. *Les causes d'exemption de la tutelle sont ou facultatives, ou forcées comme les incapacités et autres que la loi fait connaître.*

572. *Les excuses ou dispenses sont fondées sur des motifs d'intérêt général, ou d'intérêt privé et d'équité naturelle.*

573. *Excuses fondées sur l'intérêt général.*

574. *L'acceptation de la tutelle postérieurement à l'existence de ces causes d'excuse fait présumer qu'on y a renoncé. Quid si elles ne surviennent qu'après la tutelle ?*

575. *Excuses fondées sur l'intérêt privé et l'équité naturelle.*

576. *Elles résultent , 1° De la non-parenté ou alliance ,
dans un certain cas.*

577. *2° De l'âge de soixante-cinq ans accomplis , et de
celui de soixante-dix ans pour celui qui a été nommé
avant ou après soixante-cinq ans.*

578. *3° D'une infirmité grave.*

579. *4° De deux tutelles antérieures. C'est le nombre
de patrimoines et non des mineurs qui constitue les
tutelles. De la qualité d'époux ou de père réunie à
une tutelle.*

580. *5° De l'existence de cinq enfans légitimes.*

581. *La survenance d'enfans pendant la tutelle , quel que
soit leur nombre , n'en autorise pas l'abdication.*

582. *Quand les excuses doivent être proposées , dans les
diverses hypothèses.*

583. *Le recours devant les tribunaux est ouvert au
tuteur.*

584. *Qui doit supporter les frais de contestation.*

571. L'intérêt du mineur commandait que la
tutelle fût considérée comme une charge publique [1].
Il ne doit donc pas dépendre de la volonté de ceux
à qui elle est déférée de la refuser, comme il n'est
pas donné à tous de l'obtenir ou de la conserver.

Les causes d'abstention et d'exclusion étaient con-

---

(1) *Tutelam et curam placuit publicum munus esse.* (*Inst. de
xc. tut. vel cur.*)

fondues, dans le droit romain, sous le nom trop généralisé d'excuses. Le Code a admis une division et des qualifications plus conformes à la nature des choses, en traitant séparément des dispenses et des incapacités ou exclusions. Notre section s'occupe seulement des premières ou des exceptions facultatives. Les incapacités ou exclusions seront examinées dans la suivante.

572. Les dispenses de la tutelle sont fondées, en ce qui concerne les tuteurs, ou sur des motifs d'intérêt général, ou sur des motifs d'intérêt privé et d'équité naturelle tout à la fois. Dans tous les cas, elles reposent aussi sur l'intérêt du pupille. Toutes autorisent la non acceptation de la tutelle, mais toutes n'en autorisent pas l'abdication.

573. L'intérêt général permet de ne pas accepter la tutelle à certaines personnes, qui, à cause de leurs dignités, ou des emplois dont elles sont revêtues, sont en présomption de ne pouvoir pas s'occuper d'intérêts privés. Ce sont : 1º ceux qui sont désignés dans les titres 3, 5, 6, 8, 9, 10 et 11 de l'acte des constitutions du 18 mai 1804, c'est-à-dire les princes du sang, le grand amiral, les maréchaux de France, les inspecteurs et colonels généraux, les grands officiers de la couronne, les pairs de France, les députés, les ministres et conseillers d'état, les présidens et conseillers, procureur général et avocats généraux en la cour de cassation, les membres de la cour des

comptes [1] , les préfets et tous les citoyens exerçant une fonction publique dans un département autre que celui où la tutelle s'établit (art. 427). D'après un avis du conseil d'état du 20 novembre 1806 ; cette exception peut être invoquée aussi par ceux qui remplissent des fonctions ecclésiastiques.

2° Les militaires en activité de service et tous autres citoyens qui remplissent hors du territoire du royaume une mission du roi (art. 428). On pense généralement [2] que la loi, dans la disposition précédente, a voulu parler du territoire continental, d'où la conséquence que celui qui serait en mission dans une colonie française pourrait invoquer l'excuse. Mais si la mission est non authentique et contestée ; la dispense n'est prononcée qu'après la représentation faite par le réclamant du certificat du ministre dans le département duquel se placerait la mission articulée comme excuse (art. 429).

574. Tous ceux qui occupent les emplois qui viennent d'être exprimés ont donc le droit de refuser la tutelle qui leur serait déférée. Cependant s'ils acceptent la tutelle postérieurement à leurs fonctions et sans invoquer l'excuse, ils ont par là reconnu leur possibilité de suffire à ces diverses occupations, et ils ne sont plus admis à se faire décharger de la

---

(1) Loi du 16 septembre 1807.

(2) Toullier, tom. 2, n° 1147.

tutelle pour cette cause (art. 430). Si, au contraire, ce n'est que postérieurement à la tutelle que ces fonctions leur sont conférées, ils peuvent invoquer l'excuse et se faire décharger de la tutelle, mais à la charge par eux de faire convoquer le conseil de famille *dans le délai d'un mois*, pour y être procédé à leur remplacement (art. 431). Mais l'expiration de ce délai sans réclamation de leur part, est une renonciation tacite à l'excuse dont ils ne peuvent plus faire usage.

Si, à l'expiration des fonctions, le nouveau tuteur réclame sa décharge, ou que l'ancien redemande la tutelle, elle peut être rendue à ce dernier par le conseil de famille (*id.*). C'est à ce conseil qu'il appartient d'apprécier les circonstances, et de décider ce qui est le plus convenable à l'intérêt du mineur.

On peut conclure avec raison de l'esprit qui a dicté la disposition précédente, qu'à l'expiration des fonctions qui ont servi d'excuse à l'acceptation de la tutelle, elle peut être déférée au tuteur qui avait été excusé, sur la demande de celui qui avait été nommé à sa place.

575. Les causes d'excuse de la tutelle qui ont pour fondement l'intérêt privé et l'équité naturelle sont plus nombreuses. Elles existent :

576. 1º En faveur de tout citoyen non parent ni allié du mineur qui ne peut être forcé d'accepter la tutelle que s'il n'y a pas, dans la distance de quatre

myriamètres, des parens ou alliés en état de la gérer
(art. 432). Si la tutelle, en effet, peut être considéré comme une charge publique, elle est aussi, et
même principalement, une charge de famille. Notre
disposition n'est que la conséquence de cette maxime
du droit romain : *ubi est emolumentum successionis,
ibi tutelæ onus esse debet.*

577. 2° En faveur de tout individu âgé de
soixante-cinq ans accomplis. Celui qui a été nommé
avant cet âge peut, à soixante-dix ans, se faire décharger de la tutelle (art. 433). Ces soixante-dix
ans doivent aussi être accomplis.

Quoique notre texte n'accorde qu'à celui qui a
été nommé tuteur avant soixante-cinq ans la faculté de se faire décharger à soixante-dix, il faut
reconnaître que cette faculté doit être également
accordée à celui qui, après soixante-cinq ans, aurait
accepté la tutelle. On ne doit pas conclure de ce
qu'il a bien voulu se donner un fardeau qu'il pouvait
refuser, qu'il doive être placé hors des termes du
droit commun, et grevé, peut-être pour le reste de
ses jours, d'une charge onéreuse. Non-seulement son
intérêt, mais encore celui du pupille, pourraient
avoir trop à souffrir d'une décision contraire.

578. 3° En faveur de celui qui est atteint d'une
infirmité grave et dûment justifiée. Il peut même
se faire décharger de la tutelle, si cette cause d'excuse
est postérieure à sa nomination (art. 434).

Ici la loi a entendu parler d'une infirmité permanente, et non pas d'une maladie passagère.

579. 4° En faveur de celui qui est déjà chargé de deux tutelles (art. 435). Trois tutelles seraient en effet un fardeau trop lourd à supporter. Au reste, ce n'est pas par le nombre des mineurs, mais par celui des patrimoines que se comptent les tutelles, et il peut n'y avoir qu'une tutelle quoiqu'il y ait deux frères mineurs, ou un plus grand nombre [1].

Celui qui, époux ou père, est déjà chargé d'une tutelle, ne peut être tenu d'en accepter une seconde, excepté celle de ses enfans (*id.*).

Les motifs qui ont inspiré cette disposition autorisent à penser que celui qui, étant chargé de deux tutelles, devient époux ou père légitime, peut se faire décharger de l'une d'elles.

580. 5° Enfin, en faveur de ceux qui ont cinq enfans légitimes [2]. Ils sont dispensés de toute tutelle autre que celle de leurs enfans. Ceux qui sont morts à l'armée, en activité de service, comptent comme s'ils étaient vivans. Les enfans morts de tout autre manière ne comptent que s'ils ont eux-mêmes laissé des enfans (art. 436), lesquels ne sont comptés que pour leur auteur qu'ils représentent.

---

[1] *Non numerus pupillorum plures tutelas facit sed patrimoniorum separatio* (*l* 3, ff. *de excusat.*).

[2] Les enfans naturels ou adoptifs ne sont pas comptés.

25

L'enfant conçu n'étant réputé né que lorsqu'il s'agit de son intérêt, ne compterait pas pour l'excuse.

581. Cependant la survenance d'enfans pendant la tutelle n'autoriserait pas à l'abdiquer (art. 437), même lorsqu'ils excéderaient le nombre de cinq. Car il est rare qu'un changement de tuteur ne préjudicie pas plus ou moins aux intérêts du pupille.

582. La situation du mineur ne devant pas être long-temps incertaine, le tuteur, s'il est présent à la délibération qui lui défère la tutelle, doit sur-le-champ, et sous peine d'être déclaré non recevable dans toute réclamation ultérieure, proposer ses excuses, sur lesquelles le conseil de famille délibère (art. 438).

S'il n'a pas assisté à cette délibération, il peut faire convoquer le conseil de famille pour délibérer sur ses excuses. Ses diligences à ce sujet doivent avoir lieu dans le délai de trois jours, à partir de la notification qui lui est faite de sa nomination, lequel délai est augmenté d'un jour par trois myriamètres de distance du lieu de son domicile à celui de l'ouverture de la tutelle : passé ce délai, il est non recevable (art. 439).

Ce dernier article ne s'occupe que du tuteur nommé par le conseil de famille auquel sa nomination doit être notifiée. Il faut décider, malgré le silence de la loi, et d'après ses motifs, que, s'il s'agit d'un tuteur légitime ou nommé par le père ou la mère, auquel il ne doit pas être fait de notification, le délai de trois jours courra du jour où il aura connu la circonstance qui l'appelle aux fonctions de la tutelle [1].

583. Si le conseil de famille rejette les excuses proposées par le tuteur, il peut se pourvoir devant les tribunaux pour les faire admettre (art. 440). Mais la loi, qui veille toujours dans l'intérêt du mineur, veut que pendant le litige celui qui est appelé à la tutelle administre provisoirement. Il ne doit pourtant pas être soumis, à raison de cette administration, à toutes les conséquences de la tutelle; car il n'est pas encore définitivement tuteur.

584. Si les excuses rejetées par le conseil de famille sont admises par les tribunaux, les membres de ce conseil qui ne les avaient pas admises, contre lesquels l'instance devra être engagée, pourront être condamnés aux frais de l'instance. Si le tuteur succombe, il y sera condamné lui-même (art. 441).

Il y a donc cette différence, dans cette contestation, entre le tuteur et ses adversaires, que ceux-ci peuvent n'être pas condamnés aux frais, même en succombant, et il en sera ainsi lorsqu'ils auront été dirigés par l'intérêt du mineur, qui alors devra les supporter, tandis que le tuteur, qui ne peut pas

---

(1) M. Duranton, tom. 3, n° 497.

faire valoir le même motif, doit nécessairement y
être condamné lorsque ses excuses sont rejetées définitivement.

SECTION VII.

De l'incapacité, des exclusions et destitutions de la tutelle.

SOMMAIRE.

599. *Les parens ou alliés qui ont requis la convocation peuvent intervenir dans l'instance. Comment elle doit être jugée.*

585. Cette section fait connaître les exceptions qui écartent ou dépouillent de la tutelle ceux qui voudraient l'obtenir ou la conserver. Ces causes sont donc essentiellement distinctes des excuses réglées par la section précédente, et qui, comme nous l'avons vu, sont purement facultatives.

Les mots incapacité, exclusion, destitution, ont un sens bien différent.

L'incapacité résulte d'une qualité de la personne, d'une circonstance de sa position qu'aucune faute n'a produite. Elle peut être absolue ou relative. Elle peut empêcher la nomination d'un tuteur, ou faire opérer sa révocation, sans qu'il y ait rien de fâcheux pour lui.

L'exclusion est fondée sur un ou plusieurs faits personnels au tuteur, et toujours blâmables, quoique à différens degrés. Elle empêche la nomination du tuteur, et met obstacle à ce que le tuteur légal ou celui qui est nommé par le père ou la mère soit reconnu en cette qualité.

La destitution a les mêmes motifs que l'exclusion, de laquelle elle diffère seulement en ce qu'elle dépouille le tuteur des fonctions dont il a déjà commencé l'exercice.

L'exclusion et la destitution sont toujours absolues, jamais relatives.

Cela posé, je m'occuperai d'abord des causes d'incapacité.

586. Elle écarte de la tutelle et des conseils de famille.

1° Les mineurs, excepté le père ou la mère du pupille (art. 442). L'affection des pères pour les enfans justifie cette exception, et la qualité d'époux offre déjà des garanties de capacité pour l'administration. Mais il est à remarquer que le père ou la mère mineurs ne peuvent faire, dans l'intérêt du pupille, que les actes qu'ils pourraient faire valablement pour eux-mêmes, en vertu de leur émancipation, conséquence légale du mariage. Je reviendrai bientôt sur ce sujet.

587. 2° Les interdits (*id.*). Ils sont eux-mêmes en tutelle. Il est reconnu que la même disposition s'applique à ceux qui sont pourvus d'un conseil judiciaire, dans les cas des articles 499 et 513.

588. 3° Les femmes autres que la mère et les ascendantes (*id.*). Ces dernières ne peuvent être tutrices que lorsqu'elles sont nommées par le conseil de famille ou par le dernier mourant des père et mère. Car, ainsi que nous l'avons vu à la section 3, les ascendans mâles sont seuls appelés à la tutelle légitime.

Dans les trois cas qui précèdent l'incapacité est bsolue.

589. 4° Ceux qui ont ou dont les père et mère ont avec le mineur un procès dans lequel l'état de ce mineur, sa fortune, ou une partie notable de ses biens, sont compromis (*id.*). Ces expressions de la loi ne sont pas limitatives, et il y aura également incapacité lorsque le procès existera entre les enfans ou le conjoint du tuteur et le mineur, lorsqu'il intéressera le père ou la mère du mineur, qui eux-mêmes ne géreraient pas la tutelle, lorsqu'il aura pour objet l'honneur du mineur et autres cas semblables [1].

Il est bien évident que cette incapacité, par sa nature, ne peut être que relative.

Si le procès survient postérieurement à la tutelle, le tuteur doit cesser ses fonctions. Il est révoqué, mais non destitué, ce qui ne peut laisser aucune impression fâcheuse sur son compte.

Il doit en être de même dans le cas d'interdiction après la tutelle.

590. Je passe maintenant aux causes d'exclusion ou de destitution.

Elles résultent :

1° De la condamnation a une peine afflictive ou infâmante. L'exclusion ou la destitution ont même alors lieu de plein droit (art. 443), c'est-à-dire sur la seule représentation du jugement de condamna-

---

[1] M. Duranton, t. 3, n° 505.

tion dont il n'est pas permis de rechercher les motifs.
Cette cause d'exclusion est perpétuelle, et ne peut
cesser que par la réhabilitation (art. 633, cod. d'in-
struc. crim.). Mais les père et mère peuvent n'y être
pas sujets (art. 28, cod. pén.).

591. 2º De l'inconduite notoire et de l'incapacité
ou de l'infidélité dans la gestion (art. 444). Cette
incapacité est cause de destitution et non pas d'exclusion, puisque la capacité dans la gestion doit avoir
été éprouvée.

Ces causes d'exclusion et de destitution sont applicables à tout tuteur, même au père. Il faut néanmoins observer à cet égard que la perte de la tutelle
n'entraîne pas celle des effets de la puissance paternelle lorsqu'elle n'est pas expressément prononcée
par la loi.

592. 3º De certaines condamnations correction-
nelles contre ceux qui sont déclarés indignes d'être
tuteurs, par une disposition expresse du jugement
(art. 42 du cod. pén.). Ceux qui subissent une
condamnation pour avoir favorisé la corruption de
la jeunesse encourent aussi l'exclusion ou la destitution (art. 334, 335, *id.*).

593. Ceux qui ont été exclus ou destitués de la
tutelle ne peuvent être membres d'aucun conseil de
famille (art. 445). Cette prohibition ne s'applique
pas à la mère qui perd la tutelle par l'effet de son

second mariage; car elle n'en est pas, à bien dire, exclue ou destituée, et sa non conservation est plu-tôt dirigée contre son second mari que contre elle; ni à celui qui a été exclu ou révoqué de la tutelle à cause d'un procès avec le mineur, ni aux incapables dont l'incapacité peut cesser, ni enfin à celui qui a subi temporairement une peine qui n'était pas afflic-tive et infamante.

594. Les incapacités et les causes d'exclusion ou de destitution que je viens de parcourir sont limi-tatives, et les tribunaux ne peuvent pas les pro-noncer dans des cas qui ne seraient pas prévus par une loi.

595. La destitution et l'exclusion de la tutelle sont prononcées par le conseil de famille convoqué à la diligence du subrogé-tuteur, ou d'office par le juge de paix, qui ne peut pas d'ailleurs se dispenser de faire la convocation quand il en est formellement requis par un ou plusieurs parens ou alliés du mi-neur, au degré de cousin germain ou à des degrés plus proches (art. 446).

596. La délibération du conseil de famille qui prononce l'exclusion ou la destitution doit être mo-tivée, et ne peut être prise qu'après avoir entendu ou appelé le tuteur (art. 447). Celui-ci doit donc être cité, en la forme ordinaire, devant le conseil; et si la délibération n'est pas unanime, chaque avis doit être mentionné dans le procès verbal (art. 883, cod. de procéd.).

597. Si le tuteur adhère à la délibération qui prononce son exclusion ou sa destitution, le conseil de famille doit immédiatement nommer un autre tuteur qui entre aussitôt en fonctions. Si le tuteur exclu ou destitué réclame, le subrogé-tuteur doit poursuivre l'homologation de la délibération devant le tribunal de première instance, qui prononce sauf l'appel. Ce tuteur peut lui-même en ce cas assigner le subrogé-tuteur pour se faire déclarer maintenu en la tutelle (art. 448).

598. Ainsi, d'après cet article, le tuteur doit assigner le subrogé-tuteur pour faire statuer sur sa réclamation, tandis que d'après l'article 883 du code de procédure, le tuteur doit assigner les membres qui ont été d'avis de la délibération. Aussi a-t-il été soutenu [1] que cet article, postérieur au Code civil, y déroge et doit recevoir son application au cas dont il s'agit. Je ne crois pourtant pas devoir admettre cette opinion. L'article 883 dispose pour les cas généraux, et l'article 448 règle un cas tout spécial. Je suis d'autant plus porté à le penser ainsi, que rien, dans l'esprit et l'ensemble de la loi, ne prouve l'intention du législateur de déroger à l'article 448,

---

(1) Toullier, t. 2, n° 1178.

dont l'exécution est d'ailleurs plus économique et moins embarrassante [1].

599. Les parens ou alliés qui auront requis la convocation pourront intervenir dans la cause qui sera instruite et jugée comme affaire urgente (art. 449), c'est-à-dire dispensée du préliminaire de la conciliation (art. 49, cod. de procéd.), et même sujette, pour l'assignation, à un délai moindre que le délai ordinaire (art. 72 *id*).

SECTION VIII.

De l'administration du tuteur.

SOMMAIRE.

600. *Fonctions du tuteur.*
601. *Il est donné principalement à la personne.*
602. *Il est placé, en ce qui concerne l'éducation du mineur, sous la dépendance du conseil de famille.*
603. *D'ailleurs, c'est au tuteur et non au père ou à la mère dispensés de la tutelle, qu'appartient le soin de cette éducation et de l'entretien.*
604. *Du droit de correction attribué au tuteur.*
605. *Le tuteur représente le mineur dans les actes civils, sauf des exceptions nécessaires.*
606. *Division des actes d'administration du tuteur.*
607. *Actes qu'il peut faire seul.*

---

(1) M. Duranton, tome 3, n° 476.

600. Les fonctions du tuteur consistent à prendre soin de la personne du mineur, à le représenter dans tous les actes civils, et à administrer ses biens (art. 450). Je vais les développer successivement.

601. C'est principalement dans l'intérêt de la personne du pupille que le tuteur est nommé. Il doit donc lui fournir tout ce qui est nécessaire à sa subsistance et à son entretien, toutefois aux frais du pupille, et d'une manière conforme à la position sociale et de fortune de ce dernier. Le tuteur n'est tenu personnellement de ces frais que lorsque, en sa qualité de père ou de mère, il a la jouissance des biens du mineur. (art. 384, 385).

602. Le tuteur est aussi chargé de diriger l'éducation du mineur. Mais il n'est, sous ce rapport, que l'agent du conseil de famille. C'est ce qu'on peut induire de la disposition de l'article 454 qui attribue au conseil de famille le droit de fixer, par aperçu, la somme à laquelle peut s'élever la dépense annuelle du mineur. C'est ce qui est enseigné par les auteurs et consacré par la jurisprudence [1]. Ainsi, le tuteur doit se conformer, en ce qui concerne l'éducation du pupille, à la volonté du conseil, sauf le recours respectif devant les tribunaux.

603. Mais à qui, du tuteur ou des père et mère excusés de la tutelle, appartient le soin de l'éducation du mineur?

Suivant l'ancien droit français, c'était à la mère, même non tutrice, qu'appartenait l'éducation des enfans; et des auteurs modernes ont décidé que la question ci-dessus devait être résolue en faveur du père ou de la mère dispensés de la tutelle [2].

Mais ce système me paraît détruire toute l'économie de la loi, relativement aux principales fonctions

---

(1) Toullier, tome 2, n° 1184. — M. Duranton, tome 3, n° 529, Cour de cassation, 8 août 1815 Dalloz, v° tutelle, page 733.

(2) Toullier, tome 2, n° 1183. — M. Duranton, tome 3, n° 527.

de la tutelle. S'il est incontestable en effet que son but essentiel est l'intérêt de la personne du mineur, si la loi dit expressément, dans l'article 450, que le tuteur prend soin de cette personne, s'il est vrai qu'une bonne éducation est le premier des biens, sur quoi pourrait-on se fonder dans le silence de la loi, ou plutôt contre sa volonté assez clairement exprimée, pour enlever au tuteur la plus importante de ses prérogatives? Et que penser d'une opinion suivant laquelle ceux qui auraient refusé l'administration des biens, pour défaut de capacité ou de liberté, auraient assez de l'une et de l'autre pour diriger l'éducation du pupille?

604. C'est aussi au tuteur qu'est attribué le droit de correction. Le tuteur qui a des sujets de mécontentement graves sur la conduite du mineur, peut porter ses plaintes au conseil de famille, et s'il y est autorisé par ce conseil, provoquer la réclusion du mineur, conformément à ce qui est réglé à ce sujet au titre de la puissance paternelle (art. 468). Il résulte bien de cette expression *provoquer* qu'en ce cas, la détention du mineur ne peut avoir lieu que par voie de réquisition. D'ailleurs cette disposition ne déroge pas aux droits dérivant de la puissance paternelle, si la tutelle est exercée par le père ou la mère.

605. Le tuteur représente le mineur dans les actes civils (art. 450). Ces actes sont donc faits au

nom du tuteur, en sa qualité. Il est cependant des exceptions forcées à cette règle qui ont lieu toutes les fois que c'est la personne même qui doit agir. Le mineur ne sera donc pas représenté par son tuteur dans son acte de mariage ou dans son testament.

606. Quoique l'administration des biens du mineur soit moins importante que le soin de sa personne, les détails dont elle se compose exigent de bien plus longs développemens.

Les actes de cette administration sont de trois espèces : 1° ceux pour lesquels le tuteur peut agir seul ; 2° ceux pour lesquels il a besoin du conseil de famille ; 3° ceux pour lesquels l'avis du conseil de famille doit être homologué par les tribunaux.

607. Les actes que le tuteur peut faire seul sont ceux de simple administration et de conservation des biens. Il peut les donner à ferme dans les limites marquées par la loi (art. 1429, 1430, 1718), faire le placement des fonds du mineur, en recevoir le paiement, en poursuivre les débiteurs, exercer les actions possessoires, faire les actes interruptifs de prescription ; en un mot, il est capable de tous les actes que la loi ne lui défend pas, ou dont elle ne modifie pas l'exercice. La nature de son droit qui est d'administration seulement et non de propriété, lui défend les actes de pure libéralité, sans qu'il ait été besoin que la loi exprimât la prohibition.

608. Le tuteur doit administrer en bon père de famille (art. 450), c'est-à-dire avec toute la vigilance d'un homme soigneux de sa fortune , sous sa responsabilité (*id.*) personnelle et hypothécaire ; et telle est la sollicitude de la loi pour la conservation des droits du mineur, qu'en lui accordant une hypothèque sur les biens de son tuteur (art. 2121) , elle le dispense de la formalité de l'inscription (art. 2135).

609. C'est pour donner plus de garantie à ces droits , qu'il est défendu au tuteur d'acheter les biens du mineur , ni de les prendre à ferme (art. 450). Ce dernier acte lui est néanmoins permis , si le conseil de famille a autorisé le subrogé-tuteur à lui passer le bail (*id.*). Il ne peut pas mieux accepter la cession d'un droit ou d'une créance contre son pupille (*id.*). Le principe de ces diverses prohibitions est que les intérêts du tuteur et du mineur ne doivent pas être en opposition , et que d'ailleurs le pupille ne serait pas représenté dans ces actes.

610. La première garantie , comme le premier acte d'une bonne administration est la constatation régulière des biens du mineur. Aussi , dans les dix jours qui suivront celui où il aura connu sa nomination , le tuteur , après avoir requis la levée des scellés , s'ils ont été apposés (art. 907 et suiv. du cod. de pr.), fera procéder immédiatement à l'inventaire (art. 943 *id.*) des biens du mineur , en présence du subrogé-tuteur (art. 451). S'il néglige cette forma-

26

lité ou s'il fait frauduleusement rédiger un inventaire inexact, il peut non seulement être destitué comme suspect, mais encore il est responsable de tous dommages-intérêts envers le mineur qui peut être admis à prouver la consistance de son patrimoine par titres, par témoins, par la commune renommée (arg^t de l'art. 1442), et même par le serment déféré au demandeur (art. 1369).

611. D'après l'article 1442, le subrogé-tuteur est solidairement responsable avec le tuteur des condamnations qui peuvent être prononcées contre ce dernier pour défaut d'inventaire, lorsque la tutelle appartient au survivant des père ou mère. On a écrit [1] que, dans toutes les tutelles, le subrogé-tuteur devait encourir une responsabilité pour défaut d'inventaire. Mais je ne pense pas que cette opinion puisse être admise, à moins qu'il n'y ait fraude de la part du subrogé-tuteur, et qu'une peine puisse être étendue d'un cas à un autre, alors que, d'après le principe de leur institution, les subrogés-tuteurs ne sont pas responsables, sauf dans quelques cas que la loi a pris soin d'exprimer [2].

612. La volonté de l'auteur du mineur pourrait-elle dispenser le tuteur de faire inventaire ?

---

(1) M. Duranton, tom. 3, n° 537.

(2) Toullier, tome 2, n° 1196.

Il le pouvait valablement, d'après le droit romain, et il ne le pouvait pas d'après le droit coutumier. Aujourd'hui on dit, pour la négative [1], que l'article 451 est conçu en termes généraux qui n'admettent pas d'exception, et que toutes les prescriptions de la loi, dans l'intérêt du mineur, étant en quelque sorte d'ordre public, doivent être rigoureusement observées. Mais la généralité des auteurs résout la question par une distinction ; ou le testateur a eu la libre disposition de son entier patrimoine, ou il a laissé des héritiers à réserve. Au premier cas, la dispense d'inventaire est valable puisqu'elle peut tout au plus déguiser un don indirect au tuteur auquel le testateur pouvait directement donner ; au second cas, la nécessité de bien fixer la consistance des biens pour déterminer l'étendue de la quotité disponible, rendrait la dispense sans effet [2]. Cette opinion me paraît conforme aux principes.

Observons néanmoins que la dispense d'inventaire ne dégagera pas le tuteur de sa responsabilité, et ne privera pas le mineur du droit de prouver la consistance des biens par tous les moyens légaux.

613. Le tuteur est obligé de déclarer dans l'inventaire, à peine de déchéance, et sur la réquisition que l'officier public est tenu de lui en faire,

---

(1) Maleville sur l'art. 451.

(2) Toullier, tome 2, n° 1198. — Delvincourt, tome 1, page 121, n° 3, Favard et M. Duranton, tome 3, n° 538.

s'il lui est dû quelque chose par le mineur (art. 451).

Cette disposition a pour objet d'empêcher que le tuteur qui a le maniement des papiers du mineur , ne suppose des titres ou ne fasse disparaître les preuves de libération.

La réquisition de l'officier public est exigée afin qu'un tuteur de bonne foi ne puisse pas être victime de son ignorance de la loi.

614. Pour prévenir le préjudice qui résulterait pour le mineur de la détérioration des meubles qui ne lui sont pas nécessaires et dont le conseil de famille autorise la conservation en nature , le tuteur doit , dans le mois qui suit la clôture de l'inventaire , les faire vendre en présence du subrogé-tuteur , aux enchères reçues par un officier public (un notaire , un commissaire priseur ou un huissier) , et après des affiches et publications (art. 452). Les meubles qui adviennent au mineur après l'ouverture de la tutelle doivent aussi être vendus de la même manière. Si le tuteur néglige de faire procéder à cette vente , il est tenu envers le mineur de dommages-intérêts qui sont fixés d'après les circonstances , et il peut même être sujet à destitution.

Quoique l'article 529 déclare meubles les obligations , actions et rentes , et que l'article 452 soumette le tuteur à vendre tous les meubles , le motif ci-dessus exprimé de cette vente n'étant pas applicable à des objets de cette nature , la vente n'en doit pas nécessairement avoir lieu. Dans quel but en effet le tuteur devrait-il déplacer des fonds pour les replacer immédiatement ? La loi du 24 mars 1806 contient des dispositions relatives à la vente des rentes des mineurs sur l'état.

615. L'obligation de vendre les meubles du mineur n'est pas imposée au père ou à la mère tuteurs tant qu'ils ont la jouissance propre et légale des biens de leurs enfans. Ils doivent seulement les faire estimer par un expert que nomme le subrogé-tuteur, et qui prête serment devant le juge de paix ; et si, à la fin de leur jouissance, ils ne peuvent pas représenter ces meubles ou certains d'entr'eux en nature, ils en rendent la valeur estimative (art. 453).

616. Ainsi que nous l'avons déjà vu (n° 602), lors de l'entrée en jouissance de toute tutelle, autre que celle des père et mère, le conseil de famille règle par aperçu, et selon l'importance des biens régis, la somme à laquelle pourra s'élever la dépense annuelle du mineur, et celle d'administration de ses biens. Il décide également si le tuteur est autorisé à s'aider, dans sa gestion, d'un ou plusieurs administrateurs particuliers salariés, et gérant sous sa responsabilité (art. 454).

L'exception prononcée par cet article en faveur des père et mère se justifie ou par la raison que les revenus des biens de leurs enfans leur appartiennent, ou par la confiance que leur qualité doit inspirer, lors même qu'ils n'auraient pas la jouissance légale.

Cependant le tuteur n'est pas tellement lié par la décision du conseil de famille qu'il ne puisse pas, pour des causes de nécessité ou d'utilité incontestables, excéder la dépense fixée ; comme aussi, s'il ne la fait pas en entier, il est comptable du résidu.

617. Quoique les fonctions de la tutelle soient gratuites, on peut conclure de la disposition qui autorise à donner un salaire à des administrateurs particuliers, que le conseil de famille peut accorder au tuteur un traitement on une indemnité ; lorsque, par exemple le pupille est riche et le tuteur pauvre, et détourné de ses affaires personnelles par les soins de la tutelle. C'est ce qui se pratique assez souvent, sans qu'il y ait de réclamation.

618. La conséquence du droit qu'a le conseil de famille de régler la dépense du mineur est la fixation de l'excédent et l'obligation qu'impose ce conseil au tuteur de l'employer, c'est-à-dire de le placer d'une manière avantageuse au mineur sans que la loi qui, pour cela, s'en remet à lui, indique aucun mode particulier d'emploi (art. 455). Il est à remarquer que le tuteur doit placer non seulement l'excédant des revenus, mais encore, et à plus forte raison, toutes les sommes, d'une origine quelconque, qui appartiennent au mineur.

619. L'emploi doit être fait dans le délai de six mois, à dater du moment où le tuteur a reçu, passé lequel délai, le tuteur devra les intérêts à défaut d'emploi (*id.*) ; et s'il n'a pas fait déterminer par le conseil de famille la somme à laquelle doit commencer l'emploi, il devra, après les six mois, les intérêts de toute somme non employée, quelque modique qu'elle soit (art. 456).

Ce délai de six mois est accordé au tuteur pour qu'il ait le temps de trouver un placement solide. Mais si l'emploi est fait avant les six mois, l'intérêt sera dû au pupille à dater du moment où il aura eu lieu ; il en sera de même si le tuteur a fait servir à son usage personnel les deniers pupillaires.

620. M. Toullier [1] a écrit que, faute de collocation, l'intérêt dû par le tuteur doit commencer au jour qu'il a reçu les sommes, et que les articles 455 et 456 qui accordent six mois pour garder ces sommes sans intérêt, ne s'appliquent qu'au cas où le tuteur a colloqué. Mais la lecture de ces articles suffit pour prouver qu'à moins qu'il ne soit établi que le tuteur a fait servir ces sommes à son usage, ce ne sera qu'à l'expiration des six mois qui lui sont accordés pour la collocation, que l'intérêt des sommes non employées commencera de courir. L'opinion contraire aurait l'inconvénient d'exposer les deniers du

[1] Tome 2, n° 1215.

pupille à des placemens peu surs ou peu avantageux que le tuteur ne manquerait pas de faire ; pour se soustraire à un paiement d'intérêts dont il n'aurait pas d'ailleurs profité.

621. D'après l'article 1154 , les intérêts d'une année forment un nouveau capital qui doit être placé par le tuteur comme les autres..

622. Si le tuteur est débiteur du pupille, il est présumé s'être fait le paiement à lui-même à l'échéance, et il doit effectuer le placement comme il vient d'être dit , sous la peine exprimée , lors même que sa dette n'aurait pas été dans le principe productive d'intérêts. S'il est créancier et qu'il détienne , d'une manière quelconque , des deniers du pupille , la dette de celui-ci est éteinte par la compensation qui s'opère de plein droit (art. 1290).

623. Occupons-nous maintenant des actes que le tuteur ne peut faire qu'avec l'autorisation du conseil de famille dont , en ces cas , la délibération n'a pas besoin d'être homologuée en justice.

624. Il ne peut accepter (art. 774) , ni répudier une succession échue au mineur, sans une autorisation préalable du conseil de famille. Ce n'est même que sous bénéfice d'inventaire (art. 774-802) que l'acceptation peut avoir lieu (art. 461).

Les conséquences de l'acceptation ou de la répudiation d'une succession peuvent être trop importantes pour que la loi ait voulu s'en rapporter au tuteur seul sur le parti à prendre à cet égard; et lors même que le conseil de famille autoriserait l'acceptation, le bénéfice d'inventaire garantit au mineur que ses intérêts ne seront pas compromis.

La répudiation faite par le tuteur, avec l'autorisation du conseil de famille, n'est pas irrévocable. Car si la succession répudiée n'a pas été acceptée par un autre, elle peut être reprise soit par le tuteur autorisé à cet effet par une nouvelle délibération du conseil de famille, soit par le mineur devenu majeur, mais dans l'état où elle se trouvera lors de la reprise, et sans que les ventes et autres actes qui auraient été loyalement faits durant la vacance puissent être attaqués (art. 462).

Cette disposition qui ne préjudicie à personne peut offrir un avantage au mineur. C'est d'ailleurs le droit commun en cette matière (art. 790).

625. Le tuteur ne peut pas non plus accepter une donation faite au mineur, sans l'autorisation du conseil de famille. Elle aura, à l'égard du mineur, le même effet qu'à l'égard du majeur (art. 463).

La donation en effet, quoique essentiellement gratuite, peut dans certains cas devenir onéreuse, par exemple, par l'obligation du donataire de fournir des alimens au donateur, sous peine d'ingratitude et de révocation (art. 953). Les causes d'une libéralité doivent d'ailleurs être appréciées, et ce n'est qu'autant qu'elles sont honorables pour le mineur, que la donation doit être acceptée. Voilà ce qui explique encore en ce cas l'intervention du conseil de famille.

Sa nécessité reçoit néanmoins exception, en vertu de l'article 935 qui, fondé sur des motifs respectables, l'affection des ascendans et leurs prérogatives, permet au père du mineur émancipé ou non émancipé et aux autres ascendans, même du vivant des père et mère, quoiqu'ils ne soient ni tuteurs ni curateurs, d'accepter pour lui une donation, sans l'autorisation du conseil de famille.

626. Cette autorisation est nécessaire au tuteur pour introduire en justice une action relative aux droits immobiliers du mineur, ou pour acquiescer à une demande relative aux mêmes droits (art. 464). Les droits immobiliers sont en effet, généralement, d'une plus grande importance que les droits mobiliers. Il faut conclure des termes de la loi que s'il est question de droits mobiliers, le tuteur seul peut intenter l'action, et qu'il peut sans autorisation défendre à l'action immobilière. Quant à l'acquiescement qui peut être un abandon, une aliénation déguisée d'un droit immobilier, il ne devait pas être laissé à la discrétion du tuteur seul.

627. Il a été jugé par la cour de cassation [1] que

---

(1) Sirey, 14-1-5. — 19-1-240.

la nullité qui résulterait de ce que le tuteur aurait
intenté une action immobilière sans l'autorisation
du conseil de famille, n'était que relative au mineur,
c'est-à-dire ne pouvait être invoquée que par lui et
non par ses parties adverses.

628. Un partage ne peut pas être provoqué par
le tuteur sans l'autorisation du conseil de famille ;
mais il peut, sans cette autorisation, répondre à
une demande en partage dirigée contre le mineur
(art. 465). Cette disposition s'applique aux partages
de choses mobilières et immobilières, de successions,
communautés, en un mot de tous objets indivis.

Le partage est une véritable aliénation des droits
qu'il n'attribue pas et auxquels on pouvait prétendre
pendant l'indivision. Cet acte exige donc plus de précautions que ceux de simple administration.

Si la défense à une action en partage est permise
au tuteur sans autorisation du conseil de famille,
c'est parce que tout copropriétaire peut exiger,
quand bon lui semble, le partage de la chose commune'(art. 815), et qu'il était inutile de soumettre
le tuteur à requérir une autorisation qui, en aucun
cas, ne pouvait être refusée.

629. La loi (art. 466) fait connaître les formes
qui doivent être observées pour la validité du partage, et pour qu'il obtienne à l'égard du mineur tout
l'effet qu'il aurait entre majeurs. Il suffit à cet égard
de lire l'article cité que termine une disposition sui-

vant laquelle un partage dans lequel ces formes n'au‑
raient pas été observées ne serait que provisionnel.

630. Il s'est élevé à cet égard une question im‑
portante et controversée qui consiste à savoir si, dans
ce cas, un autre partage qui serait définitif peut être
demandé par les majeurs qui ont procédé avec le
mineur comme par le mineur lui-même; en d'autres
termes, si la disposition est absolue ou relative.

On dit, pour établir que la nullité ne peut être
invoquée que par le mineur, que c'est dans son seul
intérêt que les formalités de l'article 467 ont été in‑
troduites, que par conséquent il peut seul se plain‑
dre de leur inobservation, et l'on invoque le principe
général de l'article 1125, suivant lequel les person‑
nes capables de s'engager ne peuvent opposer l'inca‑
pacité du mineur avec qui elles ont contracté.

Mais, pour l'opinion contraire qui me paraît pré‑
férable, on soutient qu'en combinant les articles 466
et 840, il est impossible de ne pas reconnaître que
les majeurs peuvent provoquer un nouveau partage
aussi bien que les mineurs. Les termes qu'ils em‑
ploient, en déclarant provisionnels les partages dans
lesquels les formalités dont il s'agit n'ont pas été ob‑
servées, sont généraux; et il serait contraire à l'in‑
térêt des propriétés qu'elles fussent trop long-temps
laissées dans l'incertitude, ce qui arriverait si l'un
des copartageans pouvait se prévaloir d'une nullité
dont il ne serait pas permis à l'autre de faire usage.
On peut encore citer à l'appui de cette opinion, la

disposition formelle de l'article 1078 , pour un cas qui présente quelque analogie avec la question posée. Au surplus , je reviendrai sur ce point , en expliquant l'article 840.

631. Il est enfin des actes qui , comme je l'ai déjà dit (n° 606), non-seulement sont interdits au tuteur seul, et pour lesquels il faut non-seulement l'autorisation du conseil de famille , mais qui exigent encore que les délibérations de ce conseil , en vertu desquelles ils peuvent avoir lieu , soient homologuées en justice. Il est statué sur la demande en homologation en la chambre du conseil, ce qui veut dire que cette affaire de famille ne doit pas être discutée en audience publique , et le procureur du roi , que la loi charge particulièrement des intérêts des mineurs, doit toujours être entendu (art. 458).

Ces actes, qui sont prohibés à tout tuteur, même au père et à la mère , sont l'emprunt, l'aliénation et l'hypothèque (art. 457). Car ils seraient de nature à compromettre la fortune du mineur, s'ils n'étaient pas entourés des plus grandes précautions.

632. Le conseil de famille ne doit autoriser ces actes que pour cause d'une nécessité absolue, comme si , par exemple, il fallait fournir à l'entretien du pupille , payer ses dettes, faire à ses biens des réparations urgentes, ou bien lorsqu'il y a un avantage évident, comme s'il s'agit de procurer un établissement au pupille , de vendre une propriété d'un en-

tretien difficile et coûteux, et autres cas semblables
(*id.*). La nécessité absolue d'emprunter, aliéner ou
hypothéquer, doit être constatée, pour que le conseil de famille accorde l'autorisation, par un compte
sommaire, c'est-à dire sans trop de détails, que
présente le tuteur, et duquel il résulte que les deniers, effets mobiliers et revenus du mineur sont
insuffisans (*id.*). Dans tous les cas, qu'il s'agisse de
nécessité absolue ou d'avantage évident, le conseil
de famille, en accordant l'autorisation, doit indiquer
les immeubles qui doivent être vendus de préférence,
et toutes les conditions qu'il jugera utiles. (*id.*).

Avec toutes ces garanties, les intérêts du mineur,
dans ces actes, pourront être difficilement compromis.

633. Un auteur [1] a pensé que, dans certains
cas, s'il s'agissait, par exemple, d'un emprunt sans
hypothèque pour payer une dette exigible, l'autorisation du conseil de famille suffirait, sans qu'il fût
besoin d'homologation. Mais les termes de la loi sont
généraux, et n'admettent pas d'exception.

Cependant, suivant une loi déjà citée du 24 mars
1807, et un décret du 25 septembre 1813, le tuteur
peut transférer les rentes sur l'état, et les actions
sur la banque de France, avec l'autorisation du conseil de famille, sans homologation.

[1] Toullier, tome 2, n° 1225.

634. La vente, après l'autorisation et l'homologation, doit être faite publiquement, en présence du subrogé-tuteur, aux enchères, qui seront reçues par un membre du tribunal de première instance, ou par un notaire à ce commis, et à la suite de trois affiches apposées, par trois dimanches consécutifs, aux lieux accoutumés dans le canton. Chacune de ces trois affiches doit être visée et certifiée par le maire des communes où elles auront été apposées (art. 459). Pour la régularité de cette vente, les formalités prescrites par les articles 954 et suivans du code de procédure devront en outre être observées.

635. Si certaines des conditions ou formalités exigées pour l'emprunt, l'aliénation ou l'hypothèque des biens des mineurs n'ont pas été observées, ces actes sont nuls, et les choses sont remises en leur premier état, comme s'ils n'avaient pas eu lieu. Les mineurs sont même dispensés de rembourser ce qu'ils ont reçu en vertu de ces actes, à moins qu'il ne soit prouvé que ce qui a été payé a tourné à leur profit (art. 1312).

636. Cependant il est des cas où toutes ces formalités exigées pour l'aliénation des biens du mineur ne sont pas nécessaires. Il en est ainsi lorsque, sur la provocation d'un copropriétaire par indivis, un jugement a ordonné la licitation, c'est-à-dire la vente aux enchères (art. 460). Car l'exercice des droits des tiers ne doit pas être entravé. Seulement en ce cas, la licitation ne peut se faire que dans la forme prescrite par l'article 459, et les étrangers y sont nécessairement admis (*id.*). Cette dernière disposition s'explique par la faculté qu'ont les propriétaires qui vendent par licitation, s'ils sont tous majeurs, d'être seuls reçus à enchérir (art. 1686, 1687).

Il serait presque superflu de faire remarquer aussi que les immeubles des mineurs peuvent être vendus par expropriation forcée, sur la poursuite de leurs créanciers, comme ceux des majeurs. Les conditions et formalités ne sont en effet nécessaires que lorsque le tuteur veut agir.

637. La transaction qui est un contrat par lequel les parties terminent une contestation née, ou préviennent une contestation à naître (art. 2044), et qui, par conséquent, peut consacrer l'aliénation d'un droit, ne peut être faite par le tuteur qu'après l'autorisation du conseil de famille, et de l'avis de trois jurisconsultes désignés par le procureur du roi. Elle n'est même valable qu'après qu'elle a été homologuée par le tribunal, après avoir entendu le procureur du roi (art. 467).

Il faut donc pour les transactions plus de garanties encore que pour les aliénations. La nécessité de l'avis de trois jurisconsultes se justifie par le défaut possible de connaissances spéciales pour une saine appréciation d'un point litigieux chez les membres du conseil de famille.

638. Il est incontestable, malgré le silence du Code, que le tuteur ne peut pas compromettre, c'est-à-dire choisir des juges autres que ceux que la loi donne aux mineurs, même avec l'autorisation du conseil de famille et l'homologation. L'article 1004 du code de procédure défend en effet de compromettre sur les contestations sujettes à communication au ministère public, et l'article 83 du même Code veut que cette communication ait lieu dans les causes des mineurs.

Mais il arrive souvent que le tuteur supplée à cette faculté par des jugemens appelés d'*expédient*, qui sont concertés entre les parties, et qui ne doivent être rendus qu'en pleine connaissance de cause, et après que le procureur du roi a été entendu. C'est un moyen louable de diminuer des frais qui seraient exposés en pure perte.

SECTION IX.

Des comptes de la tutelle.

SOMMAIRE.

639. *Tout tuteur doit rendre compte à la fin de la tutelle. Quand est-ce qu'elle finit.*
640. *La gestion du tuteur doit continuer jusqu'à ce qu'il ait rendu compte.*
641. *États de situation qui, dans certains cas, doivent être fournis par le tuteur.*
642. *Dans tous les cas, c'est aux frais du mineur que le compte est rendu.*

639. En règle générale, quiconque administre les biens d'autrui est soumis à rendre compte de sa gestion lorsqu'elle prend fin ; et cette obligation est surtout imposée au tuteur. Les père et mère mêmes qui exercent la tutelle n'en sont pas dispensés (art. 469).

La tutelle finit à la mort naturelle ou civile du mineur, à son émancipation ou à sa majorité, à la mort naturelle ou civile du tuteur, à sa destitution, aux cas où des excuses légales l'autorisent à donner sa démission, à l'événement de la condition ou l'expiration du terme lorsqu'il a été nommé sous condition ou pour un temps, enfin au second mariage de la mère qui n'est pas maintenue dans la tutelle.

640. Tant qu'il n'a pas rendu son compte, le tuteur qui cesse de l'être doit continuer son administration de laquelle il est aussi comptable, toutes les fois que l'intérêt du pupille ou de ses représentans l'exige ; ce qui ne peut pas s'appliquer au cas où la tutelle cesse par la majorité du pupille, qui prend immédiatement l'administration. Nous avons vu (n° 560) quelles sont les obligations des héritiers majeurs du tuteur décédé pendant la tutelle.

641. Quoique ce ne soit que lorsqu'elle finit que le compte proprement dit doit être rendu, le conseil de famille peut soumettre tout tuteur autre que le père et la mère, à remettre, durant la tutelle, au subrogé-tuteur des états de situation de sa gestion, aux époques fixées par ce conseil qui ne peut pas en exiger plus d'un par année. Ces états sont rédigés et remis sans frais sur papier non timbré et sans aucune formalité de justice (art. 470).

La déférence due aux père ou mère tuteurs, et la confiance qu'ils doivent inspirer, justifient assez l'exception faite en leur faveur. Dans tous les autres cas, le subrogé-tuteur est mis en position de veiller aux intérêts du mineur; et s'il négligeait d'exiger ces états de situation, et qu'il en résultât un préjudice pour le mineur, on doit décider qu'il en serait responsable.

642. C'est aux frais du mineur, dans le seul intérêt duquel a eu lieu l'administration, que le compte définitif doit être rendu (art. 471), et il n'y a pas à cet égard de différence à établir entre les cas où la tutelle finit par la majorité ou l'émancipation du mineur, et celui où le tuteur est destitué. On a vainement voulu fonder une opinion contraire sur les termes de l'article précité, qui ne mentionnent que la majorité ou l'émancipation et non la destitution. Il est évident que la loi n'a voulu qu'indiquer les causes les plus ordinaires de la fin de la tutelle, et non pas consacrer une disposition restrictive.

643. Mais il ne faut pas confondre les dépens auxquels pourrait donner lieu une contestation sur le compte, qui doit être poursuivie et jugée comme les autres contestations civiles (art. 473), avec les frais de ce compte. Ces dépens doivent être supportés par la partie qui succombe (art. 130 cod. de proc.).

644. Le tuteur doit avancer les frais du compte (art. 471); car il administre encore la fortune du pupille, et d'ailleurs jusqu'à la clôture du compte, il est présumé débiteur.

645. Toutes les dépenses suffisamment justifiées et dont l'objet sera utile seront allouées au tuteur (*id.*). Il n'est pas indispensable que toutes ces dépenses soient justifiées par pièces. La loi s'en remet, sur ce point, aux tribunaux; et il suffit qu'elles aient été utiles dans le principe, sans qu'il soit nécessaire qu'elles profitent encore au pupille lorsque le compte est rendu [1].

646. Le compte peut être rendu amiablement ou en justice. Dans ce dernier cas, on suit les formalités des articles 527 et suivans du code de procédure.

647. Dans la crainte que le tuteur ne pût abuser de l'inexpérience du pupille, et faire son profit personnel des circonstances qu'il lui aurait laissé ignorer, la loi prononce la nullité de tout traité qui pourrait intervenir entre lui et le mineur devenu majeur, s'il n'a été précédé de la reddition d'un compte détaillé et de la remise des pièces justificatives; le tout constaté par un récépissé du mineur, dix jours au moins avant le traité (art. 472). Alors, en effet, le mineur a eu les moyens et le temps de bien connaître sa véritable situation, et de se mettre à l'abri d'une surprise. Une disposition dictée par le même motif se trouve dans l'article 907, qui défend au mineur

---

(1) Toullier, tome 2, nᵒˢ 1260, 1261. — M. Duranton, tome 3, nᵒˢ 629, 630.

devenu majeur de donner entre vifs ou par testament à celui qui fut son tuteur, si le compte de tutelle n'a pas été rendu, à moins que le tuteur ne soit un ascendant.

Il a été jugé avec raison que l'article 472 s'applique au traité passé entre le père, administrateur légal, et son enfant [1].

648. En prohibant ainsi *tout traité*, la loi n'entend parler que d'un accord relatif à la gestion, ou dont les termes généraux la comprendraient. Mais le motif de cette prohibition ne s'applique pas à un traité particulier dont le mineur a pu parfaitement apprécier toutes les chances, comme une vente, un échange, avant la reddition du compte [2].

649. Au surplus, la nullité d'un traité fait en contravention à l'article 472 n'est que relative, et ne peut être invoquée que par le mineur devenu majeur (art. 1125). Les motifs qui ont fait admettre cette nullité ne sauraient militer jamais en faveur du tuteur [3].

650. Par exception au principe qui ne fait courir les intérêts d'un capital dû que du jour de la de-

---

(1) Dalloz, v° tutelle, page 763.

(2) Sirey, 22-1-254. M. Duranton, tome 5, n° 658.

(3) Sirey, 30-11-121. M. Duranton, tome 5, n° 659.

mande (art. 1153), la loi veut que la somme à laquelle s'élèvera, après la reddition du compte, la dette du tuteur envers le mineur, porte intérêt sans demande, à compter de la clôture du compte (art. 474). Cette dérogation a pour cause la faveur du mineur et la connaissance qu'a dû avoir le tuteur de ses obligations. Cependant l'article 542 du code de procédure dispense le tuteur de payer les intérêts, si c'est lui qui a demandé à rendre son compte contre le pupille qui ne s'est pas présenté.

651. Mais les intérêts qui courent ainsi de plein droit en faveur du mineur devenu majeur ne produisent pas d'autres intérêts, à la différence du cas de l'article 455. La raison en est que la faveur de la minorité à laquelle est dû cet article cesse d'être applicable lorsqu'il n'y a plus de tutelle.

Quant aux intérêts de ce qui peut être dû au tuteur par le mineur, ils ne courent, conformément aux règles du droit commun, que du jour de la sommation de payer, qui suit la clôture du compte (*id.*).

652. Les actions du mineur contre son tuteur, relativement aux faits de la tutelle, se prescrivent par dix ans, à compter de la majorité (art. 475).

Avant le Code, cette prescription était de trente ans. Mais on a dû considérer que les fonctions du tuteur n'étant qu'onéreuses, il ne fallait pas le laisser si long-temps exposé à des poursuites, pour une gestion souvent compliquée de nombreux détails dont les pièces justificatives peuvent d'ailleurs facilement s'égarer. On a donc dérogé au droit commun qui ne soumet qu'à la prescription de trente ans l'exercice de toutes les actions (art. 2262).

653. Mais ce n'est que pour les actions qui auraient pour objet la reddition de compte ou les actes de la gestion tutélaire que le délai est limité à dix ans; et si, le compte étant rendu, le tuteur se trouve débiteur du pupille, ou bien si celui-ci a une action à exercer contre le tuteur pour tout autre cause que sa gestion, l'action dure trente ans. C'est ce qui résulte de ces expressions de l'article 475 : *relativement aux faits de la tutelle.*

654. Quoique cet article fasse courir les dix ans *à compter de la majorité*, il est incontestable que ce délai courra de l'émancipation, de la mort du pupille, de la démission ou destitution du tuteur, en un mot de toute circonstance qui mettra fin à la tutelle.

655. On a agité la question de savoir si les actions du tuteur contre le mineur qui résulteraient de la tutelle sont aussi sujettes à la prescription de dix ans. Pour l'affirmative [1] , on dit que les actions ré-

_____

(1) Toullier, tome 2, n° 1279, Delvincourt, Proudhon.

ciproques du mineur et du tuteur sont corélatives
et indivisibles, et que l'action contraire du tuteur
ne doit pas durer plus que l'action directe du mineur. La négative [1] se fonde sur les termes de l'article 475, qui, n'ayant mentionné que l'action du
mineur, laisse celle du tuteur sous l'empire du droit
commun, et sur la loi 1, § 4, ff. *de contraria tut.
et util. act.*, qui autorise l'exercice de l'action du
tuteur après l'extinction de celle du mineur.

Ces raisons jointes à la considération que, les conséquences de la tutelle étant fort onéreuses pour le
tuteur, il était juste que le temps pendant lequel il
peut en être tenu fût abrégé, tandis que le même
motif ne saurait s'appliquer à la position du mineur,
me font accorder la préférence à cette dernière opinion.

CHAPITRE III.

De l'émancipation.

SOMMAIRE.

[1] M. Duranton, tome 3, n° 647.

656. L'émancipation, qui est un des moyens de mettre fin à la tutelle, ainsi que nous l'avons déjà vu (n° 639), peut être définie : *un acte qui affranchit le mineur de la puissance paternelle ou de la tutelle, en lui donnant le droit de se gouverner lui-même, et d'administrer ses biens, dans les limites posées par la loi.*

657. Elle peut être tacite ou expresse.

L'émancipation tacite du mineur résulte de plein droit du mariage (art. 476). On peut aussi la qualifier de légale. L'objet et l'importance du mariage justifient assez cette disposition de la loi.

Cette émancipation est définitive et irrévocable. Ainsi, la dissolution du mariage ne replacerait pas l'époux mineur, même celui qui, au moyen de dispenses, s'était marié avant l'âge où l'émancipation expresse peut avoir lieu, sous la puissance de son père ou de son tuteur [1].

---

[1] Sirey, 21-1-188. — M. Duranton, tome 3, n° 653.

658. L'émancipation expresse peut être conférée au mineur par son père ou par sa mère, ou par le conseil de famille.

Pour être émancipé par son père et, à défaut du père, par sa mère, il suffit que le mineur, même non marié, ait atteint l'âge de quinze ans révolus. Cette émancipation s'opère par la seule déclaration du père ou de la mère, reçue par le juge de paix assisté de son greffier (477).

Ces mots *à défaut du père* s'appliquent non seulement au cas où le père est décédé, mais encore à tous ceux dans lesquels il est dans l'impossibilité de manifester sa volonté, comme lorsqu'il est interdit ou absent. Cependant, je ne pense pas que, dans ces deux cas, l'émancipation par la mère produise son effet ordinaire qui est de mettre fin à la jouissance qu'a le père des biens de l'enfant (art. 384). Cette conséquence de l'émancipation ne peut en effet préjudicier qu'à son auteur [1].

659. L'émancipation par le père ou la mère est un des attributs de la puissance paternelle. Il suit de là que le père ou la mère qui, pour une cause quelconque, ne gèrent pas la tutelle de leurs enfans, n'en ont pas moins le droit de les émanciper [2].

---

(1) M. Duranton, tom. 3, n° 655.

(2) Sirey, 1809, 2-56. — *Id.*, 1815, 2-164. — Toullier, t. 2, n° 1287. — M. Duranton, t. 3, n° 656.

660. Les père et mère naturels peuvent émanciper les enfans qu'ils ont légalement reconnus. (1).

661. Les créanciers du père ou de la mère qui émancipent leur enfant, qui voient diminuer par l'effet de l'émancipation le gage de leur créance, peuvent-ils la faire révoquer ?

D'un côté on peut dire que si ce droit leur est dénié, les père et mère obérés de dettes et qui ont la jouissance légale des biens de leurs enfans, ne manqueront pas de les émanciper pour frustrer leurs créanciers et se ménager d'ailleurs indirectement des ressources à l'abri de toutes poursuites ; et que l'émancipation, au lieu d'être une récompense de la bonne conduite des enfans, sera un moyen de favoriser la mauvaise foi des débiteurs (2). Mais quelle que soit la force de ces raisons, des motifs d'un ordre supérieur doivent faire prévaloir l'opinion contraire. Les droits des créanciers ne vont pas en effet jusqu'à gêner, chez leurs débiteurs, l'exercice des prérogatives de la puissance paternelle dont l'émancipation est l'effet. Si la faculté dont il s'agit leur était accordée, il n'y aurait pas d'émancipation qui fût à l'abri de leurs attaques, et des étrangers viendraient, à la face de la justice, scruter les motifs d'un tel acte et s'immiscer dans les secrets des familles (3).

---

(1) Dalloz, 1822, 11-33. — M. Duranton, tome 3, n° 657.

(2) Merlin, question de droit, v° usuf. pat., § 1.

(3) Toullier, tome 6, n° 368. — Proudhon, de l'usuf., n° 2399.

662. Le mineur qui a perdu ses père et mère peut aussi être émancipé, mais seulement à dix-huit ans accomplis, si le conseil de famille l'en juge capable (art. 478). C'est l'affection des père et mère pour leurs enfans qui survit dans ses effets et avec sa surveillance à l'émancipation qui la leur permet, lorsque les enfans ont un âge plus tendre. Quand elle émane du conseil de famille, elle résulte de la délibération qui l'autorise, et de la déclaration que le juge de paix, comme président du conseil de famille fait dans le même acte que le mineur est émancipé (*id.*).

663. Ce n'est pas au tuteur seul que la loi donne le droit de provoquer l'émancipation du mineur ; et si, pour des motifs quelconques, il ne fait aucune diligence pour la faire prononcer, si un ou plusieurs parens ou alliés du mineur, au degré de cousin germain ou à des degrés plus proches, le jugent capable d'être émancipé, ils peuvent requérir le juge de paix de convoquer le conseil de famille pour délibérer à ce sujet. Le juge de paix doit déférer à cette réquisition. (art. 479).

664. Il résulte donc de cette disposition que le juge de paix ne peut pas, comme dans d'autres cas qui ont été expliqués, convoquer d'office le conseil de famille, et que le droit de requérir cette convocation n'est pas accordé au ministère public.

665. Il ne l'est pas non plus au mineur lui-même

qui est absolument sans capacité à cet égard [1] , quoique anciennement il en fût différemment , d'après quelques anciens usages que le système actuel de la minorité ne permet plus de suivre.

666. Je ne saurais conclure des termes de l'article 479 qui accordent à des parens ou alliés au degré de cousin germain ou à des degrés plus proches , le droit de provoquer l'émancipation , que ce droit soit refusé dans tous les cas à d'autres personnes. Sans doute qu'il faut en tirer cette conséquence , lorsque le mineur a des parens ou alliés à ces degrés qui ne jugent pas à propos d'agir pour son émancipation. Mais si le mineur n'a que des parens plus éloignés, ou même s'il n'en a aucun, et que le conseil de famille soit composé d'amis , ceux-ci ne pourraient-ils pas demander l'émancipation d'un mineur qui en serait digne à tous égards ? Une solution négative serait trop contraire à l'équité et à l'esprit de la loi , trop décourageante pour le mineur et trop contraire à ses vrais intérêts , pour que je ne la repousse pas sans hésitation.

667. Je passe aux suites ou aux effets de l'émancipation.

Dès qu'elle a été prononcée, le tuteur doit rendre le compte de tutelle au mineur émancipé, assisté d'un

---

(1) M. Durauton, tom. 5 , n° 662. Cá Toullier , t. 2 n° 1290.

curateur qui lui est nommé par le conseil de famille
(art. 480).

L'émancipation place le mineur , en quelque
sorte , dans un état intermédiaire entre la minorité
et la majorité. S'il n'est plus soumis à la puissance
d'un tuteur , il n'a pas encore la direction absolue
de ses affaires , et l'assistance d'un protecteur lui est
encore nécessaire. Un curateur lui est donc toujours
donné ; et la loi fait connaître , comme nous allons
le voir, les actes pour la validité desquels son assistance est indispensable au mineur. Mais, à la différence du mineur en tutelle , le mineur émancipé
fait les actes en son propre nom.

668. Il est hors de doute que si le mineur est
émancipé par son père ou par sa mère , l'émancipant
est curateur de droit, et qu'un curateur *ad hoc* est
seulement nommé , dans ce cas , par le conseil de
famille , pour la réception du compte de tutelle.

669. L'émancipation doit être considérée , dans
ses effets , relativement à la personne du mineur et
relativement à ses biens.

Déjà nous avons vu , en ce qui concerne la personne , qu'elle fait cesser la tutelle et les effets de la
puissance paternelle.

670. Relativement aux biens, il est des actes que
le mineur émancipé peut faire seul, d'autres pour
lesquels il a besoin de l'assistance de son curateur ,

d'autres qu'il ne peut faire sans l'autorisation du
conseil de famille , d'autres enfin pour lesquels cette
autorisation doit encore être homologuée en justice.

671. Le mineur émancipé peut , sans l'assistance
et le concours de personne , passer les baux dont la
durée n'excède point neuf ans. Il reçoit ses revenus,
en donne décharge et fait tous les actes qui ne sont
que de pure administration , sans être restituable
contre ses actes dans tous les cas où le majeur ne
le serait pas lui-même. (art. 481).

Les actes conservatoires , comme ceux qui inter-
rompent la prescription , les inscriptions , les oppositions doivent être considérés comme de pure administration. Il en est de même des actions mobilières ,
ce qui résulte clairement d'une précision que fait
l'article 482 pour les actions immobilières. Je n'admets pas même à cet égard une distinction faite par
plusieurs auteurs [1] entre l'action mobilière qui a
pour objet des choses dont le mineur a la libre disposition et celle qui aurait pour objet un capital
mobilier. Ils lui refusent l'exercice de cette dernière ,
parce que l'article 482 lui défend de donner décharge d'un capital mobilier sans l'assistance de son curateur. Mais autre chose est recevoir réellement un
capital qu'on peut facilement dissiper , autre chose

---

[1] M. Duranton, tome 3, n° 669 , où il cite MM. Pigeau et Dél-
vincourt.

intenter l'action en paiement de ce capital sur laquelle les tribunaux sont appelés à prononcer , dont l'exercice par conséquent ne peut pas compromettre les intérêts du mineur.

672. Je vais maintenant m'occuper des actes que le mineur émancipé ne peut pas faire sans l'assistance de son curateur.

Il ne peut pas , sans cette assistance , intenter une action immobilière , ni y défendre , recevoir et donner décharge d'un capital mobilier ; au dernier cas, le curateur surveille l'emploi du capital reçu (art. 482).

Il ne peut pas recevoir son compte de tutelle (art. 480).

Il ne peut pas accepter une donation (art. 935). D'après cet article , le mineur émancipé n'a pas besoin pour cette acceptation , de l'autorisation du conseil de famille exigée par l'article 463 , pour le mineur non émancipé.

Il ne peut pas procéder à un partage qui est valablement fait avec l'assistance d'un curateur (art. 840) , sans qu'il ait besoin de l'autorisation du conseil de famille , l'article 465 n'étant pas applicable à ce cas. Ce partage au surplus doit être fait avec les formalités exigées pour les mineurs non émancipés (*id.*).

Mais , quoique avec l'assistance du curateur , le mineur émancipé puisse intenter une action immobilière ou y défendre , il ne peut pas y acquiescer sans d'autres conditions. Cet acquiescement pourrait n'être en effet qu'une aliénation indirecte de droits immobiliers, pour laquelle il faut autre chose [1].

673. Le mineur émancipé ne peut pas accepter ou répudier une succession, sans l'autorisation préalable du conseil de famille; et son acceptation n'est que bénéficiaire comme celle du mineur non émancipé. C'est ce qui résulte de la disposition de loi suivant laquelle il ne peut faire aucun acte autre que ceux de pure administration, sans observer les formes prescrites au mineur non émancipé (art. 484). Cette prohibition ne peut recevoir des exceptions que dans les cas prévus par la loi et que j'ai déjà fait connaître. Or, pour l'acceptation ou la répudiation d'une succession, l'article 461 est manifestement applicable au mineur émancipé.

674. Enfin, il est des actes pour lesquels il faut au mineur non seulement l'autorisation du conseil de famille, mais encore l'homologation de la justice. Ces actes sont 1º les emprunts (art. 483). Ils offriraient trop de facilités au mineur pour compromettre sa fortune. Il y a cependant cette différence entre les emprunts faits par le mineur émancipé et celui qui ne l'est pas que, tandis que le tuteur de ce dernier ne peut être autorisé à emprunter que lorsqu'il y a nécessité absolue ou un avantage évi-

---

(1) M. Duranton, tom. 3, nº 690.

dent , le mineur émancipé peut être autorisé à emprunter , sur la seule espérance d'un avantage (1).
Mais il est des emprunts que le mineur émancipé
peut contracter valablement , d'une manière indirecte, même sans l'assistance de son curateur. Ce sont
les obligations qui résultent de l'administration de
ses biens pour lesquels il a une capacité entière ,
comme si , par exemple , ayant un besoin urgent de
réparer ses bâtimens , il s'oblige envers ceux qui lui
fournissent les matériaux et le bois nécessaire à cet
usage (2).

2° Les actes de vente et d'aliénation des immeubles (art. 484) et même l'hypothèque. Car l'hypothèque est une espèce d'aliénation (art. 2124 et n°
631). L'opinion contraire est cependant professée par
M. Toullier (3).

675. Le mineur émancipé ne peut transiger
qu'avec les formalités prescrites au mineur en tutelle
(art. 467) , à moins qu'il ne s'agisse d'objets dont la
loi lui laisse la libre disposition comme de ses revenus.

En aucun cas, il ne peut compromettre (art 1004,
83 du code de procéd.).

676. Non seulement les actes faits par le mineur
émancipé hors des limites de la capacité que la loi lui

---

(1) Toullier , tome 2 , n° 1298.

(2) Tome 2 , n° 1296.

(3) Tome 2 , n° 1298.

donne sont frappés de nullité , mais encore les obligations qu'il aurait contractées par voie d'achat ou
autrement, quoique en apparence dans ces limites ,
sont réductibles en cas d'excès. Les tribunaux doivent prendre à ce sujet en considération la fortune
du mineur , la bonne ou mauvaise foi des personnes
qui ont contracté avec lui , l'utilité ou l'inutilité des
dépenses (art. 484). De tels actes ne peuvent pas
être rangés en effet dans la classe des actes de pure
administration.

677. Avant d'expliquer la conséquence que peut
produire cette réduction , j'examinerai une question
qui se rattache aux effets de l'émancipation ; car elle
consiste à savoir si les effets légaux de l'émancipation peuvent être limités ou étendus.

Reconnaissons d'abord qu'ils ne peuvent pas être
étendus , et qu'il ne peut pas plus dépendre du père
ou de la mère du mineur que du conseil de famille
de créer une capacité que la loi ne donne pas. Ce
serait , dans une situation considérée comme d'ordre public , un empiétement sur les fonctions du
législateur.

Il y a plus de difficulté sur l'autre alternative. Anciennement les parens pouvaient limiter les effets
de l'émancipation ; et l'on dit que la restriction de
ces effets peut être prononcée d'après la règle : qui
peut le plus peut le moins [1]. Mais d'un autre côté ,

---

[1] Toullier, tom. 2 , nᵒ 1300.

cette restriction ne pourrait-elle pas être préjudiciable aux intérêts des tiers qui traiteraient avec l'émancipé , dans les limites de sa capacité , effet ordinaire
de l'émancipation ? Il n'y a , ce me semble , qu'un
moyen de concilier les deux systèmes , en décidant
que la restriction peut être valablement prononcée
à l'égard du mineur , en ce sens qu'on pourra l'empêcher de faire certains actes qui lui seront interdits;
mais qu'elle sera comme non avenue pour les tiers
qui auront traité avec le mineur , à moins qu'il ne
soit prouvé contr'eux qu'ils en avaient connaissance.

678. Lorsque les engagemens d'un mineur émancipé ont été réduits comme excessifs , par les tribunaux , ce mineur peut être privé du bénéfice de
l'émancipation qui lui est retirée en suivant les formes
qui ont eu lieu pour la lui conférer (art. 485). Il a
prouvé en effet qu'il était incapable de se gouverner , et son intérêt exige qu'il soit replacé sous la
protection que la loi lui donne. Il est à remarquer
que , dans le cas prévu , la privation de l'émancipation ne doit pas nécessairement avoir lieu et que la
question dépend des circonstances dont le père , la
mère et le conseil de famille sont les seuls appréciateurs.

Il résulte des termes et de l'esprit de la loi que
l'article 485 est limitatif , et que la privation de
l'émancipation ne peut avoir lieu que dans le cas de
l'article 484.

679. L'émancipation, effet légal du mariage, peut-elle être retirée lorsqu'il a été dissous, au cas où le mineur en abuse?

Non, sans doute. Le père, la mère, ou le conseil de famille ne peuvent pas retirer ce qu'ils n'ont pas conféré; et l'état de père de famille ne peut pas s'accorder avec celui de pupille. La loi veut d'ailleurs que la révocation ait lieu suivant les formes qui ont été employées pour l'émancipation, et il serait manifestement impossible de l'exécuter dans ce cas [1].

680. Dès le jour où l'émancipation a été révoquée, le mineur rentre en tutelle et y reste jusqu'à sa majorité accomplie (art. 486). S'il a son père ou sa mère, la puissance paternelle reprend tous ses effets; c'est comme si l'émancipation n'avait pas eu lieu. Ainsi la jouissance légale accordée (art. 384) au père ou à la mère et que l'émancipation avait fait cesser, renaît avec ses charges. On a objecté à cette opinion que l'émancipation a pour objet de faire rentrer le mineur en tutelle, mais non pas de rétablir l'usufruit qui était éteint et qui ne peut revivre que par une disposition formelle de la loi; que la mesure n'est que dans l'intérêt de l'enfant, et que son père ou sa mère n'en doivent retirer aucun avan-

(1) MM. Proudhon, droit français, tome 2, page 265. — Toullier, tome 2, n° 1303. — Duranton, tome 3, n° 675. — Cà Delvincourt, tome I, page. 131.

tage [1]. Mais on répond que cette jouissance étant un effet de la puissance paternelle qui reprend toute sa force, il faudrait, pour qu'elle ne fût pas rétablie en même temps que cette puissance , qu'une disposition de loi l'eût formellement déclaré. On n'a pas d'ailleurs à craindre que des vues d'intérêt personnel puissent engager le père ou la mère à révoquer l'émancipation puisque, comme nous l'avons vu , cette révocation ne peut avoir lieu que dans un cas et après décision des tribunaux [2].

681. La disposition qui termine notre titre porte que le mineur émancipé qui fait un commerce est réputé majeur pour les faits relatifs à ce commerce (art. 487). Il faut voir , pour les conditions de ce commerce et pour la capacité du mineur émancipé autorisé à le faire , les articles 2 et 6 du code de commerce.

---

(1) Toullier, tome 2 , n° 1303. — M. Duranton , tome 3 , n°ˢ 396 et 676.

(2) M. Proudhon , tom. 2 , pag. 267.

TITRE XI.

De la majorité, de l'interdiction et du conseil judiciaire.

CHAPITRE PREMIER.

De la majorité.

SOMMAIRE.

682. *Epoque de la majorité civile.*

682. Comme nous l'avons déjà vu (n⁰ˢ 511, 512), la majorité est fixée à vingt-un ans accomplis, pour les individus des deux sexes (art. 488). A cet âge on est capable de tous les actes de la vie civile, sauf les restrictions portées au titre du mariage (art. 148 et suiv.) et de l'adoption (art. 356). Il n'est question ici que de la majorité civile, et non de la majorité politique dont je n'ai pas à m'occuper, et qui est réglée par la constitution et par d'autres lois.

CHAPITRE II.

De l'interdiction.

SOMMAIRE.

683. *Objet de l'interdiction.*
684. *Sa définition. Elle est pénale ou civile.*

683. Dans le titre précédent, la loi vient au secours de celui qui, à cause de la faiblesse de son âge, est en présomption naturelle et légale de ne pouvoir gouverner ni sa personne, ni ses affaires. Mais, quoique parvenu à sa majorité, l'homme peut être naturellement ou accidentellement aussi peu capable que le mineur, et souvent même moins que lui. Celui qui est assez malheureux pour se voir dans un tel état devait exciter également la sollicitude du législateur, qui le protége par l'interdiction.

684. On appelle ainsi l'état d'un individu qui, déclaré, par la loi ou par l'autorité judiciaire, inca-

pable des actes de la vie civile, est privé de l'administration de sa personne et de ses biens. Elle peut
donc être pénale ou civile. La même définition
s'applique à l'acte par lequel l'homme est placé dans
cet état.

685. L'interdiction pénale est la conséquence
légale d'une peine afflictive et infamante qui n'emporte pas la mort civile, de la condamnation aux
travaux forcés à temps, ou de la réclusion (art. 29
du cod. pén.). Il n'est pas de mon sujet d'insister à
cet égard.

686. C'est de l'interdiction prononcée par la justice que j'ai seulement à m'occuper. J'examinerai
donc ses causes, ou quels sont ceux qui peuvent y
être soumis, quelles personnes peuvent la provoquer, les formes à suivre pour qu'elle soit prononcée, quels sont ses effets, et comment elle peut
cesser.

687. D'après la loi (art. 489), on doit interdire
le majeur qui est dans un état habituel d'imbécillité,
de démence ou de fureur, même lorsque cet état
présente des intervalles lucides.

L'imbécillité est la faiblesse d'esprit portée à
l'excès, ou l'absence de l'intelligence; la démence
est le dérangement ou l'aliénation des facultés intellectuelles; la fureur est la démence poussée à l'excès
qui se manifeste par des actes dangereux. L'imbé-

cillité est continue ; il n'en est pas ainsi de la fureur ; il peut n'en être pas de même de la démence.

La loi ne reconnaît pas aujourd'hui d'autres causes d'interdiction. On ne la prononcerait donc plus contre les sourds-muets, les femmes qui se mésallient, ceux qui ont la manie des procès, et dans d'autres cas dont l'application d'anciennes règles offre des exemples.

Remarquons que des crises passagères ou des accès des infirmités qui sont les causes légales de l'interdiction, n'en justifieraient pas la prononciation. Il faut que la cause en soit habituelle, sans qu'elle doive nécessairement être continuelle, puisque des intervalles lucides n'empêchent pas le recours à cette mesure.

688. D'après les termes de la loi, c'est le *majeur* qui peut être interdit. On conçoit en effet que la protection qui entoure le mineur et son incapacité légale rendent, en général, de nouvelles précautions superflues à son égard. Cependant le mineur parvenu à l'âge de seize ans peut tester (art. 904). Son émancipation lui donne, comme nous venons de le voir, l'administration de ses biens. Il peut être dans un état de fureur dangereux non seulement pour lui-même mais encore pour autrui. On peut enfin avoir à craindre, qu'au moment même de sa majorité, des piéges ne soient tendus à sa faiblesse. Ces diverses raisons doivent faire décider, malgré les précisions de la loi qui ne parle que du

majeur, que le mineur aussi peut, dans certains
cas, être sujet à l'interdiction. Ajoutons qu'un article du projet du Code portant que les mineurs non
émancipés ne seraient pas susceptibles d'être interdits et que les émancipés pourraient l'être, fut rejeté
par le conseil d'état, parce qu'il peut être nécessaire
de déconcerter les artifices de ceux qui n'attendent
que la majorité pour faire ratifier à un homme faible des actes faits en minorité. [1].

689. Le droit de provoquer l'interdiction d'un
individu est accordé à tout parent sans distinction
entre les degrés et entre les successibles et ceux qui
ne le sont pas. Il appartient aussi à l'époux (art. 490).
Mais les alliés ne l'ont pas [2]. Il résulte des termes
généraux de l'article 450 que l'interdiction peut être
provoquée par le tuteur d'un parent.

690. Lorsque la société est intéressée à l'interdiction, c'est-à-dire dans le cas de fureur, le procu-

---

[1] MM. Proudhon, Droit français, tome 2, page 313. — Delvincourt, tome 1, page 319, notes. — Toullier, tome 2, n° 1314.
— Pigeau, proc. civ., tome 2, page 484. — Duranton, tome 3,
n° 716.
Cà, rép. de jurisp., v° interdiction et v° tutelle, sect. 2,
§ 2, n° 8.

[2] MM. Proudhon, *id.*, page 315. — Toullier, *id.*, n° 1317. —
Duranton, *id.*, n° 718.
Cà, Pigeau, procédure civile, tome 2, page 485. — Delvin-
court, tome 1, page 322 notes.

reur du roi peut provoquer l'interdiction, si elle ne
l'est ni par l'époux ni par les parens (art. 491). Un
motif d'humanité lui a fait aussi accorder ce droit
dans le cas d'imbécillité ou de démence , contre un
individu qui n'a ni époux ni parens connus (*id.*).
L'inaction des parens qui pourraient agir , lorsque
l'ordre public n'est pas compromis , prouve qu'ils
veulent éviter un affligeante publicité , et personne
ne devait avoir le droit, s'ils se taisent , de mettre
au grand jour l'infirmité de leur parent. C'est une
affaire toute de famille.

L'absence de parens connus doit être assimilée à
leur non existence , et autoriser le ministère public
à exercer l'action , dans le cas d'imbécillité et de
démence. Les motifs de la loi ne permettent pas le
doute à cet égard.

691. Nul ne peut provoquer sa propre interdiction. Ce serait un vrai suicide moral , une contravention au principe posé dans l'article 6 du Code [1].

692. Le tribunal compétent pour statuer sur la
demande en interdiction est celui de première instance (art. 492) du domicile du défendeur (art. 59
c. de procéd.).

693. Le poursuivant doit , à cet effet présenter

---

(1) Sirey, 1808 , 1-469.

requête au président du tribunal , dans laquelle il énonce les faits d'imbécillité , de démence ou de fureur ; il doit y joindre les pièces justificatives et indiquer les témoins (art. 493 C. civ. et 890 c. de proc.).

Après les formalités prescrites par les articles 891 et 892 du code de procédure , le tribunal ordonne que le conseil de famille formé selon le mode déterminé au titre de la minorité , donne son avis sur l'état du défendeur (art. 494 C. civ. et 892 c. de procéd.).

694. Un arrêt de la cour de Paris , cité par M. Delvincourt , t. 1, p. 323 , notes , a jugé que ce conseil de famille ne devait pas être nécessairement présidé par le juge de paix , et que la délibération était valable , en la chambre du conseil , devant le président du tribunal. Cette décision me paraît contraire à la loi qui ne distingue en rien ce conseil de famille de celui des mineurs.

695. Le demandeur en interdiction ne peut pas faire partie du conseil de famille (art. 495) ; car il serait consulté dans sa propre cause. Cependant l'époux ou l'épouse et les enfans de la personne dont l'interdiction est provoquée, peuvent être admis au conseil , sans y avoir voix délibérative (*id.*).

696. Une controverse s'est élevée entre les auteurs sur l'interprétation à donner à cette dernière

29

disposition. Les uns [1] en concluent que l'époux et les enfans n'auront jamais voix délibérative dans le conseil de famille, qu'ils soient demandeurs en interdiction, ou que cette demande soit formée par d'autres qu'eux. Les autres [2] pensent que l'article n'est applicable qu'au cas où l'époux ou les enfans ont provoqué l'interdiction; mais que, s'il en est autrement, ils doivent avoir voix délibérative. Les motifs de la loi et la rédaction de l'article 495 me semblent rendre cette dernière opinion incontestable. Au surplus, elle a été consacrée par la cour de cassation [3].

697. La requête et l'avis des parens sont signifiés au défendeur (art. 893 c. de procéd.) qui est ensuite interrogé en la chambre du conseil. S'il ne peut s'y présenter, il est interrogé dans sa demeure par l'un des juges à ce commis, assisté du greffier. Dans tous les cas, le procureur du roi est présent à l'interrogatoire (art. 496).

L'avis du conseil de famille n'a rien d'obligatoire ‘ et la procédure peut être poursuivie, contrairement à l'opinion qu'il a émise.

698. L'interrogatoire est indispensable et l'inter-

---

(1) Toullier, tome 2, n° 1322. — Favard v° interdiction.

(2) MM. Proudhon, t. 2, page 317. — Duranton, t. 3, n° 729.

(3) Sirey, 33-1-257.

diction ne pourrait pas être prononcée s'il n'avait pas
eu lieu. Ce n'est pas, en effet, sans avoir pu juger
par lui-même de l'état d'un individu qu'un tribunal
peut le soumettre à une mesure aussi grave que
l'interdiction [1].

699. Les questions faites au défendeur, dans
cet interrogatoire, doivent être relatives à ses habi-
tudes, à ses affaires ou aux choses les plus communes. C'est le moyen de bien apprécier sa position, ce
qu'on n'obtiendrait pas par des questions captieuses
ou embarrassantes.

700. Si l'interrogatoire et les pièces produites
sont insuffisans, et si les faits allégués peuvent être
justifiés par témoin, le tribunal peut ordonner une
enquête (art. 893 c. de pr.). Il peut même faire subir au défendeur plusieurs interrogatoires, ce qui
résulte de la disposition portant (art. 497) qu'après
le premier interrogatoire, le tribunal commet, s'il
y a lieu, un administrateur provisoire pour prendre
soin de la personne et des biens du défendeur.

Cet administrateur est nommé dans des cas de
nécessité ou d'urgence, lorsqu'il y a lieu de penser
que le jugement définitif doit éprouver des retards.

701. Tandis que la procédure en interdiction se

---

[1] Sirey, 19-2-167.

poursuit en la chambre du conseil , le jugement qui
intervient doit être rendu à l'audience publique ,
les parties entendues ou appelées (art. 498). Cette
différence s'explique facilement. Il convient que
tant que la procédure en interdiction n'a pas produit
un résultat , ses détails soient tenus secrets et que
le public ne soit pas initié à de tristes débats qui
n'intéressent encore que la famille. Mais la publicité
du jugement qui offre une satisfaction au défendeur ,
si la demande est repoussée , est ; lorsqu'elle est accueillie , un avertissement nécessaire pour les tiers
qui seraient exposés à compromettre leurs intérêts ,
en traitant avec l'interdit dont ils ignoreraient l'état.

702. Le jugement qui statue sur la demande en
interdiction est sujet à l'appel , qui doit être dirigé
contre le provoquant par celui dont l'interdiction a
été prononcée , et contre ce dernier lorsque la demande a été rejetée , par le provoquant ou par un
des membres du conseil de famille (art. 894 c. de
procéd.). En cas d'appel , la cour royale qui en est
nantie peut , si elle le juge nécessaire , interroger
de nouveau, ou faire interroger par un commissaire,
la personne dont l'interdiction est demandée (art.
500). La faculté de désigner un commissaire pris
hors de son sein , donnée à la cour dont le siége peut
être éloigné de la demeure de l'interdit , ne l'est pas
au tribunal dont le ressort est moins étendu , et dont
le siége par conséquent est toujours plus rapproché
de cette demeure. Ce motif justifie la non nécessité

de la présence du procureur général au nouvel interrogatoire ordonné par la cour.

703. On a demandé si , dans le cas où le tribunal de première instance a prononcé l'interdiction , l'interdit peut acquiescer formellement à ce jugement avant l'expiration des délais de l'appel. Pour décider qu'il n'a pas ce droit, on se fonde sur ce que aucune convention ne peut être valablement faite , relativement à une question d'état , et sur un arrêt de la cour de cassation du 18 août 1807 , qui a jugé qu'on ne pouvait pas acquiescer à un jugement qui avait statué sur la validité d'un divorce et d'un mariage subséquent [1]. Mais ces raisons me paraissent peu concluantes. Puisque , en effet, l'interdit pourrait acquiescer indirectement en laissant écouler les délais sans appeler , ce qui est incontestable , pourquoi ne pourrait-il pas le faire directement? Sans doute qu'il est vrai qu'on ne peut pas traiter de son état. Mais ce principe peut être modifié lorsqu'il existe un jugement auquel on ne fait que se soumettre et qui offre une garantie que cette règle d'ordre public n'a pas été méconnue [2].

704. Dans les cas ordinaires , celui qui a obtenu un jugement n'est pas tenu de le faire expédier et

---

(1) Dalloz , v° interdiction , page 537.

(2) Delvincourt , tome 1 , page 324 , notes.

signifier , et il fait à cet égard , ce qui lui. paraît
convenable. Mais il n'en est pas de même de la décision qui prononce l'interdiction. L'état des hommes
ne devant pas rester trop long-temps dans l'incertitude , l'arrêt ou le jugement doit être expédié et
signifié à partie , afin que, s'il y a lieu , on puisse
se pourvoir par appel , par requête civile, ou en cassation. De plus , il doit être inscrit dans les dix jours
sur les tableaux qui doivent être affichés dans la
salle de l'auditoire et dans les études des notaires de
l'arrondissement (art. 501). Il obtient ainsi cette
publicité qu'exige l'intérêt des tiers.

705. Le défaut de cette affiche n'ôterait pas son
effet à l'arrêt ou jugement. Mais la sanction de la loi
qui l'exige est dans l'article 18 de la loi du 25 ventôse an **XI** , suivant lequel les notaires qui auraient
négligé de placer cette affiche dans leurs études ,
sont passibles, en faveur des tiers, des dommages et
intérêts qui peuvent résulter de cette omission.

706. Après que la décision qui prononce l'interdiction est devenue définitive , il est pourvu à la nomination d'un tuteur et d'un subrogé-tuteur à l'interdit , selon les règles prescrites au titre de la minorité. L'administrateur provisoire qui peut avoir
été nommé cesse ses fonctions et rend son compte au
tuteur , s'il ne l'est pas lui-même (art. 505).

707. Ainsi , un tuteur doit toujours être nommé

à l'interdit par le conseil de famille. Il n'y a donc pas lieu à la tutelle légitime des père et mère ou autres ascendans, ni à la tutelle testamentaire. (1). Le motif de la loi est que les majeurs ont cessé d'être sous la puissance paternelle. Dans le cas où un mineur est interdit (n° 688) , son tuteur continue d'exercer ses fonctions ; mais il paraît qu'elles doivent cesser à la majorité de l'interdit , auquel un tuteur doit être nommé par le conseil de famille.

708. Les règles du droit commun (art. 449 , 450 c. de procéd.) relatives à l'époque où un jugement sujet à l'appel peut être exécuté , sont applicables à celui qui prononce l'interdiction. Le tuteur peut donc être valablement nommé pendant le délai de l'appel ; mais l'appel étant suspensif (art. 457 *id.*) , cette nomination ne pourra produire son effet, s'il est interjeté , qu'après la confirmation du jugement. Elle sera comme non avenue s'il est réformé (2). Elle serait nulle si elle était postérieure à l'appel.

709. La règle suivant laquelle la tutelle de l'interdit est dative reçoit exception en faveur du mari qui est de droit le tuteur de sa femme interdite (art. 506). La tutelle qui lui est déférée est donc légitime. Elle est une conséquence de la puissance maritale.

(1) Sirey, 12-1-217.

(2) Toullier , t. 2 , n° 1335. — M. Duranton , t. 3 , n° 759 — M. Proudhon , t. 2 , p. 332.

710. L'incapacité des femmes pour la tutelle reçoit aussi exception en faveur de la femme de l'interdit. Elle peut être nommée sa tutrice par le conseil de famille (art. 507), qui d'ailleurs est parfaitement libre à cet égard. En refusant la tutelle à la femme, il n'a pas même besoin de motiver sa décision, et la femme n'a pas le droit de se plaindre du défaut d'é-nonciation de ses motifs [1]. Il doit régler la forme et les conditions de l'administration de la femme, sauf à celle-ci à recourir devant les tribunaux si elle se croit lésée par la décision du conseil (*id.*). Ce droit donné à cette assemblée est une conséquence du principe écrit dans l'article 454 ; et le recours aux tribunaux ouvert à la femme peut être exercé dans tous les cas où les sommes allouées pour l'entretien du mari et l'administration des biens sont insuffisan-tes, où la femme éprouve quelque préjudice dans son intérêt personnel et l'exercice de ses droits et autres de même nature.

711. La femme tutrice a toute latitude, pour ce qui concerne l'administration. Mais elle ne peut pas l'excéder, et elle doit être autorisée par la justice dans tous les autres cas où l'autorisation de son mari lui aurait été nécessaire. Quant aux biens du mari, elle n'en peut disposer qu'en suivant les formalités prescrites pour la disposition des biens des mineurs.

---

(1) Dalloz, v° interdiction, page 547, notes.

712. La durée de l'interdiction est illimitée. Car on ne peut pas plus fixer l'époque de la mort de l'interdit que celle où il recouvrera la raison. Cette tutelle est donc plus onéreuse que celle des mineurs dont le plus long terme possible est toujours certain. Aussi, le tuteur de l'interdit n'est pas tenu de conserver la tutelle au-delà de dix ans. A l'expiration de ce délai, il peut demander et doit obtenir son remplacement (art. 508). Mais cette faculté n'est pas donnée à l'époux, aux ascendans et descendans de l'interdit (*id.*). Ils doivent conserver la tutelle tant que dure l'interdiction. Elle n'est pour eux que la continuation d'un devoir commandé par la nature.

Il résulte de la disposition de loi précitée, ce qui d'ailleurs est conforme à la raison, qu'un fils peut être tuteur de son père interdit. Il en est de même de celui qui a provoqué l'interdiction, puisque, à cet égard, la loi ne fait aucune exception.

713. L'interdit est assimilé au mineur, pour sa personne et pour ses biens; et les lois sur la tutelle des mineurs s'appliquent à celle des interdits (art. 509). Ce que j'ai dit à ce sujet me dispense de nouveaux détails.

Cependant, malgré cette conformité absolue que la loi exprime, il est incontestable que l'incapacité de l'interdit est plus complète que celle du mineur. Ainsi, à la différence du mineur, l'interdit ne peut pas se marier, il n'a pas la tutelle de ses en-

fans. Il ne peut pas faire un testament, quoique
je pense qu'il le pourrait dans un intervalle lu-
cide. Cette opinion est pourtant controversée, et
j'en dois réserver l'examen, pour la partie de
cet ouvrage où je traiterai, en général, de la capacité de disposer.

714. C'est dans l'intérêt de l'interdit et non de
ses parens que l'interdiction est prononcée. On trou-
verait, au besoin, la preuve de cette assertion dans la
disposition de loi suivant laquelle les revenus de l'interdit doivent être essentiellement employés à adou-
cir son sort et à accélérer sa guérison. Selon le caractère de sa maladie et l'état de sa fortune, le conseil
de famille peut arrêter qu'il sera traité dans son
domicile, ou qu'il sera placé dans une maison de
santé et même dans un hospice (art. 510). Cette
destination légale des revenus de l'interdit offre
encore une différence entre lui et le mineur.

715. Il en est une autre dans les cas où il est
question du mariage de l'enfant d'un interdit. La
dot ou l'avancement d'hoirie, c'est-à-dire l'avance
faite sur la succession à venir, et les autres conventions matrimoniales sont réglés par un avis du
conseil de famille, homologué par le tribunal, sur
les conclusions du procureur du roi (art. 511).

Le conseil de famille, dont il s'agit dans cet article, est celui de l'interdit; et, quoiqu'il ne parle

que du mariage de l'enfant de l'interdit, il est raisonnable de l'appliquer aux cas où l'enfant ferait un
autre établissement [1].

716. L'exécution du jugement qui prononce l'interdiction n'est pas suspendue par l'appel, par exception au principe déjà cité (n° 708), en ce qui concerne la capacité de l'interdit. Car ce n'est pas ce
jugement qui crée la cause de l'interdiction : il ne
fait qu'en constater la préexistence. Il y a assez de
garanties de l'intérêt du tiers, dans les moyens que
j'ai rappelés qui ont pour objet de rendre le jugement
public. L'interdiction a donc son effet du jour du
jugement (art. 502), malgré l'appel qui pourrait
en être relevé, et même avant son expédition et sa
signification. Tous actes passés postérieurement sont
nuls de droit (*id.*).

717. Ces dernières expressions ne veulent pas
dire que cette nullité existe sans l'intervention des
tribunaux, mais seulement que, s'ils ont à prononcer sur le sort de ces actes, ils doivent les annuler
sans entrer dans l'examen de leurs circonstances,
et sans rechercher s'il y a préjudice ou non pour
l'interdit. Cela est si vrai que, s'ils ne sont pas attaqués dans les dix ans qui suivent la fin de l'interdiction, ils produisent leurs effets (art. 1304).

[1] Sirey, 26-2-173.

La nullité, au surplus, n'est que relative et ne
peut être invoquée que par l'interdit ou ses ayant-
cause, et non par ceux qui ont traité avec lui (art.
1125).

718. Il a été jugé que si les formalités voulues
pour donner de la publicité au jugement n'ont pas
été observées, ces actes doivent être déclarés vala-
bles [1]. Ce système, assez généralement condamné,
ne me paraît pas admissible. L'interdit ne doit pas
être victime, dans ses intérêts, des omissions d'autrui. D'ailleurs nous avons vu (n° 705) quelle est,
à cet égard, la sanction de la loi.

719. Après avoir fixé le sort des actes postérieurs
au jugement d'interdiction, voyons quel est celui
des actes antérieurs à cette mesure. Ici la loi ne pouvait pas poser une règle absolue et uniforme. Car
les tiers qui ont traité alors avec celui qui plus tard
a été interdit, ont pu être de bonne ou mauvaise
foi. La règle qu'elle pose peut donc concilier tous les
droits, lorsqu'elle dit que les actes antérieurs à l'interdiction *pourront* être annulés, si la cause de l'interdiction existait *notoirement*, à l'époque où ils
ont été faits (art. 503). On voit donc qu'elle ne
commande rien, qu'elle crée seulement une faculté

[1] M. Dalloz, v° interdiction, page 555, notes.

dont les tribunaux peuvent user ou ne pas user , selon les circonstances.

720. La notoriété doit être prouvée par ceux qui attaquent ces actes, et elle doit résulter d'autres documens que des pièces de la procédure en inter-diction. Cette connaissance publique de l'état d'un individu ne permettant pas d'admettre que celui qui a traité avec lui l'a personnellement ignoré, celui-ci chercherait en vain à prouver cette ignorance et à s'en prévaloir. L'acte ne serait pas moins annulé. Il faut reconnaître, d'un autre côté, que le même résultat serait obtenu, en l'absence de la notoriété, s'il était prouvé que celui qui a traité avait une con-naissance personnelle des causes de l'interdiction ignorées du plus grand nombre [1].

721. Il ne faut pas conclure de ce que l'article 503 parle des actes antérieurs à l'interdiction, qu'il est toujours nécessaire que l'interdiction ait été pro-noncée, pour que les actes d'un individu soient annulés, sur le fondement de son imbécillité, de sa démence ou sa fureur. Celui qui est atteint de ces infirmités ne doit pas avoir à souffrir de la né-gligence de ceux qui auraient dû provoquer son interdiction et qui ne l'ont pas fait. En principe, un acte n'est valable qu'autant qu'il est l'effet d'un con-

---

[1] M. Duranton, tom. 3, n° 776 , 777.

sentement libre et éclairé que n'aurait pas pu donner celui dont je m'occupe. Il pourra donc, quoiqu'il n'ait pas été interdit, lorsqu'il aura recouvré ses facultés intellectuelles, obtenir la nullité de l'acte qu'il a fait pendant qu'il en était privé [1].

722. Mais cette faculté n'est pas donnée, après sa mort, à ses héritiers ou ayant-cause. Ceux-ci ne peuvent alors attaquer, pour cause de démence, les actes par lui faits, qu'autant que son interdiction aurait été prononcée ou provoquée avant son décès (art. 504). Le silence qu'ils ont gardé sur l'état de l'auteur de l'acte, tant qu'il a vécu, autorise à penser qu'ils l'ont considéré comme sain d'esprit.

D'ailleurs il pourrait être fort difficile de prouver, après la mort de l'individu, l'existence des causes d'interdiction; le moyen le plus efficace et qui doit toujours être employé, l'interrogatoire, serait impossible.

Cependant si l'interdiction a été provoquée, les héritiers peuvent demander la nullité des actes, lors même qu'elle n'aurait pas été prononcée. Car ils ont fait tout ce qu'ils pouvaient faire, la mort de l'auteur de ces actes ayant seule arrêté leurs poursuites (*id.*).

723. La règle qui vient d'être citée reçoit une

---

[1] MM. Proudhon, tome 2, page 331. — Duranton, tom. 3, nº 782.

exception toute naturelle, dans les cas où la preuve de la démence résulte de l'acte même qui est attaqué (*id.*). Tout est prouvé alors, sans recourir à des moyens dangereux ou difficiles, et le motif du principe n'est pas applicable à ce cas.

724. Il est universellement jugé et reconnu que l'article 504 ne s'applique pas aux donations ni aux testamens. On peut, en vertu de l'article 901, qui exige que celui qui fait une donation ou un testament soit sain d'esprit, obtenir l'annulation de ces actes, après la mort de leur auteur , sans que son interdiction ait été prononcée ni provoquée.

725. J'ai à parler maintenant d'une mesure particulière qui peut être prise à l'égard d'un individu dont l'interdiction est demandée , sans qu'elle soit prononcée, et qui , néanmoins, est reconnu trop faible d'esprit pour administrer seul toutes ses affaires. Le tribunal, en rejetant la demande en interdiction, peut ordonner que le défendeur ne pourra désormais plaider , transiger , emprunter, recevoir un capital mobilier ni en donner décharge , aliéner ni grever ses biens d'hypothèques , sans l'assistance d'un conseil qui lui est nommé par le même jugement (art. 499). Cette disposition est limitative , et celui auquel ce conseil judiciaire, sur lequel je reviendrai dans le chapitre suivant, est donné , est capable de tous les actes qu'elle ne lui défend pas.

726. La nomination de ce conseil peut être faite sans qu'elle ait été subsidiairement demandée ; et , malgré les termes de l'article cité qui l'autorise dans le cas où la demande en interdiction est rejetée , je pense qu'elle peut être demandée, par action directe et principale. Pourquoi , en effet , l'interdiction devrait-elle être provoquée, si elle n'était pas jugée nécessaire ?

727. Ce que j'ai dit plus haut des formes à suivre, de la publicité à donner au jugement, de son effet du jour où il a été prononcé, et des actes postérieurs, est applicable à la dation de ce conseil judiciaire. Il n'en est pas de même de la disposition de l'article 503, relative aux actes antérieurs à l'interdiction, qui ne s'applique pas à la dation du conseil, celui auquel il est nommé n'étant pas dans un état d'infirmité assez grave pour que les tiers soient supposés en avoir eu connaissance.

728. L'interdiction n'est pas un état perpétuel, irrévocable. Elle peut cesser avec les causes qui l'ont déterminée. Mais la main-levée n'en peut être prononcée qu'en observant les formalités prescrites pour parvenir à l'interdiction. L'interdit ne pourra reprendre l'exercice de ses droits qu'après le jugement de main-levée (art. 512). Cette disposition est applicable à la dation du conseil judiciaire.

729. L'interdit qui veut obtenir main-levée du

jugement d'interdiction, n'a pas besoin de diriger
son action contre qui que ce soit. Le conseil de famille qui doit être consulté, et le ministère public
qui est entendu dans toutes les questions d'état, sont
ses contradicteurs naturels. Il n'est pas nécessaire
que le jugement de main-levée soit rendu public
avec les formalités voulues pour celui qui prononce
l'interdiction. C'est à l'individu qui fut interdit et
qui a cessé de l'être, de justifier de son nouvel état [1].

CHAPITRE III.

Du conseil judiciaire.

SOMMAIRE.

---

(1) M. Duranton, tom. 3, nos 791, 793.

730. J'ai déjà parlé du conseil qui est judiciairement nommé au faible d'esprit (n° 725).

Je vais m'occuper maintenant de celui qui est donné au prodigue, en faisant observer qu'il n'y a de différence entre les deux cas que dans la cause de la mesure.

On désigne sous le nom de prodigue celui qui, entraîné à de folles dépenses par un penchant qui semble irrésistible, a déjà compromis sa fortune, et menace d'anéantir son patrimoine.

Autrefois, la prodigalité était une cause d'interdiction. Cette mesure extrême a paru trop rigoureuse, et aujourd'hui la loi se contente de soumettre le prodigue à un conseil. C'est le tribunal du domicile du défendeur qui le nomme. Son assistance est nécessaire au prodigue pour plaider, transiger, emprunter, recevoir un capital mobilier et en donner décharge, aliéner et grever ses biens d'hypothèques

(art. 513). Le prodigue n'est donc pas représenté par le conseil, comme le mineur et l'interdit le sont par leur tuteur. C'est *en son nom* et par lui-même que sont faits les actes qui l'intéressent.

731. Le prodigue peut faire son testament, sans l'assistance du conseil. Ce n'est pas là un acte d'aliénation; car son auteur ne fait que priver ses héritiers d'une expectative. Il ne se dépouille pas lui-même.

732. Il peut aussi incontestablement se marier sans cette assistance. L'article cité ne limite pas, à cet égard, sa capacité. Mais peut-il donner directement ou indirectement à son conjoint, alors que la loi lui défend les aliénations, et que la donation est une véritable aliénation ?

Le prodigue qui a une fortune considérable et qui se marie avec une personne sans fortune, sous le régime de la communauté légale, donne évidemment d'une manière indirecte. Cependant la communauté doit produire ses effets [1], pourvu qu'il n'y ait pas, en faveur du conjoint, le dessaisissement actuel qui constitue l'aliénation. Ainsi, le prodigue peut faire à son conjoint une donation qui ne devienne irrévocable qu'après sa mort. Mais il ne peut pas lui donner entre-vifs par contrat de mariage, cette donation actuelle et irrévocable étant une

---

[1] Merlin, répertoire v° prodigue, § 5.

aliénation [1]. D'après ce principe, il pourrait donner pendant le mariage, puisque ces donations entre époux sont toujours révocables (art. 1096).

733. D'ailleurs, comme je l'ai déjà dit pour le faible d'esprit, le prodigue peut faire, sans l'assistance du conseil, tous les actes que la loi ne lui défend pas.

734. Une entière liberté est laissée au tribunal saisi de la demande pour la désignation du conseil. Elle porte ordinairement sur un homme versé dans la connaissance des affaires, comme un jurisconsulte, un notaire, un avoué. Rien n'empêche que, si cela est reconnu nécessaire, plusieurs conseils soient nommés pour assister ensemble le prodigue, ou à défaut les uns des autres [2]. Mais cette désignation n'est pas obligatoire pour celui qui en est l'objet, qui peut, si bon lui semble, refuser le mandat dont on veut l'investir. Au reste, ces fonctions n'entraînent aucune responsabilité, en quoi elles diffèrent, aussi bien que par leur objet, de celles de la tutelle.

735. Quoique l'article 513 exige, pour les actes qu'il détermine, l'assistance du conseil, il est reconnu

_____

(1) Toullier, t. 2, n° 1379. — M. Duranton, tome 3, n° 800.

(2) Toullier, tome 2, n° 1377. — Favard, v° interdiction.

qu'il n'est pas absolument nécessaire que le conseil soit présent à l'acte, et que son consentement donné par écrit a la même efficacité.

736. Mais un acte qui aurait été fait par le prodigue sans une autorisation quelconque de son conseil et qui, par cela, serait nul, ne deviendrait pas valable si ce consentement intervenait postérieurement et sans la ratification du prodigue. Ce serait faire dépendre l'existence ou la non existence d'une obligation de la seule volonté du conseil, ce qui serait contraire aux principes [1].

737. La défense de procéder sans l'assistance d'un conseil peut être provoquée par ceux qui ont droit de demander l'interdiction (art. 514).

738. Il faut cependant reconnaître, malgré la généralité de ces termes, que ce droit ne saurait être accordé au ministère public. Car il ne peut agir que lorsque la société est intéressée, et la prodigalité ne peut pas porter atteinte, comme la fureur, à l'ordre public. Il est vrai que dans le cas de l'article 491, le procureur du roi peut provoquer l'interdiction de celui qui est seulement frappé d'imbécillité ou de démence. Mais la prodigalité n'est aucun de ces deux

---

[1] M. Duranton, tome 3, n° 807.

états [1]. L'opinion contraire qui a été aussi professée [2] pourrait être fondée sur ce que, lors de la discussion du Code, les expressions générales de l'article 514 furent maintenues, malgré la proposition faite par le tribunat d'en excepter le ministère public [3].

739. Nous avons vu (nº 691), qu'on ne peut pas provoquer sa propre interdiction. On a conclu [4] de cette règle, rapprochée des termes de l'article 514, que le prodigue ne peut pas demander lui-même qu'il lui soit nommé un conseil. Mais il faut observer que l'opinion qui sert de fondement à cette règle n'est pas écrite dans la loi et repose sur cette considération que, l'interdiction constituant un changement d'état, il serait trop affligeant, même scandaleux qu'on demandât volontairement à le subir. Or, l'assistance du conseil n'a ni une cause aussi grave, ni des conséquences aussi importantes, et dans l'ancienne jurisprudence on donnait un conseil à ceux qui le demandaient eux-mêmes. Je ne vois donc pas pourquoi on n'écouterait pas aujourd'hui celui qui, avouant sa prodigalité et voulant s'y soustraire, viendrait recourir à la justice [5].

---

(1) Toullier, t. 2, nº 1372. — M. Duranton, tome 3, nº 803.

(2) Delvincourt, tome 1, page 331, notes.

(3) Locré, législation civile, tome 7, page 347.

(4) M. Duranton, tome 3, nº 804.

(5) Toullier, tome 2, nº 1373.

740. La demande de ceux qui provoquent la nomination d'un conseil doit être instruite et jugée de la même manière que la demande en interdiction. La défense de procéder sans l'assistance du conseil ne peut être levée qu'en observant les mêmes formalités (*id.*).

Ainsi, tout ce que j'ai dit de ces formalités, de la publicité à donner au jugement, de la responsabilité des notaires qui négligent l'affiche prescrite, des effets du jugement sur les actes postérieurs, mais non sur les antérieurs, de l'exercice de l'action en nullité qui n'est que relatif, de sa prescriptibilité, etc., s'applique au jugement qui nomme un conseil au prodigue.

741. La loi qui ne veut pas que la moindre atteinte soit portée au libre exercice des droits de chacun, sans toutes les garanties de nécessité possibles, exige que le ministère public soit entendu, en première instance et en cause d'appel, dans tout jugement rendu en matière d'interdiction on de nomination de conseil judiciaire (art. 515 et 83 c. de procéd.).

FIN DU PREMIER LIVRE ET DU PREMIER VOLUME.

TABLE

DES MATIÈRES.

TITRE IV.

TITRE V.

CHAPITRE PREMIER.

CHAPITRE II.

CHAPITRE III.

CHAPITRE IV.

CHAPITRE V.

CHAPITRE VI.

CHAPITRE VII.

CHAPITRE VIII.

TITRE VI.

CHAPITRE II.

CHAPITRE III.

FIN DE LA TABLE DU PREMIER VOLUME.

Toulouse. Imprimerie de Ph. Montaubin.

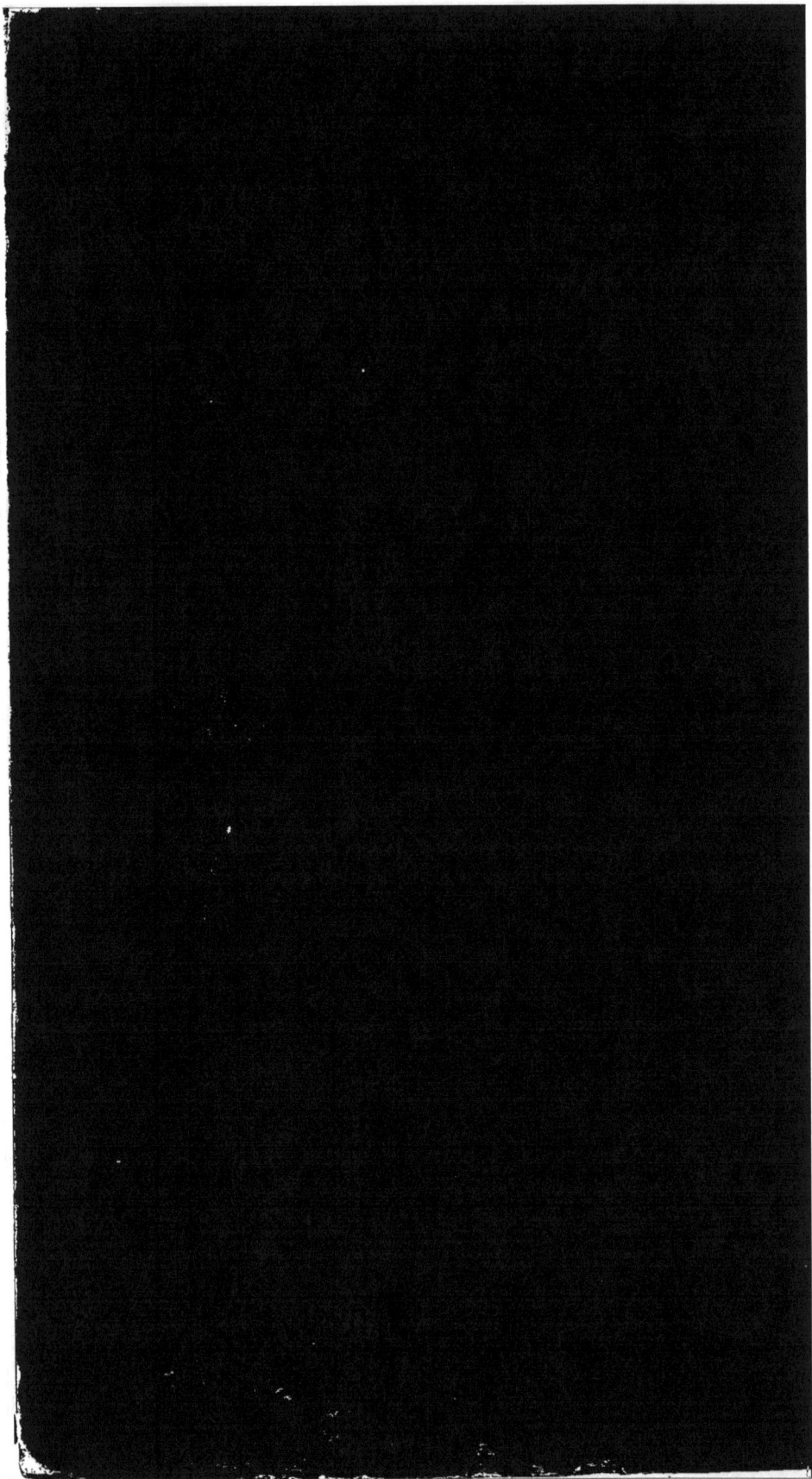

www.ingramcontent.com/pod-product-compliance
Lightning Source LLC
Chambersburg PA
CBHW031612210326
41599CB00021B/3156